LA CAPITALE DE L'HUMANITÉ

DU MÊME AUTEUR

En Amazonie. Infiltré dans le « meilleur des mondes »,
Fayard, 2013

L'Empire de l'or rouge.
Enquête mondiale sur la tomate d'industrie,
Fayard, 2017
Prix Albert-Londres 2018

JEAN-BAPTISTE MALET

LA CAPITALE DE L'HUMANITÉ

BOUQUINS

récit

92, avenue de France 75013 Paris
ISBN : 978-2-221-21847-1
Dépôt légal : octobre 2022

Note sur les sources

Cette histoire n'est pas une œuvre de fiction. Sa reconstitution a été rendue possible grâce à l'exploitation d'archives inédites réparties dans plusieurs pays, dont la liste figure en fin d'ouvrage. Les dialogues entre les personnages sont tirés de sources écrites.

Prologue

Saint-Louis-des-Français,
Rome, Italie

Bibliothèque du Congrès,
Washington DC, États-Unis

1

À l'automne 2014, au terme d'un voyage d'un millier de kilomètres au guidon de ma 125 cm^3, j'étais venu vivre à Rome dans l'intention d'apprendre l'italien. Sur place, en échange d'un travail bénévole dans une bibliothèque patrimoniale, les prêtres de la communauté de Saint-Louis-des-Français m'offrirent leur hospitalité dans un vieux palais ecclésiastique pourvu d'un cloître, d'un grand escalier de marbre et de longs couloirs décorés de portraits de prélats. Avec ses murs tapissés de vieilles reliures, son odeur de papier, sa grande table de lecture en bois et ses fenêtres qui donnaient sur le dôme de l'église Sainte-Agnès-en-Agone de la place Navone, la bibliothèque du palais Saint-Louis semblait tirée d'un roman d'aventures. Incunables, herbiers de la Renaissance, partitions de musique baroque, cartes du Royaume de France, édition originale de l'*Encyclopédie* de Diderot et d'Alembert… Ce cabinet de raretés abritait des trésors. J'avais pour mission d'établir un inventaire informatique de ses collections. Je pris l'habitude de m'y consacrer quelques heures chaque soir. Et c'est ainsi qu'une nuit, j'accostai fortuitement en Utopie.

J'étais en train de ranger des ouvrages lorsque quelque chose se mit soudain à briller sur une étagère. Une étincelle, fugace comme un éclat de soleil sur la mer. Le reflet provenait de la dorure d'un grand livre. Je m'approchai. Il portait le titre *Un Centre mondial*, gravé en lettres d'or au-dessus d'un flambeau énigmatique. Intrigué, je pris cet ouvrage mystérieux et le déposai délicatement sur la table de lecture.

En soulevant son épaisse couverture, un rivage m'apparut. Au premier plan d'une gravure, deux colosses. Une femme et un homme se donnaient la main par-dessus les flots. Avec leurs bras immenses, ils formaient une arche démesurée. De l'autre main, ils brandissaient un flambeau pareil à celui de *La Liberté éclairant le monde* d'Auguste Bartholdi, la célèbre « statue de la Liberté ». Des voiliers naviguaient entre leurs piédestaux, et à l'arrière-plan s'étirait une cité parfaitement ordonnée. Au centre, une large avenue menait à un gratte-ciel. « Paix, Beaux-Arts, Science, Religion, Industrie, Commerce », lisait-on dans le cartouche aux côtés d'un globe terrestre ailé ceint de rameaux d'olivier.

Création d'un Centre mondial de communication, indiquait encore la page de titre. Y figurait en chiffres romains l'année d'édition du livre, 1913. Ainsi que les noms de deux auteurs, un Américain et un Français, qui m'étaient inconnus : Hendrik Christian Andersen et Ernest Michel Hébrard. « Architecte du gouvernement français. Grand prix de Rome. Médaille d'honneur au Salon de 1910 », était-il indiqué à propos d'Hébrard.

J'ai entamé la lecture de ce livre. Mais, bien vite, j'ai dû m'interrompre afin de relire un passage à voix basse pour me convaincre que je ne rêvais pas.

> La création s'impose d'un Centre mondial, d'une capitale du monde, où convergeraient tous les rayons de la vie scientifique, intellectuelle, physique et spirituelle. Une capitale du monde, bâtie sur un plan largement humain, serait accueillie par des applaudissements universels.

Le Centre mondial de communication

Une capitale du monde ? En soulevant de grands rabats, je me suis soudain rendu compte que je venais de déplier le plan d'une cité idéale de vingt-six kilomètres carrés, soit environ un quart de la superficie de Paris. Page après page, j'assistai, incrédule, à un feu d'artifice où surgissaient des illustrations de monuments plus gigantesques et splendides les uns que les autres. Palais des gouvernements, Banque internationale, Temple des Arts, Institut international de science, Bibliothèque de référence, École des Beaux-Arts, Institut international des Lettres, Conservatoire de musique, Centre Olympique...

La composition symétrique de cette cité idéale bordée par un canal périphérique s'organisait autour d'un axe reliant sa porte maritime, *Les Deux Colosses*, à trois grandes zones réservées respectivement à la Culture Physique, à l'Art et à la Science. Avec pour chacune ses édifices les plus exceptionnels : le stade olympique, le Temple des Arts et la Tour du Progrès, point culminant de la ville.

> Lorsque ce gratte-ciel de trois cent vingt mètres de hauteur sera bâti, précisaient les auteurs du livre, on y trouvera une installation complète de télégraphie sans fil (TSF) afin d'informer le monde en temps réel des dernières découvertes scientifiques, ainsi que les bureaux de toutes les sociétés qui travaillent au progrès du monde et au bien de l'humanité.

Les palais des congrès, dévolus à la médecine, la chirurgie, l'hygiène, le droit, la criminologie, l'électricité, les inventions, l'agriculture et les transports, étaient tous pourvus de galeries, de bibliothèques, de musées, de bureaux, et décorés de dômes, de tours et de colonnades. Tracé du métropolitain, canaux, réseau de communication par tubes pneumatiques, grandes imprimeries, hôpitaux, sanatorium, aérodrome, cimetière, abattoirs... Les concepteurs de cette cité idéale avaient pensé à tout.

Une argumentation évolutionniste justifiait la nécessité de construire cette ville. À l'aube du XXe siècle, les théories sociales évolutionnistes étaient à la mode. Elles se représentaient l'histoire des sociétés humaines comme une ligne temporelle au cours de laquelle les sociétés « évoluaient » par étapes, passant progressivement d'un état dit « primitif » à celui de « civilisation ». Ce terme s'appliquait bien entendu à la civilisation occidentale moderne. Pour les évolutionnistes, le progrès était le principe de l'histoire et il existait des lois explicatives de l'évolution des sociétés humaines et des religions.

De nombreuses pages du livre présentaient les « grandes conceptions monumentales du passé ». Sites préhistoriques, palais mésopotamiens, œuvres de l'Égypte et de la Grèce antiques – parmi lesquelles le colosse de Rhodes –, villes prodigieuses telles qu'Alexandrie, Rome, Baalbek et Palmyre, mosquée d'Omar de Jérusalem, cité du Vatican, châteaux de Chambord et de Versailles, palais du Louvre et des Tuileries, plans de Washington et de Paris... Toutes ces merveilles se succédaient dans l'ordre chronologique au motif qu'elles avaient « le plus hautement et le plus nettement caractérisé les périodes essentielles de l'évolution humaine dans les différentes parties du monde ». Cette retrospective historique s'achevait par un commentaire sur les Expositions universelles de la Belle Époque.

> En éveillant chez nos architectes le goût des vastes entreprises, [les Expositions universelles] ont accru la puissance créatrice de l'art monumental. Ajoutons que dans l'histoire politique du monde elles ont inauguré une période nouvelle, celle de la collaboration internationale. Elles ont fourni l'occasion de ces congrès où les savants de tout pays et de toute race se réunissent pour mettre en commun leurs travaux. Les concours établis entre les produits industriels ou les œuvres d'art ont créé plus de liens entre les peuples que de rivalités. Ces grandes fêtes foraines

où tant de nations se donnaient rendez-vous ont lentement préparé la bonne entente des États.

On aperçoit dès maintenant le progrès qui doit s'accomplir demain, dans le double domaine de l'art et des relations mondiales. Nous ne verrons plus guère, sans doute, de ces constructions magnifiques et provisoires, qui s'effritent après quelques mois. Mais les nations auront besoin d'un lieu de rendez-vous permanent. Elles devront édifier une cité commune, spécialement aménagée pour la réunion de leurs représentants. Et la création de ce centre international sera sans doute dans l'architecture l'œuvre la plus originale du XXe siècle.

Les auteurs de ce livre proposaient de bâtir la ville la plus grandiose et la plus exceptionnelle de toute l'histoire de l'humanité. Selon eux, cette cité idéale ne devait pas seulement rivaliser avec les merveilles architecturales du passé. Sa mission prophétique était également de couronner tous ces chefs-d'oeuvres, afin d'incarner la pointe la plus avancée de la civilisation humaine.

2

Au milieu de la nuit, j'eus la curiosité de consulter en ligne les journaux de la Belle Époque. Je découvris que loin de laisser la presse indifférente, ses publications les plus célèbres acclamaient, critiquaient ou éreintaient l'idée de cette ville. *Le Figaro* publiait en « une » de son édition du 6 décembre 1913 un article intitulé « La Capitale de la Terre ». Sans ironie aucune, il applaudissait le projet d'un Centre mondial de communication.

D'autres quotidiens, comme *L'Humanité* de Jean Jaurès, désapprouvaient ce concept d'une cité idéale censée accueillir l'élite du genre humain. Louis Dubreuilh, le premier secrétaire général de la Section française de l'Internationale ouvrière (SFIO), exprimait son scepticisme quant à sa possible réalisation.

Le Matin, l'un des plus grands journaux français des années 1910, qui tirait alors à plus d'un million d'exemplaires, attaquait durement, lui aussi en « une », cette idée au motif que Paris constituait déjà le centre du monde. En revanche, *Le Temps*, alors quotidien des élites, la soutenait. Il n'était pas le seul. Voici ce qu'on pouvait lire dans *L'Illustration* :

> La création d'un Centre mondial, c'est à dire d'une capitale du monde, proposée par Hendrik Andersen, est le projet le plus gigantesque et, tout ensemble, le plus harmonieux et le plus réalisable, qui soit sorti d'un cerveau humain. Si les peuples étaient dignes de leur grande mission commune, si la Terre était digne d'un firmament, ce serait non seulement la conscience humaine, mais encore la conscience divine, qui s'incarnerait dans cette Cité.

Enfin, vers deux heures du matin, je suis tombé sur un document stupéfiant : un article richement illustré d'une pleine page, publié le 9 novembre 1913 dans le *New York Times*. Le quotidien new-yorkais plaidait en faveur de la construction du Centre mondial de communication : « Hendrik C. Andersen a déjà dépensé cent cinquante mille dollars, consacré neuf années de travail et engagé quarante experts pour concevoir le plan d'une cité idéale qui pourrait être construite dans le New Jersey », expliquait l'auteur de l'article.

3

Le lendemain matin, j'appuyai sur la sonnette d'un petit immeuble de style néo-Renaissance situé aux environs de la piazza del Popolo. Puis je fis quelques pas en arrière afin d'admirer sa façade rose décorée de moulures et d'alcôves abritant des statues.

« Museo Hendrik Christian Andersen », annonçait une plaque en marbre reprenant la signalétique officielle des musées publics italiens. Le verrou s'est mis à rouler. Et, dans l'entrebâillement de la porte d'entrée, un gardien m'a souhaité la bienvenue.

Le musée Andersen abrite à son rez-de-chaussée deux galeries de sculptures. Dans des positions aussi acrobatiques qu'improbables, de grands nus allégoriques y célèbrent la vie, l'amour, le triomphe de l'intelligence sur la force, les vertus du progrès, de la vigueur physique… Le visage extatique, certaines figures brandissent triomphalement des nourrissons, tandis que d'autres dansent, s'étreignent, s'embrassent ou exultent de bonheur.

Au premier regard, ces statues m'ont semblé rhétoriques et pompeuses. Pourtant, par un étrange paradoxe, après quelques minutes passées dans cet endroit, j'ai fini par lui trouver beaucoup de charme. Les figures exposées me donnaient l'impression de s'enchevêtrer, comme captives d'un lieu trop petit pour leurs volumes. J'apprendrais plus tard que cette surabondance d'œuvres sculpturales restituait à l'identique la physionomie des lieux tels qu'ils étaient du vivant d'Hendrik Andersen. Dans un article publié en novembre 1927 par la revue d'art moderne italienne *Emporium*, le critique Antonio Nezi évoque sa rencontre avec le sculpteur, ainsi que l'ambiance singulière de ces deux galeries :

> Nous entrons dans la villa. […] Notre sculpteur présente une grande salle suivie d'une seconde : sanctuaire, musée et atelier réunis où l'artiste travaille éperdument, presque mystiquement recueilli comme un prêtre de la beauté, parmi une foule de statues monumentales que le public, y compris celui de l'art, connaît très peu et mal. On pourrait presque croire que leur

> auteur est jaloux de ses créatures [...]. En entrant dans les salons d'H. C. Andersen, nous ferions bien de nous dépouiller de tous préjugés afin d'essayer de contempler avec un esprit frais et un œil libre ce peuple de géants, de héros, d'athlètes, de figures volantes, de chevaux cabrés ou apprivoisés et mordant un frein invisible, de *putti* et d'enfants souples, joufflus et charmants portés en couvées joyeuses par des hommes musclés et élastiques, par des figures féminines exubérantes plus proches d'Héra que d'Aphrodite.

Bien que son entrée soit gratuite, le musée Andersen n'enregistre que dix mille visiteurs par an, ce qui en fait l'une des institutions publiques les plus confidentielles d'Italie. Le Guide vert Michelin consacré à Rome ne mentionne pas son existence. Ses rares visiteurs en ont entendu parler le plus souvent par le bouche-à-oreille. En ce qui me concerne, c'est une découverte fortuite qui m'avait mis sur la piste de ce lieu insolite et secret.

La veille, dans l'ouvrage centenaire, j'avais aperçu les héliogravures d'une gigantesque fontaine présentée comme le cœur symbolique du Centre mondial de communication : la *Fontaine de vie*. En entrant dans la première galerie du musée Andersen, je reconnus les groupes de cette fontaine prête à être installée dans la cité idéale.

Les plans originaux du Centre mondial de communication m'apparurent également, accrochés aux murs de la galerie. Ces plans étaient accompagnés d'une « perspective générale à vol d'oiseau » montrant la ville dans son entier, inondée de lumière et survolée par un aéroplane.

À l'évidence, cette cité idéale avait été conçue pour susciter le désir et exalter l'imagination. En la contemplant, je me laissai saisir par sa délicieuse irréalité. Au point, bientôt, de ne plus pouvoir en détacher le regard. J'étais comme envoûté.

4

Au cours des années suivantes, poursuivi par l'irrépressible désir d'en apprendre davantage sur cette ville, je suis revenu visiter le musée plus d'une dizaine de fois. L'œuvre foisonnante d'Hendrik Andersen, capitale du monde incluse, ne cessait de me fasciner. J'aimais l'atmosphère mystérieuse et hors du temps de ce petit musée. Entre ses murs imprégnés d'une ambition artistique prométhéenne se dessinait pour moi une île méconnue au cœur de Rome, une incarnation insaisissable de l'Utopie.

À chaque visite, les mêmes questions me lancinaient. Qui se cachait derrière ce fabuleux projet ? Quelle était la véritable histoire de cette cité idéale ? Dans quelle circonstance un grand prix de Rome d'architecture, le Français Ernest Hébrard, avait-il pu s'associer avec cet énigmatique sculpteur américain, Hendrik Andersen ? Comment leur idée avait-elle réussi à convaincre *Le Figaro*, le *New York Times*, *L'Illustration*, et bien d'autres journaux ?

J'avais beau me répéter que tant d'idéalisme semblait fumeux, et que je ne partageais aucun de ses principes, rien n'y faisait, j'étais séduit à mon tour.

En outre, quelque chose m'intriguait. Pour justifier cette capitale du monde, ses concepteurs avaient invoqué l'internationalisme et les progrès de la communication, qu'ils paraient de toutes les vertus et présentaient comme des facteurs de paix. Leur prose, vieille d'un siècle, m'en évoquait irrésistiblement une autre, plus contemporaine : celle des ingénieurs, des intellectuels, des entrepreneurs et des dirigeants politiques qui, depuis les années 1990, chantent les louanges de la mondialisation et s'enthousiasment pour le « génie innovant » des grandes entreprises du numérique.

De nos jours, lorsque Mark Zuckerberg, le cofondateur de Facebook, promeut les activités de son entreprise Meta

Platforms, il le fait en affirmant que sa mission est de bâtir une infrastructure sociale embrassant l'entièreté du monde. Dans son manifeste pour « rassembler l'humanité », Zuckerberg écrit :

> Nos plus grandes opportunités sont mondiales, comme diffuser la prospérité et la liberté, promouvoir la paix et la compréhension, sortir les gens de la pauvreté et accélérer la science.

De même, lorsque la multinationale états-unienne Google fait numériser quarante millions de livres ou qu'elle vante Google Maps, son service de cartographie en ligne, c'est en proclamant sa volonté de « relier l'humanité » et d'œuvrer « à la distribution du savoir universel ».

Chaque fois que Jeff Bezos, le fondateur d'Amazon, présente le programme spatial privé qu'il finance sur sa fortune personnelle à hauteur d'un milliard de dollars par an, ou qu'il évoque Kuiper, son projet de déployer une constellation de 3 236 satellites en orbite basse afin de diffuser l'Internet à haut débit sur toute la planète d'ici 2030, il déclare lui aussi que « la Terre est une », que l'humanité se compose d'une seule et même « communauté globale », et qu'il œuvre personnellement afin que le genre humain puisse affronter pacifiquement les grands défis du futur. Bezos ne se contente pas de développer de nouvelles fusées et d'édifier une « infrastructure de l'espace », il affirme que ces programmes pourraient permettre d'unifier l'humanité et de « sauver la Terre ».

Entre le livre de promotion du Centre mondial de communication imprimé en 1913 et les discours contemporains des entreprises du numérique, la langue et les projets diffèrent. Mais la promesse est la même : les progrès de la communication sous toutes ses formes sont présentés comme autant de solutions aux grands problèmes de l'humanité. Hier, des discours optimistes vantaient le déploiement du télégraphe, des chemins de fer et des transmissions hertziennes en les désignant comme des facteurs de paix et de progrès. Aujourd'hui, des entrepreneurs, des intellectuels et des hommes politiques réitèrent cette promesse en se réjouissant autant de la multiplication des programmes d'exploration de la planète Mars, que du fait que plus de la moitié de la population mondiale est désormais connectée à Internet.

Comment expliquer cette étonnante similarité entre une cité idéale de 1913 et les discours des techno-prophètes du XXIe siècle ? Cette ville aurait-elle quelque chose à nous apprendre des utopies de la communication qui saturent de nos jours l'espace médiatique ? Il n'y avait qu'une seule manière de le savoir : reconstituer son histoire.

5

À l'aube du XXe siècle, les informations, les marchandises, les capitaux et les personnes circulaient déjà de manière fulgurante. Des navires de charges et des paquebots de prestige à propulsion vapeur sillonnaient toutes les mers. Atteignant une vitesse de transmission de plus de cent mots par minute, des câbles télégraphiques sous-marins parcouraient les océans pour relier les continents. Le réseau ferré mondial poursuivait son expansion. Et, simultanément, des lignes téléphoniques se déployaient sur toute la surface du globe. Des historiens qualifient cette période de l'histoire la « première mondialisation » car une économie unifiée reliait désormais les zones les plus industrialisées.

« Belle », cette époque ne le fut néanmoins que de nom. Lorsqu'une affaire promettait d'être rentable, les capitaux affluaient et dictaient leur loi impitoyable aux travailleurs. Dans les territoires amazoniens aussi bien qu'au Congo, pour produire du caoutchouc et accumuler d'immenses richesses, on réduisait des peuples en esclavage, et les torturait. Par ses pratiques de la corruption et l'organisation de coups d'État, la United Fruit Company, la puissante entreprise bananière états-unienne fondée en 1899, donna naissance au terme « république bananière ». Les terres pétrolifères des États-Unis, de Perse et du Venezuela étaient hérissées de derricks. En Europe, l'exploitation industrielle des mines de charbon battait son plein. Les tintements des outils, les grincements des wagonnets et les explosions de bâtons de dynamite résonnaient des atolls du Pacifique aux mines africaines. Et même ceux qui ne possédaient que leurs bras se montraient prêts à tout pour s'enrichir par l'extractivisme : entre 1896 et 1899, cent mille prospecteurs prirent la route du Klondike canadien afin de participer à la ruée vers l'or.

Bananes, caoutchouc, café, sucre, coton, charbon, pétrole, lin, bois, métaux… Des républiques bananières aux empires coloniaux, des terres européennes à celles d'Amérique, des millions de travailleurs alimentaient en denrées et en matières premières les industries occidentales qui les transformaient en produits manufacturés, puis les réexportaient. Au même moment, la production d'acier des cinq premières puissances industrielles européennes passait de onze millions de tonnes en 1900, à trente-quatre millions de tonnes en 1913. Dans les grandes villes, les métropolitains, tramways et automobiles commençaient à remplacer calèches et fiacres.

Des années 1870 à la première guerre mondiale, le tonnage de la marine marchande mondiale doubla, et le réseau ferré quintupla. Les économistes n'employaient pas encore communément le terme « mondialisation » de l'économie. Cependant, le capitalisme et ses infrastructures se développaient déjà selon un processus de globalisation.

Pour la grande bourgeoisie occidentale qui parlait aussi bien le français que l'anglais, voyageait sans cesse, façonnait le monde selon ses intérêts, et s'attachait à célébrer lors des Expositions universelles les progrès des arts, de la science, de la technique et de l'industrie, la Belle Époque fut une période d'expansion extraordinaire. De nouvelles générations de rentiers constatant le relâchement des structures familiales inventaient de nouveaux styles de vie, plus individualistes. Pour nombre d'entre eux, s'affirmer et dépenser de l'argent devenait aussi important que d'en gagner.

Ces bouleversements de toutes sortes allaient de pair avec le culte du progrès et le développement de l'internationalisme sous toutes ses formes. Désireuses d'imposer la doctrine du libre-échange à l'ensemble du monde connu, les élites économiques occidentales plaidaient en faveur d'une harmonisation des relations entre les États-nations afin de fluidifier toujours davantage la circulation des biens, des capitaux, des informations et des personnes à l'échelle de la planète.

Parallèlement, à l'heure où les câbles sous-marins, le téléphone, la TSF et l'électricité bouleversaient l'économie mondiale, des savants prédisaient que le genre humain serait fait prochainement d'une communauté unique. Des millions d'individus pensaient sincèrement que, grâce aux progrès de la science, de l'art et de l'industrie, l'humanité avançait sur une voie qui la mènerait infailliblement vers le « meilleur des mondes ». Dans *L'Ère des empires (1875-1914)*, l'historien Eric Hobsbawm résume ainsi ce formidable optimisme :

> Jamais les espérances d'une vie meilleure ne furent aussi puissantes ni aussi utopiques ; jamais des hommes et des femmes doués de bon sens ne rêvèrent autant d'une paix universelle, d'une civilisation universelle grâce à l'adoption d'une langue unique, d'une science qui, non contente de s'interroger sur l'univers, répondrait aux questions les plus fondamentales qu'il soulève, d'une émancipation des femmes après des siècles d'oppression, d'une émancipation de l'humanité tout entière grâce à l'émancipation des travailleurs, d'une libération sexuelle, d'une société d'abondance, d'un monde dans lequel tous donneraient selon leurs moyens et recevraient selon leurs

besoins. Les révolutionnaires n'étaient pas les seuls à caresser de tels rêves. L'utopie par le progrès faisait partie intégrante de ce siècle.

Le mouvement pacifiste international publiait alors vingt-trois journaux ou revues en dix langues, et la quasi-totalité des organisations pacifistes de la planète étaient affiliées au Bureau international de la paix. Selon son président, le sénateur socialiste belge Henri La Fontaine – un ardent promoteur du Centre mondial de communication –, le Bureau international de la paix représentait plus de six cents organisations et près d'un million de sympathisants. Certes, le mouvement pacifiste ne disposait pas d'une base sociale comparable à celles du mouvement ouvrier ou du mouvement des femmes. Pour autant, du prolétaire au milliardaire, le pacifisme comptait des partisans dans toutes les classes. Au nom de la paix, des industriels philanthropes s'engageaient financièrement pour soutenir cette cause et lui léguaient leurs immenses fortunes, comme le fit le fabricant d'explosifs Alfred Nobel afin de permettre la création des prix qui portent son nom.

6

Au cœur de cette effervescence pacifiste, le sculpteur Hendrik Andersen martelait son idée fixe : « Construire le Centre mondial de communication, ce serait écrire une nouvelle page de l'histoire de l'humanité. »

Après avoir achevé les plans de sa cité prophétique au cours de l'année 1912, cet idéaliste américain s'est attaché à la faire connaître dans le monde entier en lançant une campagne de propagande retentissante. Loin de n'intéresser que quelques illuminés, son utopie a rencontré un succès inouï. Le sculpteur Auguste Rodin, l'architecte Otto Wagner, le biologiste Ernst Haeckel, le poète Émile Verhaeren, le sociologue W. E. B. Du Bois, le rénovateur des Jeux olympiques Pierre de Coubertin, le prix Nobel de médecine Charles Richet, l'astronome Camille Flammarion, l'écrivain Frédéric Mistral, le bibliographe Paul Otlet... Illustres ou inconnus, des pacifistes de toutes les nationalités se sont mis à remplir spontanément un bulletin d'adhésion à la Conscience mondiale, la société internationale de soutien à la construction du Centre mondial de communication. Sa présidente d'honneur n'était autre que la plus célèbre activiste pacifiste des années 1900, dont l'effigie figure aujourd'hui sur les pièces de deux euros autrichiennes : Bertha von Suttner (1843-1914), la première femme récipiendaire du prix Nobel de la paix en 1905.

Des monarques et des dirigeants politiques de premier plan accordèrent des audiences officielles à Hendrik Andersen. À sept mois du déclenchement de la première guerre mondiale, le *Washington Post* écrivit qu'au sein du mouvement de la paix, cette idée était « la proposition la plus exceptionnelle qui soit ».

En commençant mon enquête, je mesurais à quel point le Centre mondial de communication était devenu, au crépuscule de la Belle Époque, un emblème éclatant du mouvement pacifiste international. Pourtant, un siècle plus tard, cette cité idéale était tombée dans l'oubli, et son histoire restait à écrire.

Au cours des dernières décennies, des universitaires s'étaient bien penchés sur le sujet. Leurs études désignaient cette ville comme un embryon utopique des grandes institutions internationales que nous connaissons aujourd'hui. Des architectes avaient également étudié sa composition, démontrant qu'elle constituait l'une des tentatives urbanistiques les plus audacieuses des années 1910.

Toutefois, aucune enquête d'ensemble ne lui avait jamais été consacrée. Qu'il s'agisse de la personnalité de ses principaux artisans, de la manière dont ils s'étaient distribué les rôles, ainsi que des origines idéologiques de leur projet, de larges pans de cette aventure restaient à révéler.

Pour relever ce défi, je n'avais pas d'autre option que d'engager une longue enquête dans plusieurs pays, sans avoir l'assurance d'obtenir plus d'informations sur les concepteurs de cette cité idéale.

7

Dans les archives du musée Andersen de Rome, grâce à des photographies anciennes, je découvris le visage et la silhouette élancée d'Hendrik. Blond aux yeux bleus, les traits finement ciselés, l'homme possédait un corps sec, des bras puissants, et mesurait un mètre quatre-vingts. Des images prises à Rome dans les années 1900 montrent le sculpteur vêtu d'une blouse et coiffé d'un béret, maillet et ciseau en main. Sur d'autres clichés, on l'aperçoit en train de travailler à la structure métallique de l'une de ces immenses statues dont il a déjà modelé toute une légion. Qu'il se tienne debout, en équilibre sur une planche pour atteindre les géants qu'il a enfantés, ou qu'il pose assis sur un piédestal, ces tirages en noir et blanc lui prêtent une même expression romantique. Ses regards orgueilleux, dans certains portraits, exhalent une âme de conquérant. D'autres photographies représentent Andersen vêtu d'un magnifique costume, portant un chapeau et tenant sa canne d'une main gantée à la manière des dandys de la Belle Époque.

Hendrik Andersen

Comme beaucoup d'artistes de sa génération, Andersen aspirait à redéfinir une culture et une spiritualité. En quête d'une globalité mythique perdue, il ambitionnait de bâtir ce que les historiens de l'art appellent une « œuvre d'art totale ». Il s'agit d'une production artistique utopique visant à réaliser une synthèse des arts pour englober les sens et retrouver l'unité de la vie.

Au tournant du XIXe et du XXe siècle, de nombreux créateurs ont nourri le projet grandiose d'exécuter des œuvres d'art totale en architecture. L'un des exemples les plus éloquents est peut-être celui du sculpteur français Paul Landowski, connu du grand public pour avoir érigé l'une des plus célèbres statues monumentales de la planète, *Le Christ rédempteur*, qui domine Rio de Janeiro. Tout au long de sa vie, Landowski a travaillé à la réalisation d'un *Temple de l'homme*, une œuvre jamais achevée dont il souhaitait qu'elle prenne la forme monumentale d'un édifice constitué de quatre murs sculptés : le Mur de Prométhée, le Mur des Religions, le Mur des Légendes et le Mur des Hymnes. Landowski rêvait que ce *Temple de l'homme* loue la grandeur de l'esprit humain et raconte l'histoire de l'humanité à la manière de *La Légende des siècles*, l'épopée poétique de Victor Hugo.

Hendrik Andersen considérait pour sa part que l'aboutissement suprême de son œuvre ne pourrait être que la construction du Centre mondial de communication. L'Américain entendait être reconnu comme l'architecte en chef et l'unique sculpteur de cette cité prophétique à laquelle il a consacré sa vie. Pour achever sa *Fontaine de vie*, destinée à composer le cœur de sa capitale du monde, Andersen s'est imposé pendant près d'une décennie des séances de travail proprement inhumaines.

Créateur solitaire et tourmenté, il travaillait frénétiquement au point de passer jusqu'à quatorze heures par jour dans son atelier, plusieurs mois durant. Et ce, jusqu'à atteindre le stade de l'épuisement physique le plus absolu. À de multiples reprises au cours de sa vie, après de trop longues périodes de labeur, Andersen s'est effondré, terrassé par des vertiges, des acouphènes et des idées noires.

Alité, il continuait à dessiner des monuments grandioses ou de nouvelles sculptures. Reposé, il retournait travailler dans son atelier avec une ardeur fanatique, mû par ses grands rêves.

Hendrik Andersen dans son atelier

Selon les psychiatres que j'ai consultés, la personnalité d'Hendrik Andersen entre dans la catégorie nosographique, découverte à la Belle Époque par le docteur Maurice Dide, des « idéalistes passionnés ». L'idéalisme est une tendance profonde de la vie affective qui, en elle-même, n'a rien de pathologique. Par « idéaliste passionné », les psychiatres désignent des individus à la personnalité hypertrophiée, atteints de troubles du jugement affectif, qui manifestent une ardeur exceptionnelle à la réalisation d'un idéal. Selon le docteur Dide, qu'il s'agisse d'amour, de bonté, de beauté ou de justice, les idéalistes passionnés sont gouvernés par leurs certitudes, leurs convictions, leur logique implacable, et « arrivent progressivement et inconsciemment à raisonner comme s'ils étaient le centre du monde ».

Les délires des idéalistes passionnés mêlent des mécanismes intellectuels et affectifs. Leur exaltation se fixe sur des thèmes sociaux, politiques, esthétiques ou mystiques. Les systèmes de pensée qu'ils élaborent sont si complets qu'ils n'ont plus besoin des autres. Le docteur Dide a remarqué que les idéalistes passionnés, bien qu'ils soient souvent portés à défendre des idéaux universels, sont des individus fondamentalement antisociaux, y compris lorsqu'ils s'expriment au nom du genre humain. En effet, quelles que soient la noblesse de ce qu'ils professent avec opiniâtreté et l'ardeur avec laquelle ils défendent leur cause, ils tiennent à tout prix à imposer leur point de vue et ne tolèrent pas que l'on puisse les contredire ou leur faire de l'ombre.

Dans ses livres, ses brochures, ses lettres et ses conférences, Andersen a inlassablement repris les mêmes arguments :

> Ma ville a été conçue pour abriter les intérêts internationaux et unir les peuples et les nations afin qu'adviennent la paix et le progrès à travers le monde. Elle prône l'unité du monde et la fraternité universelle, et son but ultime est d'établir une fédération mondiale.

8

Le 12 janvier 2019, plus de quatre années après avoir découvert à Rome le livre consacré au Centre mondial de communication, mon enquête m'a finalement conduit dans la salle de lecture des manuscrits de la bibliothèque du Congrès de Washington. Ce jour-là, un archiviste a poussé son chariot argenté jusqu'à ma table de travail, puis il m'a présenté à voix basse les règles de consultation des documents. En l'écoutant, j'avisai les cinq premières boîtes qu'il venait de m'apporter. Ces cartons gris annonçaient un marathon de lecture de plus de douze mille sources écrites.

À bien des égards, cette session de recherche représentait pour moi une sorte de va-tout. Malgré des années d'investigations opiniâtres, je ne connaissais encore que par bribes l'histoire que je désirais raconter. Non seulement j'ignorais si mon voyage de recherche en Amérique du Nord en valait vraiment la peine, mais je commençais même à me demander si je n'étais pas devenu fou à force de vagabonder en solitaire des mois durant d'un fonds d'archives à un autre, pour mener à bien une enquête ruineuse qui n'était peut-être qu'une chimère.

L'archiviste de la bibliothèque du Congrès est retourné s'asseoir derrière son bureau. J'ai aussitôt bondi de ma chaise pour soulever le rabat d'une boîte et lire la première lettre d'une correspondance inédite que j'avais longtemps espéré trouver en Europe. « Cher Andersen », commençait-elle. J'ai reconnu l'écriture d'Ernest Hébrard, l'architecte français du Centre mondial de communication. « J'ai loué à Paris un appartement assez vaste où il sera possible de faire de grands dessins. C'est 23 rue Jacob, près de Saint-Germain-des-Prés. »

J'ai feuilleté cette correspondance avec l'intention d'y revenir plus tard. Je l'ai ensuite rangée dans sa boîte afin de pouvoir en ouvrir une autre, car le règlement de la bibliothèque du Congrès interdit de consulter deux documents à la fois.

Un cahier attira alors mon attention. Une étiquette blanche collée sur son dos bleu indiquait : « Vol. 28-last ». Il s'agissait du dernier volume du journal intime d'Hendrik Andersen, entamé en 1919, lui aussi entièrement inédit. La rédaction de ce vingt-huitième cahier avait commencé le 17 octobre 1940. Je savais que le sculpteur était décédé deux mois plus tard. Après avoir parcouru une soixantaine de pages, j'ai découvert qu'il avait tenu son journal intime jusqu'à la veille de sa mort, rédigeant ce jour-là quatre lignes en anglais d'une main tremblante.

9

Quelques heures plus tard, en sortant de la bibliothèque du Congrès, j'étais saisi par ce que je venais de découvrir. Longtemps, en enquêtant sur le Centre mondial de communication, j'avais cru retracer l'histoire d'une cité idéale aussi romantique qu'inoffensive. En réalité, je venais de découvrir que cette utopie avait connu une seconde vie au temps du fascisme italien. Dans la salle de lecture, en manipulant coupures de presse et journaux intimes afin de recouper mes informations, il m'avait fallu contenir ma surprise, me répéter que l'authenticité de ces sources primaires relevait de l'indubitable, demander une seconde consultation de documents, relire plusieurs fois mes notes... Pour finalement admettre que tout, dans cette histoire rocambolesque, était authentique.

Le Centre mondial de communication n'avait pas seulement rencontré un succès planétaire et reçu le soutien de trois prix Nobel de la paix en 1913. Cette cité idéale avait aussi été soutenue, au milieu des années 1920, par Benito Mussolini, le dictateur fasciste. Le Duce était allé jusqu'à accorder une audience privée à Hendrik Andersen afin que ce dernier lui présente les plans de sa cité idéale. Suite à cette audience, Mussolini, admiratif du projet, avait déclaré à la presse qu'il était prêt à céder gratuitement un immense terrain afin que le Centre mondial de communication fût bâti à quelques kilomètres de Rome.

Je connaissais bien Hendrik. Artiste mégalomane qui rêvait d'égaler Michel-Ange, ce jusqu'au-boutiste exécrait la violence et le militarisme. Pour lui, la construction du Centre mondial de communication annonçait l'avènement du royaume de Dieu sur Terre. Qu'avait-il bien pu se produire pour qu'il aille présenter les plans de sa cité idéale à Benito Mussolini ? Avait-il agi par opportunisme ? Sa capitale du monde s'était-elle finalement révélée une illusion dangereuse ? Ou avait-il véritablement trahi ses idéaux pacifistes pour épouser ceux du fascisme ?

CHAPITRE PREMIER

Devenir sculpteur
(1872-1898)

1

Au printemps, les rayons du soleil percent les nuages qui assombrissent ordinairement le ciel de Bergen, une ville portuaire située à l'extrémité de la péninsule du sud-ouest de la Norvège. La luminosité change alors brusquement dans les fjords environnants. Leurs flots prennent une teinte métallique aveuglante, et les prairies recouvertes d'un tapis d'herbe grasse se mettent à resplendir.

Des petits chevaux à la robe isabelle pâturent paisiblement au cœur de ces paysages propices à la rêverie. On les appelle les fjords. Souvent taillée en brosse, la crinière du fjord se prolonge d'une raie de mulet parcourant son dos jusqu'à la queue. Estimé des cavaliers pour sa loyauté, sa grande capacité de travail, sa rusticité et son courage, ce cheval typiquement scandinave a servi de monture aux Vikings et a été employé comme bête de somme lors d'expéditions polaires légendaires. Depuis la nuit des temps, le fjord inspire les conteurs, les rêveurs et les aventuriers.

Au cours de l'année 1872, William Ellery Channing, un poète de la Nouvelle-Angleterre, apprend qu'un peintre de son entourage, un certain « M. Reien », doit se rendre à Bergen. Channing saisit l'opportunité : il demande à Reien de bien vouloir lui rapporter de son voyage deux magnifiques fjords.

Arrivé à destination, Reien se met en quête d'un connaisseur. Ses interlocuteurs lui recommandent Anders Andersen, un débardeur de bois. Ils avertissent cependant Reien :

Andersen est un ivrogne criblé de dettes. Ce rustre ne travaille pratiquement jamais, vit aux crochets de son épouse et passe l'essentiel de son temps à se soûler. En revanche, insistent-ils, pour qui cherche un spécialiste du fjord, Andersen est la personne appropriée.

Reien se rend dans le bistrot où Andersen a ses habitudes, lui offre un verre et sollicite son aide. Les jours suivants, le Norvégien n'a aucune difficulté à trouver deux bêtes splendides qu'il négocie pour Reien à leur juste prix. La transaction conclue, le peintre américain doit trouver une personne de confiance capable de prendre soin des fjords durant la traversée de l'Atlantique. Reien a observé l'aisance d'Andersen avec les chevaux. Il lui propose la place.

Le soir même, Anders a une longue conversation avec son épouse, Helene, la mère de ses deux enfants. Fille d'un boulanger, c'est une femme de petite taille à la peau claire et aux yeux bleus. Protestante exemplaire, toujours bien mise, elle subvient seule aux besoins de sa famille grâce à son travail de domestique. Helene connaît bien la propension de son époux à mentir et à élaborer toutes sortes de combines pour boire et échapper au travail. Elle se méfie de ce projet de voyage aux États-Unis.

Néanmoins, quelques jours plus tard, Anders embarque à bord d'une frégate à vapeur. Il laisse derrière lui son bistrot, ses dettes, sa femme, ainsi que ses deux petits garçons. Andreas, qui fait ses premiers pas. Et Hendrik, qui vient à peine de naître.

La famille Andersen. De gauche à droite :
Anders, Andreas, Hendrik et Helene

2

Quelques mois plus tard, Helene reçoit une lettre d'Anders accompagnée d'une somme d'argent. Cette lettre l'invite à le rejoindre aux États-Unis, plus précisément à Newport, dans l'État de Rhode Island. Helene court acheter des billets de troisième classe, puis écrit à Anders afin de lui indiquer la date de son départ.

Peu avant la traversée, une chaudière du navire explose. Le bateau est déclaré hors service pour plus de trois semaines. Anders ne sera jamais informé de ce retard.

Mécontents de ne pouvoir embarquer à la date prévue, des passagers pressent la compagnie maritime de trouver un navire de substitution. La société affrète à la hâte un vieux rafiot, le *Peter-Gibson.*

La traversée tourne au cauchemar. Le navire affronte une violente tempête qui rallonge la durée du voyage. Suite à de multiples avaries à bord, l'équipage rationne l'eau douce. Aux passagers de troisième classe, l'intendance ne sert bientôt plus que de petites portions de hareng fumé. Au bout de trois semaines de navigation sur des bancs de bois, la plupart des voyageurs épuisés souffrent de faim, de soif et de maladies.

À l'aube du 26 juin 1873, Helene Andersen, qui ne parle pas l'anglais et n'a plus un sou en poche, franchit finalement la passerelle de débarquement en tenant d'un bras son nourrisson, Hendrik, et en donnant la main à son fils aîné de trois ans, Andreas. Le visage blême et amaigri de l'immigrante norvégienne affiche une mine inquiète. Mis à part les lettres de son mari affirmant qu'il y fait bon vivre et qu'il y a trouvé du travail et une petite maison, Helene ne sait rien du pays dont elle vient de fouler le sol.

Dans les archives, sur la liste des passagers du *Peter-Gibson* arrivés à New York ce matin-là, les noms des trois Norvégiens sont griffonnés à la suite, au milieu d'une foule de deux cent quatre-vingt-dix-huit anonymes. Comme huit millions d'étrangers arrivés à New York avant la mise en service d'Ellis Island en 1892, Helene, Andreas et Hendrik Andersen entrent aux États-Unis par la porte de Castle Gardens à Manhattan, le tout premier centre d'immigration du pays. Au commencement des années 1870, les États-Unis comptent déjà 5,5 millions d'immigrants, soit près de 15 % de sa population totale.

Les procédures d'immigration terminées, Helene et ses enfants rejoignent la foule massée devant Castle Gardens. Là, Helene scrute longtemps les visages d'hommes attroupés à la recherche de celui d'Anders. L'attente lui semble interminable. Et pour cause : Anders s'est bien rendu à New York quelques jours auparavant, mais il y a dilapidé son argent dans la boisson avant de rentrer à Newport.

Après plusieurs heures à guetter en vain son époux, Helene comprend qu'elle va devoir se débrouiller seule. En tentant de masquer son inquiétude et sa honte, l'immigrante se met à aborder en norvégien des inconnus afin de leur demander des renseignements. Aucun ne comprend ce qu'elle leur dit. Quand Helene rencontre enfin un compatriote à qui elle peut expliquer sa situation désespérée, elle se résout à lui demander son aide. Généreux et spontané, ce brave inconnu emmène Helene et ses enfants dans un café, leur offre quelque chose à manger, puis les accompagne jusqu'à la gare. Là, il achète des billets de train pour Newport et les remet à Helene en lui souhaitant bonne chance pour sa nouvelle vie en Amérique.

3

En retrouvant Anders dans Newport, Helene comprend que toutes les lettres qu'elle a reçues ne sont qu'un tissu de mensonges. Non seulement Anders a déjà perdu successivement plusieurs emplois, mais, de surcroît, il boit autant qu'avant, est déjà endetté, et vit dans un taudis du quartier le plus pauvre et le plus cosmopolite de la ville : Fifth Ward. Sa chambre, vide de meubles, est une pièce sordide à l'odeur épouvantable où il dort à même le sol sur un vieux matelas répugnant infesté de punaises. Anders a délibérément menti à Helene afin de l'attirer aux États-Unis de manière que, comme en Norvège, elle effectue les tâches domestiques et rapporte au foyer un peu d'argent.

En ce temps-là les habitants de Newport surnommaient Fifth Ward le *dump* – le trou – du fait de la proximité du quartier avec une décharge où s'entassaient des immondices. Apparu dans les années 1820 avec l'arrivée d'immigrants irlandais, ce quartier concentrait la main-d'œuvre à bas coût indispensable à l'activité économique de la ville. Pêcheurs, maçons, charpentiers, cuisiniers, ouvriers, domestiques… Fifth Ward constituait un îlot de prolétaires planté au beau milieu d'un cadre paradisiaque. Il se trouvait en effet pris en tenaille entre les activités portuaires et les somptueux cottages du littoral détenus par les ultra-riches de la « période dorée », le *Gilded Age*. Bien avant que Jacqueline Lee Bouvier et John Fitzgerald Kennedy ne s'y marient en 1953, Newport était déjà, à la fin du XIXe siècle, un lieu de villégiature fréquenté par les plus riches dynasties des États-Unis.

Dès son arrivée à Newport, Helene trouve du travail auprès de familles bourgeoises, d'abord comme lavandière, puis en tant que domestique. L'immigrante norvégienne se fait fréquemment voler l'argent qu'elle gagne par son alcoolique de mari, mais ne proteste pas. Pieuse, Helene croit fermement que, tôt ou tard, si elle sait se montrer courageuse aux yeux du Très-Haut, ce dernier trouvera une manière de lui rendre l'argent que son époux lui a dérobé. Toutes les fois où Anders impose à sa femme la présence de ses compagnons de beuverie pour le dîner, Helene exprime sa désapprobation, mais partage son pain et cuisine pour tous, conformément aux Saintes Écritures. Ces soirs-là, Helene nourrit ces hommes sur sa paie de misère tandis que ses propres enfants, Andreas et Hendrik, manquent de tout. Ainsi s'écoulent les premières années de la famille Andersen en Amérique. En 1879, Helene accouche d'un troisième garçon, Arthur.

4

Lorsqu'ils ne cirent pas des chaussures dans les rues de Newport, Andreas et Hendrik vendent à la criée des journaux ou des pommes pour aider leur mère à subvenir aux besoins du foyer. Dans le quartier misérable où ils grandissent, les frères Andersen assistent à des scènes d'une effroyable violence. Du fait de l'alcoolisme de leur père, la brutalité sévit également au cœur de leur taudis. Anders passe son temps à boire, hurler, morigéner sa famille. Andreas et Hendrik retrouvent parfois leur père étendu sur le sol de la maison, inconscient et souillé de vomissures.

Helene, pilier de la famille Andersen, veille à ce que ses enfants aillent un peu à l'école et reçoivent beaucoup d'amour. Elle endure sa vie de labeur grâce à son courage, à sa détermination et à l'ardeur de sa foi religieuse. Attentionnée et affectueuse, Helene lit chaque soir quelques pages de la Bible à ses petits garçons.

L'immigrante norvégienne inculque à ses enfants de solides principes de vie. Elle leur transmet l'optimisme qu'elle tire de sa foi protestante et leur répète que la grâce de Dieu réalise toujours les rêves de celles et ceux qui, quelles que soient les circonstances, ne reculent pas devant les sacrifices, la souffrance et la dureté du travail. « Celui qui prie Dieu d'un cœur pur et qui ne renonce jamais à se montrer valeureux, celui-là finit par être exaucé », soutient Helene auprès de ses garçons.

De ses trois fils, Hendrik, le cadet, se distingue par son tempérament agité et frondeur. Charmant petit garnement à la peau claire, aux yeux bleus et aux cheveux blonds, Hendrik manifeste tôt sa forte personnalité et ses angoisses. Très entreprenant, en quête permanente d'affection et de reconnaissance, il aime se placer au centre de l'attention et se montre, selon les circonstances, facétieux, turbulent, voire bagarreur lorsqu'il s'agit de s'imposer face à d'autres enfants. Hendrik n'aime pas l'école. Il recherche continuellement l'aventure et rentre à la maison aussi tard que le lui autorise sa mère.

5

Des ruelles interlopes aux chemins fleuris menant aux villas des grandes fortunes, Hendrik connaît chaque recoin de Newport. Avec sa bicyclette, sa casquette et son uniforme sombre à gros boutons brillants et aux poches gonflées de télégrammes, Hendrik pédale énergiquement afin d'aller et venir dans la ville. Comme d'innombrables petits coursiers que l'on croise fréquemment dans les cités nord-américaines de la fin du XIXe siècle, il travaille en tant que messager pour un bureau de télégraphie. Cet emploi lui permet d'entrer dans les vastes demeures de la haute bourgeoisie.

Le jeune immigrant aime pousser sa bicyclette dans les allées de ces résidences somptueuses donnant sur de grands jardins, des statues et des jets d'eau. Lorsque les portes des nantis s'ouvrent devant lui, Hendrik adopte l'attitude d'un angelot tombé des cieux afin que sa politesse et ses sourires lui rapportent de bons pourboires. Certains destinataires de télégrammes lui donnent jusqu'à cinquante cents – une véritable fortune.

Pendant ce temps, le visage placide et le regard triste, Andreas, le frère aîné d'Hendrik, dessine seul chaque fois qu'il en a l'opportunité. Grâce à cette activité, il semble trouver un apaisement que ne lui procure pas son foyer familial. À quatorze ans, comme la plupart des enfants des classes populaires aux États-Unis, Andreas interrompt sa brève scolarité et fait toutes sortes de métiers. Son travail achevé, il suit des leçons de dessin dans une petite école du soir.

Hendrik quitte pour sa part les bancs de l'école à l'âge de treize ans. Après quoi, comme son grand frère, il enchaîne les emplois faiblement rémunérés : employé dans une épicerie, crieur, garçon boucher, commis de cuisine…

Un soir, après s'être profondément entaillé la main en préparant des homards dans la cuisine d'un restaurant de luxe, Hendrik rince son sang, noue un linge autour de sa paume, puis poursuit son travail jusqu'à ce que son patron, pourtant informé de sa blessure, lui fasse le reproche de travailler trop lentement. L'adolescent se rebelle en brandissant son bandage. Il est immédiatement renvoyé. Hendrik exige alors de son employeur que les heures de travail effectuées lui soient bien payées, ce qu'il n'obtient que de haute lutte, après plusieurs heures de tapage devant le restaurant.

Quelques mois plus tard, Hendrik décide de devenir charpentier et rejoint comme apprenti les chantiers navals. Selon un registre de la Société historique de Newport, son père Anders y aurait lui-même travaillé au cours de l'année 1887. Le soir venu, Hendrik flâne sur le port afin d'observer ouvriers, marins et pêcheurs faire le récit de leurs vies, plaisanter, s'enivrer ou échanger des coups de poing.

Adolescent contemplatif et mélancolique, le jeune immigré norvégien passe de longues heures seul au bord de la mer à rêver d'une vie meilleure.

6

Un important changement survient dans la vie d'Hendrik au cours de l'année 1889, lorsque son frère Andreas quitte Newport pour s'inscrire dans l'une des plus importantes écoles d'art de Boston, la Cowles Art School de Darmouth Street. Pour survivre financièrement, Andreas travaille dans un hôpital, donne des cours de dessin, vend quelques œuvres, ce qui lui permet à peine de payer les frais de son école. Mais l'aîné de la fratrie Andersen voue à l'art un véritable culte. Il rêve de devenir peintre et croit, comme le lui a enseigné sa mère, que Dieu, dans sa grande miséricorde, récompensera tous ses sacrifices.

Resté à Newport, Hendrik, dix-sept ans, lit avec enthousiasme les lettres de son frère aîné, riches en observations. Cette correspondance stimule sa soif d'aventure. « Tu dois étudier, tu dois lire », écrit Andreas à Hendrik. Le jeune peintre conseille à son frère de ne plus errer le soir sur les quais de Newport, mais de se rendre à la bibliothèque afin d'y découvrir *Le Paradis perdu* de John Milton et *La Divine Comédie* de Dante Alighieri.

Hendrik suit ces recommandations. Il se rend à la bibliothèque et se force à lire des livres auxquels il ne comprend rien, puis s'inscrit dans la petite école du soir de Newport où Andreas avait lui-même pris des leçons de dessin.

Andreas Andersen

7

À Boston, Andreas se fait rapidement remarquer pour son talent. Le directeur de son école d'art lui recommande d'engager des démarches de naturalisation afin d'obtenir la nationalité américaine – ce sera chose faite le 11 août 1891 –, et de présenter sa candidature à la bourse Longfellow, une aide attribuée chaque année à un jeune artiste méritant de la Nouvelle-Angleterre afin qu'il puisse étudier à Paris. Andreas suit ces conseils. Et le 26 septembre 1891, euphorique, il embarque pour la France avec une valise à la main et six cents dollars en poche.

La réussite de son frère embrase l'imagination d'Hendrik qui, dès l'année suivante, intègre à son tour la Cowles Art School de Boston, puis engage lui aussi une procédure de naturalisation. Si Hendrik se révèle beaucoup moins doué que son grand frère, il est tout aussi déterminé à devenir un artiste. Son choix est d'ailleurs arrêté : il sera sculpteur.

Comme Andreas avant lui, Hendrik travaille pour financer ses études. Parce qu'il est un beau jeune homme, il parvient à gagner un peu d'argent en posant comme modèle dans son école. Mais cela ne suffit pas à assurer sa subsistance. Continuellement épuisé, Hendrik mange peu, dort à peine, et porte toujours les mêmes vieux vêtements, des guenilles inadaptées aux rudes hiver de Boston. Au sein d'une institution où la plupart des élèves ont reçu une solide éducation, s'habillent à la mode, et n'ont pas besoin de travailler pour étudier, Hendrik vit douloureusement sa pauvreté, son inculture et les moqueries dont il fait l'objet.

Dans une lettre qu'il a adressée à son frère Andreas, Hendrik évoque cette période difficile de sa vie.

> J'étais sans le sou, en mauvaise santé et continuellement épuisé. Dieu seul sait combien j'ai souffert. J'ai travaillé si

dur à cette époque que parfois, lorsque je rentrais à la maison à Newport, j'étais plus mort que vivant et gardais le lit, inconscient, de très longues heures. C'est à cette période que j'ai pris conscience de la fragilité de mon corps et de mon cerveau, et il me semble toujours un miracle que je sois parvenu à vivre jusqu'à l'âge de 20 ans. Plusieurs fois, lorsque je suis rentré à la maison pour me reposer, je me suis réveillé en découvrant notre douce maman agenouillée devant mon lit, priant pour moi, les yeux remplis de larmes.

Je me souviens combien ma lutte pour ma survie fut difficile. Mais c'est mon amour pour maman, pour Arthur et pour toi qui m'ont permis de me cramponner à la vie de toutes mes forces car, à de nombreuses reprises, j'ai souhaité mourir et ne manquer à personne. Mon cher Andreas, j'ai tant pleuré et prié en silence… Comme tu le sais, j'ai travaillé continuellement, portant ces vieilles chaussures qui, dès le matin dans la rue, buvaient la neige fondue. […] À l'école, je ne me suis fait aucun ami et beaucoup d'ennemis. […] Mais j'avais en tête de grand plans pour le futur, et le fait de n'avoir aucun ami ne m'a jamais découragé.

8

Pour un artiste de la fin du XIXe siècle, aucune autre capitale du monde n'égale Paris pour se former et se faire un nom. En perpétuelle effervescence artistique, la Ville Lumière rayonne culturellement sur l'ensemble du globe, et l'École nationale et spéciale des beaux-arts jouit d'une renommée mondiale. Toutefois, au début des années 1890, du fait d'un examen de français très sélectif, peu d'artistes étrangers parviennent à intégrer les Beaux-Arts. Quant aux femmes, elles n'ont tout simplement pas le droit de s'y inscrire.

Plus libérales, mais tout aussi élitistes, les académies d'art acceptent de former les étrangers et les femmes. Ces dernières peuvent y réaliser des nus masculins à partir de modèles.

C'est au sein de l'une de ces écoles, l'académie Colarossi, que l'artiste Camille Claudel a appris la sculpture.

Andreas Andersen étudie quant à lui au sein de l'académie Julian, une autre école privée de peinture et de sculpture. Il y retrouve un ami de Boston, le peintre Howard Cushing. Comme tous les petit-enfants du richissime marchand John Perkins Cushing (1787-1862) – un contrebandier d'opium qui fut l'étranger le plus influent de Canton au début du XIXe siècle –, Howard Cushing est un rentier. À l'instar des jeunes artistes issus de la haute bourgeoisie de la côte est des États-Unis que l'on rencontre dans les romans d'Henry James, Howard ne vit que pour l'art et le tourisme.

Les faibles moyens d'Andreas ne lui permettent pas de louer un atelier dans Paris. Cependant Howard se montre charitable et lui propose de partager le sien, situé rue de l'Université. Les mois suivants, une solide amitié se noue entre ces artistes nés aux deux extrémités de la pyramide sociale. Lorsqu'ils ne peignent pas, Andreas et Howard fréquentent les cercles de la bourgeoisie américaine expatriée à Paris. Andreas y fait la connaissance de la petite sœur d'Howard, Olivia Cushing, une jeune femme brillante parlant couramment le français, l'italien, l'allemand et l'anglais, sa langue maternelle.

9

Née en 1871, Olivia Cushing a passé une partie de son enfance dans les grands hôtels européens, ainsi que dans le somptueux cottage que son grand-père a fait construire à Newport, sur l'un des promontoires les plus spectaculaires du littoral d'Ocean Drive.

À première vue, la vie d'Olivia ressemble à un conte de fées. Toujours vêtue à la dernière mode, cette rentière achète tout ce qu'elle désire dans les plus belles boutiques de Paris. Quand elle ne suit pas des leçons de dessin ou de modelage, elle multiplie les excursions à travers l'Europe. Olivia assiste continuellement à des concerts, des pièces de théâtre et des événements mondains. Lors de ses sorties avec son frère Howard et son ami Andreas, elle s'entretient avec des figures légendaires du Paris artistique de la Belle Époque, comme le dandy Robert de Montesquiou, les peintres James Abbott McNeill Whistler et Antonio de La Gandara, ou le poète Stéphane Mallarmé.

Olivia Cushing

Pour autant, chaque fois qu'elle se trouve seule dans sa chambre, Olivia confie sa détresse à son journal intime. Insatisfaite, la jeune femme manque de confiance en elle et se déprécie.

À la lecture de ce journal, on découvre le quotidien d'une Américaine de la haute bourgeoisie de la fin du XIXe siècle travaillée par de grandes questions métaphysiques. Olivia peine à trouver un sens à sa vie et à sympathiser avec les individus de sa classe sociale. Elle recherche la solitude et se réfugie dans les arts, les voyages et la spiritualité.

Bayreuth, Dinard, Londres, Lausanne, Chamonix, Venise, Turin, Florence... De 1891 à 1893, Olivia retrace ses pérégrinations à travers l'Europe. Au cours de ces trois années, elle critique son milieu d'origine et affirme s'y sentir malheureuse. Pour autant, ses habitudes, son code moral et sa vision du monde y ont été entièrement façonnés. Olivia ne sait donc pas comment s'en extraire.

À la fin du XIXe siècle, les femmes de la bourgeoisie évoluent dans un univers social corseté, étouffant, à la morale hypocrite. Si les hommes portent de hauts cols durs qui limitent leurs mouvements, les femmes des milieux favorisés se cuirassent de vêtements plus raides encore. Leurs cous sont enserrés jusqu'au menton ; leurs tailles sont ligaturées par des corsets ; la partie inférieure de leurs robes se bombe en cloche ; leurs mains doivent être gantées. Toute forme doit être recouverte, dissimulée du cou aux orteils, afin de respecter la « décence » qu'un simple mot ou geste maladroit peut heurter à tout instant.

Malgré la dentelle et les parures, les femmes de la bourgeoisie endurent ainsi une véritable captivité car les « bonnes mœurs » de l'époque leur imposent d'être chaperonnées du berceau jusqu'au mariage. Certes, ces « dames » ne subissent pas les terribles conditions de travail des ouvrières de l'industrie, ni la prostitution, omniprésente dans les villes. Elles sont toutefois condamnées à vivre sous cloche. Si on les initie aux arts, à commencer par la musique, le dessin et la littérature, afin d'en faire des femmes cultivées, cette éducation bourgeoise constitue paradoxalement une aliénation car elle a pour finalité de produire des âmes « pures » et ignorantes, non seulement de la sexualité, mais, plus largement, des choses de la vie. Incapables de voler de leurs propres ailes puisque l'on s'est ingénié à les leur couper, les jeunes bourgeoises se destinent à épouser un homme et à être guidées par lui. Dans l'attente de cette figure providentielle, elles vivent dans une prison dorée et patientent dans l'antichambre de la mélancolie.

Comme beaucoup d'Américaines cultivées de son temps, Olivia admire la poésie de Walt Whitman et lit les auteurs transcendantalistes, à commencer par Ralph Waldo Emerson. La jeune Américaine montre une grande appétence pour les ouvrages de spiritualité publiés en cette fin de siècle, période d'important bouillonnement en la matière. En peinture, Olivia éprouve une vive prédilection pour l'impressionnisme. À l'heure où le symbolisme éclot partout en Europe, Olivia exprime son engouement pour ce courant littéraire et artistique qui exalte l'imaginaire et le rêve en réaffirmant la puissance du mystère.

« Allons acheter quelque chose ! » lance parfois Olivia en français à son frère Howard, sans savoir ce qu'elle souhaite se procurer dans Paris. C'est un objet de plaisanteries entre eux. « À quoi suis-je bonne ? » se lamente-t-elle pour la énième fois quelques jours plus tard dans son journal. Olivia éprouve un malaise lorsqu'elle considère objectivement la vacuité de sa vie bourgeoise et les inégalités sociales de son époque. À ce propos, elle écrit :

> Je pense souvent que j'ai beaucoup trop, bien plus que ce dont j'ai besoin, ou que je désire. Devrais-je regretter toutes ces choses si je ne les avais pas ? Je ressens quelque chose d'étrange à acheter pour moi-même des vêtements, des parures et d'autres choses encore, ou d'observer la surabondance de nourriture placée devant moi quand, dans le même instant, je prends conscience de la lutte d'autres personnes pour n'obtenir que ce qui leur est le plus nécessaire. M'acheter un chapeau, par exemple, représente peut-être un ou deux mois de loyer pour une famille entière, ce qui me semble étrange car je le fais sans comprendre pourquoi et comment je le fais.
>
> Il y a bien entendu de nombreuses raisons, et de bonnes raisons, pour lesquelles certains ont tellement plus que d'autres. Mais quand j'observe les faits isolément, côte à côte, il m'est difficile de comprendre pourquoi une personne devrait jouir du superflu alors qu'il pourrait peut-être permettre à une autre d'améliorer son avenir. Cela semble un rêve d'être celle ou celui qui possède tout ce dont elle ou il a besoin, mais j'en connais d'autres qui ruinent leur santé à cause d'une mauvaise alimentation, ou de logements insalubres, et d'autres encore qui endurent jour après jour un travail d'une extrême pénibilité. Je ne me sens pas honteuse mais, vraiment, je ne m'explique pas ces choses.

Cette réflexion d'Olivia traduit une réalité : socialement, la Belle Époque est d'une violence inouïe. L'exploitation impitoyable des travailleurs, l'extrême pauvreté, ainsi que le travail des enfants sévissent sur toute la surface du globe. Tandis que les dirigeants des pays industrialisés appliquent dans leurs colonies des législations d'exception en justifiant leur exploitation économique au nom d'une prétendue « mission civilisatrice », les droits sociaux des travailleurs sont quasi inexistants, et l'on réprime au canon leurs manifestations.

Pour écrire *Le Peuple de l'abîme* (1903), Jack London arpente Londres, l'une des villes les plus riches du monde. Il décrit les terribles conditions d'existence d'un demi-million d'indigents. En France, 70 % de la population meurt sans aucun bien, et 1 % des défunts lèguent à leurs héritiers 70 % des richesses. À l'heure où la bourgeoisie célèbre le progrès des arts, de l'industrie et des communications, des millions de travailleurs endurent l'insalubrité de leurs taudis et n'ont pas assez de pain pour se nourrir, ni de charbon pour se chauffer. Cette violence, Olivia refuse de l'ignorer.

10

De retour aux États-Unis, Olivia fait la connaissance d'Hendrik le 12 novembre 1893 à Boston, grâce à l'entremise d'Andreas resté à Paris. La jeune femme et l'apprenti sculpteur ont pratiquement le même âge. Ils s'apprécient, s'estiment et se revoient à plusieurs reprises.

Hendrik confie à Olivia qu'il rêve d'aller étudier l'art à Paris. Afin de lui venir en aide, elle prend l'initiative de solliciter son entourage pour rassembler une somme d'argent. Grâce à cette somme, Hendrik embarque pour la France en 1894.

Avant son départ, il doit cependant subir une dernière humiliation. Informé du fait qu'Olivia a offert à Hendrik un billet en première classe sur un paquebot transatlantique, le directeur de l'école d'art de Boston présente à Hendrik une facture pour frais de scolarité. Le jeune artiste affiche sa circonspection car il pensait les avoir déjà payés en faisant le factotum dans l'école, mais le directeur n'est pas de cet avis. Il demande à Hendrik d'échanger son billet de première classe contre un billet de troisième, et de lui remettre la différence. Hendrik, blessé, proteste avant d'obtempérer en maugréant.

11

Lorsqu'il découvre Paris, le regard d'Hendrik brille d'émerveillement. Partout, dans les squares et les parcs, se dressent des groupes allégoriques ou des effigies de personnages illustres.

Dès son arrivée dans la capitale française, Hendrik retrouve son grand frère Andreas et s'inscrit, comme lui, à l'académie Julian. La formation dispensée aux jeunes sculpteurs leur apprend à construire et à modeler une figure anatomiquement juste, en partant de l'observation de modèles nus et en travaillant l'argile, le plâtre ou la pierre. Hendrik ne brille pas par son talent, mais il se montre appliqué, assidu, et très déterminé à apprendre.

L'année suivante, en compagnie du jeune peintre américain John Briggs Potter, les frères Andersen se rendent en Italie pour un voyage d'étude. Hendrik se délecte de la beauté de Florence. Il y découvre les statues de la *Sagrestia Nuova* réalisées par Michel-Ange pour les tombeaux des Médicis. *L'Aurore*, *Le Jour*, *Le Crépuscule* et *La Nuit* bouleversent le jeune sculpteur et l'influenceront durablement.

De retour à Saint-Germain-des-Prés, Hendrik poursuit ses études, tandis qu'Andreas rentre aux États-Unis afin d'y lancer sa carrière de peintre. L'apprenti sculpteur loue une chambre au 66 rue de Seine, multiplie les visites au Louvre pour y étudier des tableaux de la Renaissance, et suit les leçons d'Emmanuel Frémiet, l'auteur de la statue équestre de Jeanne d'Arc située place des Pyramides à Paris.

À la fin de l'année 1895, Hendrik retourne en Italie, seul cette fois, afin d'étudier au musée archéologique national de Naples. Cette institution abrite l'une des plus riches collections de statues gréco-romaines du monde. Dans les lettres qu'il adresse à Andreas à cette période, Hendrik exprime sa fascination pour les œuvres classiques et dévoile ce que sera, selon lui, la sculpture du XXe siècle :

> La sculpture sera gouvernée par la force intellectuelle, celle de la véritable compréhension du beau et de la capacité à exprimer le sentiment. Il s'agira de mieux entrer dans la réalité pour y trouver l'idéal. [...] La sculpture pourrait devenir une science, se purifier, se distinguer grâce à des hommes forts et intelligents luttant pour la lumière, non pour la gloire éphémère.

12

Selon Helene Andersen, la conduite morale et le chemin spirituel d'un être humain se mêlent et se confondent tout au long de sa vie. Hendrik a hérité de la croyance de sa mère et l'a faite sienne. Le statuaire ne dissocie pas son ambition artistique, ses choix esthétiques et ses postulats religieux ; il les considère au contraire comme un tout. Bien qu'il ne fréquente aucune église, l'artiste pense que la sculpture a le pouvoir de rapprocher l'homme de Dieu en œuvrant au perfectionnement moral et spirituel de l'humanité.

Ainsi, dès le commencement de sa carrière, Hendrik se sent investi d'une mission, celle de travailler conformément à ses principes de vie afin que ses idéaux s'incarnent artistiquement, et que l'humanité se rapproche « du pouvoir créateur de Dieu ». Fort de ces convictions spiritualistes, le jeune idéaliste s'installe à Rome à l'automne 1896. Il loue son premier atelier sur la Via Margutta, dans ce qui était alors « le quartier des artistes ».

Dès son arrivée dans la capitale italienne, Hendrik travaille ardemment. Il peint à l'huile, réalise des bustes, étudie l'architecture, et arpente de nombreux musées un carton à dessin sous le bras. Les chefs-d'œuvre de Michel-Ange le bouleversent et l'inspirent au point qu'il rêve de réaliser à son tour de grandes statues majestueuses.

Hendrik se lie d'amitié avec les époux Maud Howe et John Elliott, respectivement auteure et peintre symboliste, dont l'appartement accueille au cours des années 1890 d'importantes soirées mondaines anglophones. Lors de ces événements, Hendrik fait la connaissance d'un grand nombre de journalistes, de diplomates et d'artistes. Il y rencontre l'homme d'affaires et archéologue Theodore Monroe Davis – connu pour avoir financé des fouilles dans la vallée des Rois en Égypte entre 1889 et 1912 –, le sculpteur américain Augustus Saint-Gaudens, le dramaturge et écrivain français Jean-Paul Loyson, le poète symboliste anglais Arthur Symons, ainsi que le sculpteur et politicien libéral écossais Lord Ronald Gower (1845-1916), avec lequel Hendrik entame une liaison.

Ami d'Oscar Wilde et figure de la communauté homosexuelle londonienne de l'époque victorienne, Lord Ronald Gower aurait inspiré à l'auteur du *Portrait de Dorian Gray* le personnage de Lord Henry. Suite à leur rencontre chez les Elliott, Lord Ronald adresse à Hendrik plusieurs billets et multiplie les invitations à déjeuner ou à dîner. L'aristocrate écossais invite Hendrik à Londres, où ils visitent de nombreux musées.

Pour Hendrik, ce voyage en Angleterre provoque une mue vestimentaire spectaculaire. Dorénavant, les guenilles de sa jeunesse ne seront plus qu'un lointain et mauvais souvenir : le sculpteur adopte soudain tous les codes du parfait dandy. Hendrik porte désormais des costumes impeccablement coupés, et il ne sort jamais sans ses gants, son chapeau et sa canne.

Lord Ronald Gower, de vingt-sept ans l'aîné d'Hendrik, propose bientôt à son jeune amant d'engager une procédure d'adoption afin qu'ils puissent vivre sous le même toit. Néanmoins, pour une raison que les archives n'expliquent pas, le dandy écossais, finit par se raviser et adopte quelques mois plus tard un autre beau jeune homme, le journaliste Frank Hird, correspondant à Rome du *Morning Post*.

Lord Ronald était-il volage ? Hendrik, d'un tempérament indépendant, a-t-il finalement décliné la proposition ? Tout au long de sa vie, Hendrik sera courtisé par d'autres hommes avec lesquels il a vraisemblablement entretenu des liaisons. Pour autant, chaque fois, il conservera ses distances. Est-ce du fait de l'époque, extrêmement répressive à l'égard des homosexuels ? Ou cet écorché vif et travailleur obsessionnel, entièrement dévoué à ce qu'il nommait la « mission de sa vie », a-t-il tout simplement choisi de donner le primat à la réalisation de son œuvre ? À ces questions, les archives ne répondent pas précisément car Hendrik a choisi de brûler la quasi-totalité de sa correspondance amoureuse au cours des dernières années de sa vie.

Dans les écrits qui nous sont parvenus, les rares propos sur la sexualité tenus par le sculpteur condamnent le plaisir charnel et le mariage, considérés l'un et l'autre comme des pièges tendus à l'artiste. Hendrik loue la chasteté pour ses vertus supposées. Selon lui, tout créateur qui entend produire des œuvres d'art exceptionnelles doit se montrer totalement dévoué à son travail, faire preuve d'un ascétisme absolu, et demeurer intransigeant à l'égard de sa foi et de ses principes de vie. À l'égal d'un prophète.

CHAPITRE II

L'amour

(1898-1902)

1

« Que puis-je dire à propos de ce soir ? Est-ce un rêve ? écrit Olivia Cushing dans son journal intime le 30 septembre 1898. J'espère que je ne tomberai pas amoureuse, ajoute-t-elle quelques jours plus tard. Je ne veux pas m'attacher si intensément à une personne. » Olivia, âgée de vingt-sept ans, n'a jamais vécu d'histoire d'amour.

Le 22 janvier 1899, la glace se met à fondre. « A. compte beaucoup pour moi. [...] Je prends soin de lui avec beaucoup de tendresse, ce qui remplit mon cœur de chaleur et m'apaise. » Il s'agit bien entendu d'Andreas Andersen. Olivia, Howard et Andreas ont quitté Paris ; ils vivent désormais à Boston où Olivia étudie le grec ancien et la philosophie dans une université réservée aux femmes.

« J'ai peur, j'ai tellement peur de tomber amoureuse. J'ai souvent pensé que ce n'était pas en moi. Je ne sais pas ce que c'est, mais j'ai peur que ce soit ça. Si je suis amoureuse, ce sera je pense, une immense vague. J'ai tellement peur... »

Le journal intime d'Olivia devient peu à peu un cahier de correspondance que les deux amants échangent discrètement lors de leurs entrevues, afin de respecter les normes sociales de l'époque. Ils inventent alors, dans ce cahier, un amour au sens moderne du terme. Olivia et Andreas rêvent d'une relation épanouissante, ils accordent une attention réciproque à leurs aspirations individuelles. Dieu n'est pas absent de leurs réflexions car l'une et l'autre sont de fervents spiritualistes.

Leur rapport à la spiritualité n'a cependant rien de commun avec la piété protestante de leurs parents.

En cette fin de XIXe siècle, les femmes sont partout reléguées au rang de subalternes. Une fraction d'entre elles connaît une timide émancipation au sein de la bourgeoisie, mais qui ne va pas de soi. Olivia appartient à cette nouvelle génération de femmes. Souhaitant débuter une carrière de dramaturge, elle manque cependant de confiance en elle et ne trouve aucun soutien auprès de sa famille.

Olivia peut compter sur Andreas pour l'encourager à s'engager dans cette voie. Le jeune peintre l'invite à briser l'enclos dans lequel sont parqués arbitrairement les femmes de lettres – un problème social qu'abordera Virginia Woolf quelques décennies plus tard dans son essai *Une chambre à soi* (1929).

Par la force de cet amour, les doutes, les hésitations et la tristesse d'Olivia s'évanouissent.

> Dans l'après-midi, j'étais assise sur mon fauteuil, parmi les rochers. Andreas a installé son chevalet face aux vagues et il a peint debout. Les vagues étaient bleues dans le lointain et prenaient une teinte chrysoprase lorsqu'elles balayaient les roches. J'aime tant le voir peindre. Il a pris beaucoup de la beauté qui était là. [...] Avec Andreas, je comprends la vie. C'est riche, c'est plein, rien n'est inintéressant.

2

À la même période, au mois de juin 1899, l'écrivain Henry James est de passage à Rome. Il consulte lettres et archives de William Wetmore Story, un sculpteur néoclassique américain mort quatre années auparavant, dont il a accepté d'écrire la biographie. Henry James travaille sans plaisir. Malgré son succès, le grand romancier traverse une période difficile. Ce

« touriste méditatif », comme il se qualifie lui-même, ne reconnaît plus l'Italie qu'il a tant aimée il y a près de vingt-cinq ans, du temps où il commençait son deuxième roman, *Roderick Hudson* (1875).

Invité à plusieurs reprises chez les Elliott lors de son séjour romain, Henry James y rencontre un jeune et séduisant dandy plaçant l'art au-dessus de tout. L'écrivain tombe immédiatement sous le charme d'Hendrik Andersen. Il admire la beauté, le charisme et le caractère passionné de ce jeune statuaire. Au cours de leur première conversation, Hendrik évoque auprès d'Henry James sa fascination pour l'œuvre de Michel-Ange. À la fin de la soirée, il lui propose de venir visiter son atelier.

Hendrik Andersen et Henry James

Les deux artistes se revoient le lendemain. L'écrivain invite le sculpteur à déjeuner, et leurs conversations se prolongent jusqu'à l'heure du dîner.

Dans l'atelier d'Hendrik, Henry James découvre un grand nombre de dessins, de bustes en terre cuite, ainsi que ses premiers essais en matière de statues monumentales. En plus d'être séduit physiquement par Hendrik, Henry James revoit à travers lui l'artiste ambitieux qu'il fut vingt-cinq ans plus tôt, ici même, à Rome, du temps où il refaisait le monde avec ses amis et commençait à s'affirmer en tant qu'écrivain. Lorsqu'il aperçoit un petit buste représentant un enfant, le comte Alberto Bevilacqua, Henry James l'achète sur-le-champ pour la somme de deux cent cinquante dollars, probablement dans le but d'encourager Hendrik.

À son retour en Angleterre à la mi-juillet 1899, Henry James trouve le buste soigneusement empaqueté dans sa maison de la ville de Rye. Lamb House – c'est son nom – est aujourd'hui un petit musée consacré à l'écrivain, où le buste réalisé par Hendrik Andersen se trouve toujours.

« [Le buste] est encore plus charmant et délicieux à voir que lorsqu'il était à Rome. Je me réjouis de le posséder », écrit Henry James dans la première des soixante-dix-huit lettres qu'il a adressées à Hendrik Andersen. Cette correspondance durera seize années et sera ponctuée de cinq autres rencontres entre les deux artistes.

Les lettres à Hendrik Andersen occupent une place à part dans la correspondance d'Henry James : l'écrivain y fait montre d'une inhabituelle sensualité à l'égard de son « *beloved boy* ». James brûle d'envie de revoir Hendrik et ne tarde pas à l'inviter à Lamb House. Le jeune dandy s'y rend en août 1899.

Un mois plus tard, il reçoit cette lettre d'Henry James :

> J'étais désolé jusqu'à l'absurde de te perdre quand, cet après-midi-là, il y a un mois, nous marchions tristement vers l'innocente et charmante petite gare et que la cruelle fausse note de notre destin commun gronda intempestivement pour t'emporter au loin. Depuis lors, tu m'as manqué au-delà de toute proportion, au vu des trois maigres petites journées (car il me semble étrange qu'elles n'aient été que cela) que nous passâmes ensemble.
>
> Je n'ai jamais (& je l'ai fait 3 ou 4 fois) passé le petit coin de rue que nous avions remonté, à bicyclette, Udimore Hill (depuis Winchelsea) au crépuscule, sans penser avec la plus grande tendresse à notre course charmante vers la maison à la tombée du jour & en songeant de nouveau à l'étrange effet pervers de cette sorte de chose si tôt terminée.
>
> Ça ne fait rien – nous aurons plus, beaucoup plus, de cette sorte de chose ! Si tout va bien pour moi, je suis loin d'être sans espoir d'être en mesure, entre-temps, de prendre en main l'atelier afin d'être prêt à t'y installer confortablement pour une petite résidence artistique. Rye, hélas, n'est pas sculpturesque, ni d'une inspiration sculpturesque – mais ce qui est bon pour l'homme est, à la longue, bon pour l'artiste – & nous serons bons l'un pour l'autre.

Avant de décéder, Henry James a brûlé toutes les lettres qu'il a reçues d'Hendrik Andersen. Nous ignorons par conséquent ce que le sculpteur a répondu à l'écrivain au sujet de cette proposition de « résidence artistique ». Une chose est cependant sûre : à la fin de l'année 1899, grâce aux deux cent cinquante dollars réglés par Henry James pour l'achat du buste, Hendrik est en mesure de réserver un billet pour les États-Unis.

3

À son arrivée à New York, Hendrik retrouve son grand frère Andreas. Peintre désormais bien introduit dans les milieux artistiques de la côte est des États-Unis, Andreas encourage Hendrik à chacun de ses progrès et sollicite ses connaissances afin de l'aider à se faire un nom dans le monde de l'art. Grâce au soutien du collectionneur et historien de l'art Bernard Berenson (1865-1969), *Serenity*, un groupe de grande taille réalisé par Hendrik, est coulé en bronze. D'abord exposée au printemps 1900 à l'exposition annuelle de la Society of American Artists, cette œuvre entre au Metropolitan Museum la même année afin d'y être exposée temporairement.

À la même période, un autre marchand d'art, Frederick Keppel (1845-1912), organise une exposition Andersen dans sa galerie. Le catalogue nous apprend qu'Andreas y expose vingt-quatre tableaux, dont un portrait d'Hendrik, et qu'Hendrik présente quatorze dessins et six bustes, dont un d'Andreas.

Hendrik donne également des leçons de sculpture au sein de l'Art Students League où il a pour élève Gertrude Vanderbilt Whitney, la sculptrice, mécène et collectionneuse qui donnera son nom au Whitney Museum de New York.

Au mois de novembre 1900, le magasine mensuel illustré *The Century* publie un article de six pages intitulé « Un nouveau sculpteur » intégralement consacré à Hendrik. Le statuaire y présente ses postulats esthétiques. Il affirme que l'art le plus noble serait celui qui « unit le plus brillamment la noblesse physique et mentale » et que sa pratique artistique consiste à « symboliser les qualités exceptionnelles du corps humain » en insufflant aux formes qu'il représente « la plus haute expressivité intellectuelle ». Selon Hendrik, son devoir est de percevoir, d'interpréter et d'accentuer le meilleur de ce qu'un modèle lui offre. Il affirme qu'un sculpteur doit être sensible à tout ce qu'il perçoit en l'étudiant tant intellectuellement que visuellement :

> L'artiste doit ressentir qu'une tête n'est pas intéressante en elle-même. Elle l'est seulement dans la mesure où elle lui permet d'exprimer des qualités intéressantes. Une forme n'est fine que si elle atteint ou s'approche d'un idéal qui élève et anime l'esprit qui le perçoit.

Dans le sillage de cette publication, Hendrik remporte sa toute première commande publique. La ville de Buffalo, dans l'État de New York, lui passe commande d'une statue du président Abraham Lincoln. Andreas et Hendrik fêtent ensemble la bonne nouvelle. Leurs carrières lancées, les frères Andersen espèrent maintenant voler de succès en succès.

4

New York n'étant qu'à quelques heures de train de Newport où vivent toujours leurs parents, Andreas et Hendrik s'y rendent régulièrement. Helene a quitté le taudis de Fifth Ward pour emménager avec Anders dans une maisonnette.

Lors des repas en famille, les frères Andersen remarquent que leur père continue de manquer de respect à Helene. À table, le vieil ivrogne dit n'importe quoi. Il dénigre les États-Unis, prétend regretter la Norvège, parle de la grandeur des Vikings, balbutie que rien ne vaut les paysages nordiques de sa jeunesse, soutient qu'il rêve de pouvoir pêcher à nouveau de beaux saumons… Au cours de ces scènes, les frères Andersen scrutent en silence le visage de leur père ravagé par l'alcool, observent celui de leur pauvre mère qui ne souffle mot, puis échangent des regards complices où brûlent l'exaspération et la colère.

Anders n'a aucunement l'intention de retourner dans son pays natal. Pour réaliser ce projet, il lui faudrait se montrer solidaire de sa femme et se donner la peine de travailler. Mais puisqu'il ne cesse de répéter que la Norvège lui manque, et parce qu'Andreas et Hendrik en ont assez d'assister au calvaire de leur mère, les deux frères échafaudent un plan.

Lors d'un autre déjeuner de famille, Andreas et Hendrik se montrent particulièrement aimables avec leur père et veillent à ce que l'alcool coule à flots. Le repas s'achève au milieu de l'après-midi par des chants norvégiens qu'entonne toute la famille. Après quoi, le silence revenu, comme les deux frères s'y attendaient, leur père se lance dans son habituel monologue. Anders martèle une fois encore que les États-Unis ne sont rien comparés à la Norvège et qu'il rêve d'y retourner. À cet instant précis, Andreas et Hendrik mettent leur plan à exécution.

« Vraiment, Papa ? Tu rêves de retourner en Norvège ? le relancent-ils en remplissant son verre.

— La Norvège est le plus beau pays du monde », réplique Anders.

Hendrik brandit un billet. C'est un aller simple à destination de la Norvège, pour une seule personne. L'enthousiasme d'Anders se refroidit aussitôt, mais pas celui de ses fils, qui lèvent leurs verres afin de célébrer la bonne nouvelle.

Tout au long de l'après-midi, Andreas et Hendrik veillent à ce que leur père ne dessoûle pas. Ils font le voyage avec lui jusqu'à New York, le conduisent dans un hôtel où ils lui retirent ses chaussures, le mettent au lit, et lui expliquent qu'ils viendront le chercher le lendemain afin de l'emmener jusqu'au bateau. En partant, ils lui confient deux bouteilles d'alcool.

Au petit matin, elles seront vides. Avant d'embarquer, Anders affiche une mine inquiète. Le vieil homme ne se ragaillardit que lorsqu'il aperçoit Andreas tirer de sa poche la somme de trente-six dollars et la lui remettre billet par billet, comme s'il s'agissait d'un solde de tout compte. Les deux frères Andersen étreignent ensuite leur père et le regardent traverser la passerelle d'embarquement du navire, en veillant à ce qu'il n'en redescende pas.

Peu de temps avant de mourir, Anders adressera une lettre à Helene depuis la Norvège afin de reconnaître ses fautes et de lui demander pardon. Helene continuera de correspondre avec son époux jusqu'à sa mort, en 1914. En revanche, Andreas et Hendrik ne voudront plus jamais entendre parler de lui. La dernière image que les frères Andersen conserveront de leur père sera celle d'un passager fumant un cigare, accoudé au bastingage d'un paquebot prêt au départ.

5

Le 31 décembre 1900, dernier jour du XIXe siècle, c'est au tour d'Olivia Cushing de s'affirmer. Bien qu'elle redoute la réaction de ses parents, elle a décidé de leur annoncer qu'elle aime Andreas et souhaite l'épouser malgré leur différence de classe sociale.

> J'aurais aimé ne pas sentir ce poids sur maman. Elle s'est assise avec une expression de tristesse, ses yeux étaient grands ouverts et regardaient dans le vide, et quelquefois vers moi. Elle est restée douce et gentille, mais je l'ai sentie ébranlée et blessée. Dieu sait que je ne me trompe pas. Je ressens cette immense paix et cet amour dans mon cœur, et plus de force que je n'en ai encore jamais ressenti.

Les mois suivants, dans l'espoir que leur fille change d'avis, les parents d'Olivia tâchent de gagner du temps en retardant ce mariage indésirable. Olivia ne cède pas.

« Je vais être tellement heureuse avec mon mari ! » se réjouit-elle le 13 août 1901 dans son journal.

Fin octobre, les deux amants passent quelques jours à Concord dans le Massachusetts, en compagnie de cousins et de parents d'Olivia. Plus déterminée que jamais à épouser Andreas, la jeune femme répète à sa famille que son choix est arrêté.

De retour à Boston le 2 novembre 1901, Olivia mentionne pour la première fois qu'Andreas est alité.

> Mon amour, écrit-elle le 10 novembre, c'est étrange que maman ne comprenne pas pleinement l'esprit de notre amour. [...] Ma mère me considère égoïste et impétueuse d'être si insistante à propos de notre mariage.

Les semaines suivantes, l'état de santé d'Andreas se dégrade. Fiévreux, émacié, il tousse.

Pendant ce temps, la mère d'Olivia continue de retarder la date du mariage. Sa fille lui tient tête et finit par remporter ce duel : l'événement est finalement fixé au 2 janvier 1902.

> Amour, je pensais que mon cœur était plus fort, je ne m'imaginais pas souffrir autant à chaque montée de ta température, à la minceur de tes joues, à l'obscurité sous tes yeux. [...] Dieu nous a donnés l'un à l'autre, et à travers cet amour, nous avons trouvé le sens de notre vie.

Le 24 décembre, un médecin diagnostique une tuberculose pulmonaire à Andreas. Il donne pour consigne à Olivia de ne pas trop lui parler afin de ne pas le fatiguer. Pour compenser sa frustration de ne pouvoir échanger avec Andreas chaque fois qu'elle le désire, Olivia s'adresse à nouveau à lui par écrit, dans son journal intime, comme par le passé, lorsque les deux amants correspondaient discrètement en échangeant leurs cahiers.

Ébranlée par la mauvaise nouvelle, Olivia sanglote :

> Où est le petit enfant que nous espérions ? Nous ne pouvons l'appeler à nous, pas maintenant, mais sa petite âme doit être près de nous, elle doit nous attendre quelque part. Mon amour, nous sommes unis l'un à l'autre maintenant, même s'il n'y a pas d'enfant à partager dans notre amour. Tu m'as toujours semblé divin, et maintenant, je vois que la seule voie dans laquelle je peux m'engager pour t'aider est une voie divine, avec toi, loin de la trivialité, de la petitesse, des vues ordinaires. [...] Mon amour, je me sens pleine d'espoir – et peut-être que notre enfant viendra – plus tard.

Les jours suivants, l'état de santé d'Andreas continue de se dégrader. Le 2 janvier 1902, pourtant, le mariage a bien lieu. Olivia a tenu à épouser l'homme qu'elle aime bien qu'il soit à l'article de la mort. Andreas parvient à peine à se tenir debout le temps de la cérémonie, puis regagne son lit sitôt le mariage célébré. Le lendemain, Mme Olivia Andersen écrit : « Cette alliance à ma main symbolise le sens entier de ma vie. »

Olivia garde le chevet de son époux jour et nuit. Elle prie pour lui, caresse son front, surveille sa température. Mais la mort d'Andreas est désormais inéluctable. « Je dois faire quelque chose de ma vie, pour toi, à travers toi », écrit Olivia.

Le 1er février 1902, quatre semaines seulement après leur mariage, les époux Andersen échangent déjà leurs dernières paroles. Olivia les retranscrira fidèlement dans son journal.

« Dieu a été très bon pour toi et moi, lui glisse Andreas en tenant la main d'Olivia. Nous devons... mieux le comprendre... et le connaître.

— Ton esprit sera toujours avec moi.

— Oui, ma chérie, toujours. Je… ne dois pas parler… Je suis heureux.

— Il n'y a qu'amour autour de nous, mon chéri. »

CHAPITRE III

Le Temple de Vie
(1902-1906)

1

Dorénavant, aucun jour de la vie d'Olivia ne passera sans qu'elle ne s'adresse par écrit à l'esprit d'Andreas. Inconsolable, la veuve de trente ans se rend aux offices de la Science chrétienne, une secte de Boston qui prétend guérir souffrances et maladies en appliquant « scientifiquement » les méthodes de Jésus Christ. Les adeptes de cette secte adhèrent à un idéalisme philosophique radical selon lequel le monde matériel serait une illusion, et la réalité, une entité purement spirituelle.

Olivia se tourne également vers un courant religieux alors en vogue aux États-Unis : le spiritualisme moderne anglo-saxon. Il s'agit d'un mouvement porté par des médiums charismatiques. Structuré autour de la promesse de communiquer avec les morts, il prétend réconcilier la science et la religion afin de « dépasser le matérialisme » et d'œuvrer au progrès de l'humanité. Ces croyances vont de pair avec des revendications politiques progressistes en faveur du pacifisme, de l'internationalisme, du droit de vote des femmes et de l'abolition de la peine de mort. Olivia adhère pleinement à cette doctrine.

2

Au tournant du XIXe et du XXe siècle, dans un monde bouleversé par l'industrialisation des sociétés, les inventions révolutionnaires et les progrès de la science et des communications, un grand nombre d'individus cherchent de nouveaux repères et une nouvelle mystique. Alors même que le télégraphe, le téléphone et les premières transmissions sans fil bouleversent les rapports sociaux, le spiritisme, l'occultisme et la parapsychologie font des adeptes dans toutes les classes sociales, y compris parmi les savants formés à la rigueur scientifique et dépourvus d'idéaux religieux. « Jamais, depuis le début de l'époque romantique, l'inconnu et l'inconnaissable ne devinrent aussi populaires », résume l'historien Eric Hobsbawm.

L'étude des phénomènes dits « paranormaux » est encore perçue par d'éminents scientifiques comme un champ de recherche à part entière. Du fait de la prégnance du spiritisme dans les couches aisées des sociétés occidentales, la médiumnité représente une source inépuisable de réflexions, de débats et de controverses. À Paris, au cours des années 1890 et 1900, des physiciens de premier plan comme Paul Langevin, Édouard Branly, William Crookes, ainsi que les prix Nobel de physique 1903 Pierre et Marie Curie, assistent aux séances de la médium italienne Eusapia Palladino. Les grands scientifiques qui étudient les formes de « communication avec l'au-delà » ne sont pas tous spirites ou férus de mystères : la plupart d'entre eux cherchent une manière de soumettre les phénomènes occultes à la méthode expérimentale.

L'intellectuel jésuite Lucien Roure (1857-1954) observe qu'à partir de la seconde moitié du XIXe siècle, le spiritisme mobilise l'imaginaire de la communication afin de le transposer aux « conversations » avec l'au-delà. Prenant l'exemple des esprits frappeurs qui se multiplient partout à travers le monde à partir des années 1850 dans des maisons supposées hantées, Roure remarque que les messages des fantômes sont transmis par coups, suivant ainsi l'usage de l'alphabet télégraphique de Morse qui se répandait à l'époque.

Allan Kardec, l'un des principaux codificateurs du spiritisme, fait lui-même cette comparaison dans *Le Livre des médiums* (1861) :

> La tâche des médiums est analogue à celle d'une machine électrique qui transmet les dépêches télégraphiques d'un point éloigné à un autre point éloigné de la Terre. Ainsi, quand nous voulons dicter une communication, nous agissons sur le médium comme l'employé du télégraphe sur son appareil ; c'est-à-dire de même que le *tac-tac* du télégraphe dessine à des milliers de lieues, sur une bande de papier, les signes reproducteurs de la dépêche, de même nous communiquons à travers les distances incommensurables qui séparent le monde visible du monde invisible, le monde immatériel du monde incarné.

Les inventions engendrent des ruptures, bouleversent la sphère des opinions et des convictions, et tracent entre le réel et le merveilleux de nouvelles frontières que des inventeurs habitués à défier l'impossible tentent de repousser davantage encore. En sollicitant le milliardaire J. P. Morgan et d'autres financiers de New York, l'inventeur Nikola Tesla obtient ainsi des centaines de milliers de dollars afin de construire, entre 1901 et 1903, une tour en treillis de cinquante-trois mètres de hauteur à Shoreham, sur l'île de Long Island. Grâce à ce mât, Tesla rêve de créer une « cité radio » : un système de télécommunication et d'alimentation électrique sans fil capable d'animer toutes les machines du monde à partir d'une énergie gratuite et « disponible en tous points de l'univers ». Tesla a l'ambition de mettre au point la synchronisation des horloges, la diffusion d'images en temps réel, la géolocalisation des navires, ainsi qu'un système de radiodiffusion planétaire. Finalement démolie en 1917 sans avoir atteint un seul de ses objectifs, cette tour utopique sera qualifiée par la presse de « folie à un million de dollars ».

De même, Thomas Edison, soutenait pour sa part que l'âme humaine se constituait d'une myriade d'entités physiques qu'un récepteur révolutionnaire pourrait être en mesure de capter. Ce créateur de génie a donc véritablement travaillé, au cours des dernières années de sa vie, à l'invention d'un téléphone capable de communiquer avec les morts…

Auparavant, lors des premières démonstrations du phonographe d'Edison, des individus avaient découvert avec stupéfaction que des machines pouvaient enregistrer le son des voix humaines sur des cylindres, et « parler » sans qu'il s'agisse d'une hallucination auditive ou d'un tour de ventriloque. Partout où se sont tenues les premières présentations commerciales du phonographe, cette machine révolutionnaire a suscité la méfiance des scientifiques qui ne parvenaient tout simplement pas à en croire leurs oreilles. Ils redoutaient que les commerciaux de la société Edison ne soient en train de s'amuser à leurs dépens.

En faisant résonner des voix « fantomatiques », le phonographe émerveille, fascine et inquiète. L'une de ses premières utilisations est particulièrement macabre puisqu'elle consiste à rediffuser les dernières paroles d'un mourant au cours de ses funérailles, en disposant un appareil sur son cercueil.

3

À Boston, dans l'espoir de renouer le contact avec l'esprit d'Andreas, Olivia assiste à des conférences sur les communications avec l'au-delà. Elle y rencontre le « docteur » Richard Hodgson, un Australien large de carrure, barbu, portant des lavallières claires sur des costumes sombres. Après avoir obtenu un titre de docteur en droit à la fin des années 1870, ce fumeur de cigares a étudié la poésie à Cambridge au cours des années 1880. Le « docteur » Hodgson est l'un des plus célèbres chercheurs en parapsychologie des années 1900. Spécialiste des maisons hantées, des apparitions d'ectoplasmes, de la télépathie et de la médiumnité, c'est une figure de proue de la Society for Psychical Research (SPR), fondée dans le but d'étudier les phénomènes psychiques paranormaux d'un point de vue « scientifique ».

Au début du xxe siècle, la SPR a compté parmi ses adhérents des scientifiques et des intellectuels de renom. Toutefois, beaucoup de ses membres se sont avérés être eux-même des adeptes de la médiumnité : ils menaient des recherches avec des biais méthodologiques afin d'accréditer leurs croyances pseudo-scientifiques.

Dans l'histoire de l'occultisme, le « docteur » Hodgson s'est rendu célèbre grâce à l'investigation qu'il a réalisée pour le compte de la SPR à propos des prétendus pouvoirs parapsychologiques d'Helena Blavatsky, la cofondatrice de la Société théosophique. Au cours de son enquête, Hodgson s'est rendu au siège de la Société théosophique à Adyar, en Inde. Dans la conclusion de son rapport, il écrit qu'Helena Blavatsky est « l'un des plus doués, des plus ingénieux et des plus intéressants imposteurs de l'histoire ». La Société théosophique constituait à cette époque une véritable Internationale de l'ésotérisme, forte de plusieurs milliers de membres à travers le monde. Cette investigation fit grand bruit et contribua à assurer la notoriété du « docteur » Hodgson.

Au cours d'un dîner dans un grand restaurant de Boston, Olivia interroge Hodgson à propos des communications avec les morts. Le chercheur en parapsychologie lui réplique que beaucoup de médiums ne sont, en réalité, que de vulgaires escrocs. Cependant, ajoute-t-il, « il existe des médiums intègres aux États-Unis ».

Olivia lui confie qu'elle en recherche un hors de tout soupçon afin de pouvoir entrer en contact avec l'esprit de son époux, Andreas. Hodgson lui conseille de consulter une célèbre médium américaine : Leonora Piper.

4

Leonora Piper reçoit Olivia pour une séance de spiritisme. Dans un document dactylographié de six pages, la jeune veuve a fidèlement retranscrit les paroles tenues par la médium lors de cette consultation. Une copie de ce rapport a été adressée au docteur Hodgson à des fins « scientifiques ».

> Piper est une femme corpulente aux traits fins et aux yeux jaune-vert. Elle s'assoit dans un grand fauteuil, s'appuie sur des coussins placés sur une table devant elle, se met à murmurer avec quelques halètements. Quand soudain, elle tombe endormie. À cet instant son visage s'enfonce dans un oreiller. Piper relève ensuite la tête ainsi que sa main droite, et d'une voix profonde, se met à parler…

« Tu es présent, ami. C'est conformément à la volonté de Dieu que nous revenons… » commence Leonora Piper d'une voix caverneuse, avant d'entrer en transe et de laisser les esprits qu'elle prétend canaliser s'exprimer à travers elle. Ces esprits sont réputés échanger des informations et avoir accès à des vérités cachées. La voix de la médium se fait ensuite plus ferme, plus persuasive.

« Des conditions défavorables ont pu donner l'illusion que l'œuvre terrestre d'Andreas Andersen était achevée. Mais ce n'est pas le cas… Lorsque ces conditions défavorables auront été vaincues, l'œuvre d'Andreas se poursuivra et s'accomplira avec plus de liberté encore. L'esprit d'Andreas poursuit désormais son œuvre en pénétrant la chair...

— Est-ce que son travail créatif continue ? demande Olivia, frappée de stupeur.

— Oui, il se poursuit, réplique la médium.

— Sous quelle forme ? A-t-il une forme ?

— Aucun esprit terrestre, hélas, ne peut percer ce mystère. Mais les formes seront multiples et l'activité, permanente. L'esprit d'Andreas s'incarnera dans des formes innombrables, jusqu'à atteindre une forme suprême. »

Piper ajoute que l'esprit d'Andreas adresse à Olivia ce message : « Je veux que tu sois sûre de ma présence. Je sais ce que tu ressens et je suis toujours avec toi. Nous sommes ensemble jusqu'à l'infini. Je ne t'ai jamais abandonnée. »

« Andreas pense-t-il que me mettre à l'écriture est la meilleure des choses que je puisse faire ? demande Olivia. Est-ce une meilleure idée que de me consacrer à une œuvre de charité ? Suis-je suffisamment intelligente pour réussir à écrire des pièces de théâtre ?

— Oui, c'est la meilleure des choses à faire, lui répond Piper. La plus grande des œuvres de charité que vous puissiez accomplir est de rester fidèle à votre aptitude artistique. Revenir en arrière serait une grande perte. »

La médium souligne que l'esprit d'Andreas et celui de son frère Hendrik sont étroitement liés. « Ce sont de vrais frères, de vrais frères », répète-t-elle distinctement, tandis qu'une larme coule sur le visage d'Olivia.

À cet instant, Piper marque un silence. Puis, d'un lent murmure, elle livre à Olivia un ultime conseil : « Vous devriez passer un peu de temps avec Hendrik. »

5

À la mort d'Andreas, Hendrik, faute d'argent, n'a pas pu se rendre sur-le-champ aux États-Unis.

Quatre mois plus tard, le 7 juin 1902, Olivia et Hendrik, tous deux entièrement vêtus de noir, se recueillent ensemble, pour la première fois, sur la tombe d'Andreas située dans le magnifique cimetière paysager de Mount Auburn, à six kilomètres de Boston. Les documents d'archives ne conservent nulle trace des conversations entre la veuve et son beau-frère lors de cette journée. Lettres, carnets et journaux intimes nous renseignent néanmoins sur l'état d'esprit des deux trentenaires.

Dans son journal intime, Olivia confie son chagrin, son amertume et ses frustrations. Elle écrit n'avoir rien accompli dans sa vie et se mésestime. Hendrik, pour sa part, admirait la réussite de son frère, qu'il tenait pour un meilleur artiste que lui-même. Avec la mort de son aîné, le sculpteur a perdu celui qui lui avait toujours ouvert la voie. Cette perte frappe d'autant plus durement Hendrik qu'il traverse une période difficile de sa vie d'artiste.

Au cours de l'année 1900, à New York, grâce à l'entregent d'Andreas, sa carrière semblait lancée. Lors de l'Exposition panaméricaine de Buffalo, qui accueillit 8 millions de visiteurs entre les mois de mai et de novembre 1901, Hendrik a exposé un buste en bronze d'Andreas au sein du palais des Beaux-Arts.

Suite à l'achat par la ville d'une statue commémorative d'Abraham Lincoln, Hendrik a travaillé l'hiver suivant dans son atelier romain afin de la réaliser. En expédiant cette œuvre aux États-Unis, Hendrik espérait qu'elle serait la première d'une série de commandes publiques. Il n'a reçu en retour qu'une réponse cinglante du jury indiquant que sa statue avait été refusée. Durablement ébranlé par cette mauvaise nouvelle, Hendrik n'a depuis reçu aucune autre demande.

La mort d'Andreas laisse Hendrik seul et vulnérable face au monde de l'art, un monde dans lequel il ne parvient pas à trouver sa place. Aux États-Unis, chaque fois qu'il présente des tirages photographiques de ses œuvres à des collectionneurs ou à des journalistes, il essuie des commentaires négatifs parce que ses figures sont entièrement nues. Malgré plusieurs années de travail opiniâtre, son goût prononcé pour le colossal, et sa certitude d'avoir une œuvre grandiose à réaliser, Hendrik reste ignoré des critiques. Pour l'heure, sa carrière artistique se résume à une succession de déconvenues.

En dehors du buste que lui a acheté Henry James, le statuaire n'a jamais réussi à placer une seule de ses œuvres. S'il parvient à louer son atelier, à acheter les fournitures indispensables à son travail, et à rémunérer occasionnellement quelques assistants, c'est uniquement grâce aux subsides que lui versent de riches mécènes. Confrontés à une situation analogue, certains sculpteurs auraient probablement cherché à se conformer aux attentes du public. D'autres, encore, auraient tout simplement abandonné le métier. Hendrik, lui, a décidé de s'engager dans une troisième voie, la plus escarpée de toutes.

En effet, suite à la mort de son frère, Hendrik a décrété qu'il allait réaliser seul, sans argent ni commanditaire, une gigantesque fontaine composée de quarante-huit figures. Cette œuvre colossale, Hendrik l'a déjà intitulé *La Fontaine de vie*. Le statuaire a parfaitement conscience que cette fontaine exigera plusieurs années de travail, qu'elle n'est pas attendue par le marché de l'art, et qu'il ne peut pas en espérer un gain financier. Néanmoins il se sent appelé, au sens religieux du terme, à façonner cette œuvre grandiose.

Hendrik souhaite que la *Fontaine de vie* témoigne de sa foi, de sa sensibilité artistique, de ses idéaux, et de ce qu'il nomme « la vie éternelle de l'esprit ». « N'est-ce pas le plus bel hommage que je puisse rendre à Andreas ? » demande-t-il à Olivia en évoquant ce fabuleux projet.

Pour Olivia comme pour Hendrik, Andreas incarnait un modèle, celui du créateur accompli. Doué artistiquement, affectueux, généreux, attentionné : le peintre réunissait des qualités rares. Par son intelligence et sa sensibilité, Andreas avait su encourager Olivia et Hendrik à croire en eux-mêmes. Désormais, l'une et l'autre doivent poursuivre leur chemin seuls.

6

Le 10 juin 1902, Olivia accompagne Hendrik dans la chambre où Andreas a rendu son dernier souffle. Le sculpteur s'assoit sur le lit, s'empare d'un crayon, d'une feuille de papier, puis rédige ce billet d'une main tremblante :

> Tout en moi est aussi silencieux qu'une tombe. Mon chagrin est difficile à décrire car je ressens que la mort n'a fait que prendre le corps d'Andreas et que l'amour de Dieu a pris le reste. La puissance de Dieu l'a conduit plus loin pour lui offrir paix et repos. Je ressens comme une vision. La vision qu'Andreas vit maintenant une vie plus riche, plus entière que la vie charnelle ; c'est une vie plus profonde, plus réelle, dans laquelle le paradis et la Terre se fondent en une même harmonie, en une même réalité.

7

Au XIXe siècle, en France, les idées libérales ont pu nourrir la critique des religions, ainsi que diverses réflexions sur le concept de laïcité. Mais simultanément, aux États-Unis, ces idées sont devenues l'instrument politique de réformateurs religieux qui se sont emparés de ces concepts pour critiquer l'orthodoxie de la chrétienté protestante et plaider en faveur de plus d'individualisme. Leurs combats ont donné naissance à un « libéralisme religieux » accordant une plus large place à la liberté humaine. Ils ne distinguaient pas leurs engagements en faveur d'une meilleure organisation sociale, du progrès scientifique et d'une redéfinition de la conscience religieuse. Pour ces progressistes, la redéfinition de la spiritualité constituait l'une des promesses de la modernité.

À la différence des religieux conservateurs, adeptes d'une lecture littérale de la Bible, les libéraux religieux américains du XIXe siècle n'exprimaient pas d'hostilité à l'égard du scientisme. Bien au contraire, selon eux, le développement de la science devait permettre l'évolution concomitante de la religion. Certains réformateurs religieux voyaient même dans la science et le progrès un moyen de faire reculer les anciennes piétés protestantes.

Parmi leurs principes fondamentaux, on trouve la valorisation de la solitude, de la méditation, des aspirations individuelles au sentiment religieux et à l'expérience mystique, ainsi que la défense du cosmopolitisme et de la diversité des confessions. Du bouillonnement de ces idées est né, au XIXe siècle, un mouvement littéraire, spirituel, culturel et philosophique : le transcendantalisme.

Parmi les fondateurs de ce mouvement figurent Ralph Waldo Emerson (1803-1882) et Henry David Thoreau (1817-1862). Chacun à sa manière, ces deux écrivains ont développé des visions du monde individualistes et libérales célébrant la nature, la solitude, le végétarisme et le pacifisme. Inspirés par les romantiques anglais, le spiritualisme mystique du philosophe suédois Emanuel Swedenborg (1688-1772), ainsi que par le taoïsme et la philosophie idéaliste, les transcendantalistes, parfois considérés comme des « romantiques tardifs », contribuèrent à diffuser les spiritualités orientales dans les pays occidentaux.

Chez Emerson, chaque individu est libre de définir son rapport à Dieu. La foi n'est plus un acte d'allégeance ou d'acquiescement, mais une intuition individuelle qui invite à l'action, à la création, à la pureté de vie et de pensée. Dans cet « idéalisme pratique », la foi doit se traduire par une conduite vertueuse définie par l'individu seul. Pour les transcendantalistes, l'individu serait d'une nature suprême, et la beauté, une révélation des mystères de la création. À travers ses actes créatifs, un artiste refléterait sa relation intime avec le monde spirituel.

Olivia et Hendrik partageaient ces conceptions.

8

Au terme de son séjour aux États-Unis, Hendrik propose à sa mère de venir vivre avec lui en Italie afin qu'elle ne reste pas seule aux États-Unis. Helene accepte.

À Rome, mère et fils emménagent avec une jeune Italienne, Lucia Lice, la modèle d'Hendrik. Abandonnée dans une église à sa naissance, Lucia a connu, enfant, la grande pauvreté et vendu des fleurs dans la rue. Adolescente, elle s'est prostituée et a posé nue pour des artistes.

Très attachée à Hendrik, Lucia est désormais sa modèle féminine exclusive. D'une grande beauté, elle apprécie la délicatesse, l'humour et la gentillesse du sculpteur. Réciproquement, Hendrik admire la grâce, l'insouciance et l'endurance de sa muse, capable de supporter de très longues séances de pose. En dépit de la frugalité de leurs conditions d'existence, Helene, Lucia et Hendrik s'entendent admirablement. Dans leur petit appartement romain, les pitreries d'Hendrik déclenchent régulièrement des éclats de rire.

Lucia Lice

9

Restée seule en Amérique, Olivia cherche désespérément une manière de surmonter la mort d'Andreas. Dans son journal, elle s'adresse à l'esprit de son époux avec toujours plus d'insistance :

> Nous n'avons eu que quatre semaines de vie commune, mon chéri. Oui, seulement quatre semaines de mariage. Mais nos esprits étaient, et sont, et seront toujours mariés. Et si jamais j'accomplis un jour quelque chose dans la vie, ce sera notre enfant, celui auquel tu auras donné la vie. [...] Je veux faire de ma vie un acte d'amour pour toi, mon âme. Comment ? Montre-moi ce que je dois faire.

Bientôt, l'intention se précise :

> Nous construirons un temple consacré à Dieu sur Terre. [...] Tu m'aideras, amour, je sais que tu le feras. Je ne veux pas sombrer dans la froide acceptation du devoir. Je veux toucher ton esprit.

Pour tenter de dissiper son chagrin, Olivia entreprend un voyage de Boston jusqu'en Californie, accompagnée de son frère Howard. À son retour, elle fait des promenades en bord de mer et des balades en forêt.

> La nuit dernière, note-t-elle, j'ai pris mon coussin et mes couvertures et je suis allée dormir sur un rocher au clair de lune. Je me sentais bien, j'étais heureuse. Je pouvais contempler toute la vallée ainsi que le ciel. Je me suis ensuite endormie mais une petite bête, un écureuil ou un mulot, m'est montée sur la tête et m'a réveillée. Il a fui quand je me suis mise à bouger. J'ai contemplé la nuit, émerveillée de l'endroit où je me trouvais. Une sublime procession de nuages traversait le ciel, quelques gouttes de pluie tombaient.
>
> Je me suis à nouveau réveillée, et cette fois nous traversions ensemble la Voie lactée. Il n'y avait plus de nuages dans le ciel, mais des millions et des millions d'étoiles. J'étais heureuse, apaisée, je me sentais extrêmement petite mais je pouvais percevoir toute la gloire du monde autour de moi. [...] Cette nuit a été pour moi une véritable révélation car elle m'a permis de dépasser mes vieux espoirs.

10

Au printemps 1903, Olivia prend une décision importante. Elle embarque pour l'Italie afin de rejoindre Helene, Lucia et Hendrik à Rome.

Dans son nouveau foyer, Olivia revit des instants de joie pour la première fois depuis la mort d'Andreas. Elle découvre l'atmosphère fascinante de l'atelier d'Hendrik, situé au numéro 16 de la Passeggiata di Ripetta, où les statues néoclassiques de la *Fontaine de vie* ont déjà commencé à se multiplier. Sous la verrière, Hendrik installe un petit bureau afin qu'Olivia puisse s'atteler à l'écriture d'une pièce de théâtre. Les semaines suivantes, les deux Américains partagent dans cet atelier de longues heures de silence créatif.

Olivia aime modeler. Parfois, le temps d'une pause dans son travail d'écrivain, elle revêt une blouse et devient l'assistante improvisée d'Hendrik. Lors de ces instants de complicité, la veuve et son beau-frère parlent d'art, s'encouragent mutuellement dans leur travail, évoquent leurs souvenirs d'Andreas, ainsi que la « nouvelle vie » de son esprit dans l'au-delà.

Les deux trentenaires découvrent combien leurs idéaux et leurs postulats spiritualistes se rejoignent. Quand ils ne travaillent pas, ils font ensemble de longues promenades à bicyclette dans Rome et visitent des musées.

C'est au cours de ce séjour qu'Olivia renaît à la vie. « J'ai brisé les murs gris de l'ennui », écrit-elle dans son journal quelques mois après son arrivée. Elle reçoit beaucoup d'amour de sa belle-mère, Helene, qu'elle appelle désormais par des surnoms affectueux, et admire la grâce et la féminité de Lucia. Lors de pique-niques en compagnie de Lucia, d'Helene et d'Hendrik, Olivia se surprend à boire trop de vin et à s'endormir auprès de sa nouvelle famille, ce qu'elle ne se serait jamais autorisée devant ses parents ou ses frères à Boston.

« La seule chose que je veux ici, c'est la vie. La vie nue, simplement comme elle est [...]. Je veux la vie et rien d'autre. Je la désire passionnément [...]. Je ne veux pas me voiler la face,

Hendrik Andersen, Helene Andersen
et Olivia Andersen

m'ensevelir sous de beaux vêtements », écrit celle qui prend désormais des bains de mer nue avec Lucia et Hendrik sans trouver cela outrageant.

Au fil des mois, les carcans bourgeois du XIXe siècle se desserrent progressivement pour Olivia. Elle continue de s'adresser quotidiennement à l'esprit d'Andreas et d'implorer son aide, mais prend goût à sa nouvelle liberté et noue des liens plus solides avec Hendrik.

> Ma relation avec Hendrik est devenue beaucoup plus forte que je n'aurais pu l'imaginer. Quand j'ai épousé Andreas, il était heureux car Andreas comptait beaucoup pour lui. [...] Désormais, c'est vraiment curieux : celui que j'ai épousé et qui était tout pour moi est parti, et celui qui est resté, je vis avec lui, nous nous comprenons parfaitement l'un et l'autre, au point que nous sommes plus proches lui et moi que la plupart des maris et femmes. Hendrik me comprend dans mon sentiment d'appartenir à Andreas. [...]
>
> Je ne retournerai jamais dans l'ancien monde, ce monde mort dans lequel j'ai vécu. Ses pertes et ses profits, ses idées, son sens du bien et du mal ne sont plus rien pour moi. Je vois les choses différemment désormais. Qu'il est bon de se laisser aller à la vie et à ce que l'on ressent, de ne rien avoir à dissimuler, de ne pas avoir à penser « ceci ne sera pas compris » ou « je dois dire ceci et je dois dire cela ». C'est vraiment bon de faire et de dire ce que l'on ressent.

Il est d'autant plus agréable pour Olivia de proclamer sa rupture avec le « monde mort » de la bourgeoisie qu'elle ne renonce pas pour autant à vivre de ses rentes. Son frère, Grafton Cushing, administre pour elle un portefeuille d'actions et lui adresse chaque trimestre des chèques de plusieurs milliers de dollars.

11

Dans l'atelier d'Hendrik, Olivia assiste quotidiennement à un spectacle enchanteur : la création des statues monumentales de la *Fontaine de vie*. Concevoir une statue de grande taille n'est pas qu'une affaire de volonté ou d'esthétique, il s'agit également d'un défi technique. Il faut étudier minutieusement sa composition, estimer le poids qu'aura l'œuvre une fois qu'elle sera modelée en argile, trouver le juste équilibre qui permettra d'assurer sa solidité sans rien sacrifier à la souplesse de son mouvement.

Hendrik commence toujours par accumuler un grand nombre d'esquisses. Il produit ensuite une statuette de l'œuvre qu'il entend réaliser, puis la dessine à grande échelle sur d'immenses feuilles de papier qu'il accroche aux murs de son atelier en montant sur un échafaudage. Commence alors un travail complexe de conception des armatures métalliques qui serviront de squelette à l'œuvre d'art.

Au cours de la réalisation de cette ossature, Hendrik ne délègue aucune tâche à ses assistants. Il dessine seul les pièces, une à une, puis travaille en collaboration avec un ferronnier. Face à la forge, vérifiant sans cesse la justesse des courbes et des proportions, Hendrik frappe lui-même le métal brûlant sur l'enclume. Avec l'aide de ses assistants, il assemble ensuite les différentes pièces dans son atelier. Lorsque la construction se révèle particulièrement complexe, Hendrik supervise les opérations avec une rare *maestria*.

Une fois l'armature édifiée, les assistants recouvrent le squelette métallique de gros blocs d'argile qu'Hendrik modèle rapidement, en exécutant de vifs mouvements des mains ou en maniant un ébauchoir.

Cette tâche achevée, Hendrik réalise son œuvre de haut en bas, en « écorché ». Comme beaucoup d'autres sculpteurs de sa génération, Hendrik représente ses figures selon les proportions morphologiques de la Renaissance et de l'époque classique. Il respecte rigoureusement la musculature des corps selon l'idée qu'il se fait d'un être humain. C'est pourquoi il représente d'abord anatomiquement les tissus musculaires de ses figures, sans la peau. Lorsqu'il a l'assurance que le mouvement ne comporte aucune erreur et qu'il est satisfait de l'expression des muscles, il les recouvre d'une fine couche d'argile.

À ce stade, Hendrik confie à un photographe professionnel l'exécution de clichés à des fins de sauvegarde.

Puis commence le moulage en plâtre de son œuvre. Cette opération délicate doit être réalisée rapidement afin d'éviter qu'un accident ne se produise. Lorsque les statues d'argile sont particulièrement grandes, il faut les découper en plusieurs parties afin de les mouler séparément. Et, dans un second temps, rassembler les différents blocs de plâtre obtenus afin de recomposer l'œuvre.

L'ultime étape, le moulage en bronze de la statue de plâtre, doit pour sa part être réalisée dans une fonderie. Il s'agit d'une opération coûteuse qu'Hendrik, pour l'heure, au vu de ses maigres moyens financiers, ne peut prendre en charge.

12

Dans son œuvre, Hendrik souhaite représenter l'idéalité et non la réalité. Afin de produire des statues aux corps « parfaits », il s'inspire de différents modèles masculins et fusionne les plus belles parties de leurs anatomies en une seule et même figure. Si un modèle possède un dos et un torse particulièrement beaux, mais que le sculpteur estime que ses jambes sont légèrement trop courtes, il imite uniquement les parties qui l'intéressent et choisit d'autres cuisses, mollets ou chevilles parmi ses modèles ou sa collection de moulages. Certains hommes particulièrement musclés et virils n'ont posé qu'une seule fois pour Hendrik, mais ce dernier a moulé les parties de leur anatomie qu'il estimait les plus intéressantes et les a réemployées à plusieurs reprises pour des œuvres distinctes. En revanche, pour la représentation des corps féminins, son procédé diffère : sa fidèle modèle Lucia constitue la matrice de la plupart de ses figures féminines.

Hendrik soutient que le rôle d'un artiste consiste à « purifier » la nature dans ses œuvres afin de la représenter idéale et parfaite. Ce ne sont pas les modèles qui posent dans son atelier qu'il cherche à reproduire, mais une vaste famille humaine, idéale et héroïque, rassemblée par de grands thèmes tels que l'amour, la mort, la joie... Hendrik travaille à la transposition d'une humanité saine, vigoureuse, en mouvement, résolument tournée vers « le progrès de la science et de la religion ».

Comme beaucoup d'autres sculpteurs de sa génération, Hendrik choisit pour certaines de ses figures des positions en extension qui, en réalité, ne sont pas tenables. Cette représentation du mouvement en sculpture s'inspire de la chronophotographie, une technique apparue à la fin du XIXe siècle qui permet de prendre une succession de photographies afin d'étudier la locomotion humaine ou animale. *Au but* (1886) d'Alfred Boucher, œuvre inspirée de cette technique, représentant trois hommes dans une course effrénée, mains en avant et visages crispés, a remporté une médaille au Salon de 1886, puis une autre lors de l'Exposition universelle de 1889. Cette œuvre désormais célèbre a beaucoup influencé la sculpture de son temps.

On ne trouve pas, parmi les figures d'Hendrik Andersen, de corps âgés, voûtés ou ridés ; uniquement des femmes et des hommes nus, exaltés, figés dans un printemps éternel, aux corps parfaitement développés, dont les mouvements expriment l'allégresse.

Au début du XXe siècle, un grand nombre d'individus répandent l'idée selon laquelle modeler des corps parfaits permettrait de contribuer au perfectionnement moral de l'humanité. L'Allemand Eugen Sandow (1867-1925), le père du culturisme moderne, a contribué à populariser cette idée au cours des nombreuses conférences qu'il a données tout au long de sa vie, ainsi que dans ses ouvrages aux titres programmatiques : *La Force et comment l'obtenir* (1897), *La Construction et la reconstruction du corps humain* (1907), *La vie est mouvement* (1919).

Près d'un siècle avant le culturiste austro-américain Arnold Schwarzenegger, Eugen Sandow devint une vedette planétaire en exhibant ses biceps, ses abdominaux et ses cuisses parfaitement galbées au cours de spectacles de force. Durant sa carrière, Sandow a posé pour les plus importants magazines illustrés, exhibé ses muscles lors de l'Exposition universelle de Chicago de 1893, tourné dans un film des studios Edison en 1894, fait office de coach sportif pour le roi d'Angleterre George V et organisé en 1901, au Royal Albert Hall de Londres, la toute première compétition de *bodybuilding* de l'histoire. L'écrivain Arthur Conan Doyle et le sculpteur Charles Lawes-Wittewronge y participèrent d'ailleurs en tant que jurés.

S'inspirant des statues de l'Antiquité, Sandow a inondé le monde de cartes postales le représentant dans des poses voluptueuses. Avec cette esthétique kitsch que l'on retrouvera plus tard dans certains films hollywoodiens et magazines gay, Sandow met en scène sa force, vêtu d'un simple slip léopard, ou le sexe dissimulé sous une feuille de vigne. Sur d'autres images, on l'aperçoit, allongé nu sur une peau de bête, dévoilant son fessier athlétique.

Sandow fut le véritable précurseur du *bodybuilding* commercial que nous connaissons aujourd'hui, avec ses salles de musculation gigantesques, ses boutiques de nutrition aux couleurs criardes, et sa promesse selon laquelle n'importe qui, s'il en a la volonté, peut développer une musculature de gladiateur. Le culturiste moustachu a d'abord conçu des programmes d'exercices physiques afin que son propre corps soit à l'image des statues de l'Antiquité. Après quoi, il a fait fortune en commercialisant ses méthodes et en brevetant des câbles élastiques pour que ses adeptes imitent son exemple.

Dans ses livres, Sandow confronte des photographies de jeunes ouvriers aux corps fluets, voire malingres, à celles d'hommes robustes ayant suivi sa méthode. Selon lui, la régénération de la race humaine passe par le développement musculaire des peuples. Sandow pense que la masse imposante d'un être humain reflète sa beauté physique autant que sa pureté morale. C'est pourquoi, en cette période de rénovation des Jeux olympique (1896), Sandow érige les statues de l'Antiquité et l'activité sportive au rang de programme culturel et politique.

Pour Hendrik Andersen dans son atelier, comme pour Eugen Sandow dans ses gymnases, le perfectionnement de l'humanité passe par le modelage de corps superbement musclés.

13

Hendrik consacrera près d'une décennie de travail à la réalisation de sa gigantesque *Fontaine de vie* symbolisant le cours de l'existence humaine. Selon la maquette de ce monument entièrement réalisé mais jamais installé, cette fontaine d'un profil légèrement pyramidal devait être entourée de vastes promenades, de bancs et de cascades d'eau pure. Il était prévu que des escaliers séparés permettent d'accéder à ses différents niveaux composés de trois terrasses superposées. Autour de son bassin central surélevé au fond de mosaïque bleu, Hendrik souhaitait disposer quatre groupes composés chacun d'un homme et d'une femme symbolisant « le couple humain qui avance la main dans la main et s'entraide sans effort conscient » afin d'exprimer « les différentes nuances de sentiments » qui lient l'humanité.

Les groupes *L'Amitié*, *La Joie de vivre*, *L'Amour* et *Le Progrès de l'humanité* devaient composer ce noyau séminal. Quatre autres, plus importants encore, composés de personnages et d'enfants, *Le Matin*, *Le Jour*, *Le Soir*, *La Nuit*, devaient s'élever depuis une terrasse inférieure, sur des piédestaux circulaires, en quatre hémicycles. Deux statues équestres symbolisant « les forces inférieures domptées par l'intelligence » parachevaient cette fontaine monumentale.

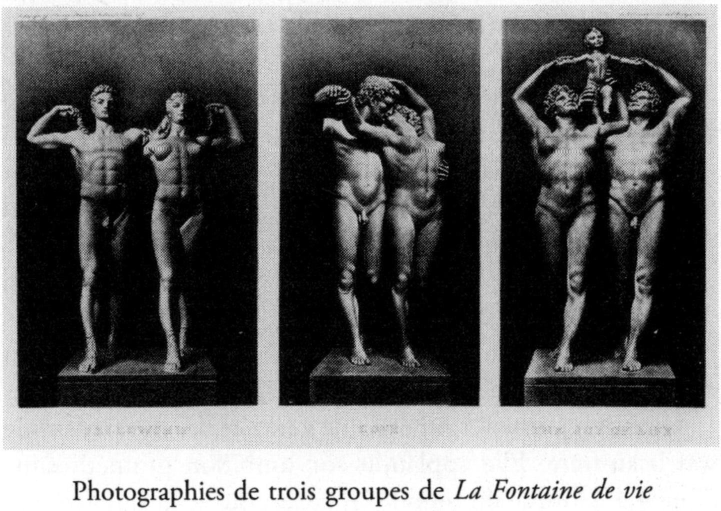

Photographies de trois groupes de *La Fontaine de vie*

14

Auprès d'Olivia, Hendrik se dit prêt à braver la fatigue, la pauvreté, la solitude et l'incompréhension de ses contemporains afin de réaliser sa *Fontaine de vie*. Il soutient que l'art ne doit pas être réduit à un divertissement, une mode, un marché ou un discours, mais qu'il doit englober la totalité de la vie matérielle et spirituelle des individus, en révélant « la permanence de l'esprit créateur de Dieu ».

« Les souffrances du corps ne sont rien si l'esprit est déterminé à accomplir quelque chose de grandiose », explique Hendrik à Olivia lors d'une promenade dans Rome. Auprès de sa belle-sœur, il ajoute :

> Nous devons écrire une nouvelle Bible. [...] Une Bible qui unira les âmes. [...] Nous devons unir les âmes dans un tout et dévoiler que les différences ayant pour origine la naissance, la richesse, la santé, l'éducation ne comptent pas. [...] J'aimerais écrire une nouvelle Bible, inventer un nouveau Christ, révéler une nouvelle vérité et bâtir tout cela au plus près de l'âme.

Loin d'être effrayée par ce discours messianique, Olivia admire les idéaux et la ferveur d'Hendrik. Son intention d'abolir les distinctions de classes sociales grâce à son art fait écho, chez elle, à son rejet de « l'ancien monde », celui de la bourgeoisie. Olivia ne voit toujours aucune contradiction dans le fait de continuer à percevoir des rentes tout en cherchant à se démarquer des normes de son milieu d'origine. En outre, elle croit discerner la tutelle de l'esprit d'Andreas dans la passion qui anime Hendrik.

Dans son journal, l'Américaine s'extasie devant l'ardeur de son beau-frère. Elle applaudit son ambition prométhéenne d'œuvrer à l'unité du monde en créant des sculptures monumentales.

15

Peu à peu, une distribution des rôles s'opère au sein de ce couple atypique. Olivia a reçu une excellente éducation. Elle jouit d'une solide culture classique, parle quatre langues, mais pense être incapable de produire quoi que ce soit de valable. Elle se mésestime et demande souvent des conseils à Hendrik, notamment pour l'écriture de sa pièce de théâtre. En proie à de fréquents accès dépressifs, Olivia implore quotidiennement le secours d'Andreas afin qu'il vienne l'inspirer et la guider. Elle cherche son salut dans sa relation avec Hendrik et ne tarde pas à voir en lui un véritable prophète. À ce propos, Olivia écrit :

> Il y a des êtres d'exception. Ces génies pourraient tout faire. Hendrik est l'un d'eux. Il est sculpteur, mais il pourrait tout aussi bien être peintre ou architecte. Il pourrait être un acteur, un chanteur, un jockey, un escrimeur, un chirurgien, un ingénieur…

Hendrik, de son côté, a quitté l'école à treize ans. S'il n'a aucune difficulté à se faire comprendre à l'oral en anglais, en français ou en italien, il écrit dans toutes ces langues en faisant une faute par phrase. En matière de littérature, de peinture, d'architecture, de philosophie et de théologie, Hendrik est un autodidacte aux connaissances rudimentaires. Il s'estime toutefois parfaitement légitime lorsqu'il s'agit de formuler de grandes idées sur l'art ou sur le monde, de prophétiser l'avenir de l'humanité, de parler de Dieu, et de donner des conseils à Olivia pour ses pièces de théâtre. Charismatique, passionné, hardi, endurant, travailleur et orgueilleux, Hendrik a hérité de sa mère Helene un tempérament volontaire et optimiste. Il a le goût de l'effort, un solide esprit d'initiative et une foi inébranlable dans ses projets, ce qui le prédispose à les réaliser. En la personne d'Olivia, Hendrik découvre une alliée qui l'admire, croit en lui, le complimente régulièrement pour son travail, et avec laquelle il peut partager ses grandes méditations spirituelles.

Olivia aime voir Hendrik rêver démesurément. Ce dernier, en quête permanente d'affection et de reconnaissance, se coule volontiers dans le personnage du « sculpteur visionnaire » qu'Olivia décrit régulièrement dans son journal. Ce rôle d'artiste prophétique le flatte, l'apaise, débride son imagination, et le confirme dans son idée qu'il doit réaliser cette fontaine monumentale que personne ne lui a commandée. Plus Hendrik rêve grand et se prend pour un génie, plus il émerveille Olivia et trouve la force de rester fidèle à sa nouvelle vocation de messie.

16

En une année de vie commune, une puissante relation d'interdépendance affective s'instaure entre Olivia et Hendrik, chacun accomplissant sa mue respective au contact de l'autre. Au cours du mois de septembre 1904, les deux trentenaires évoquent ensemble, pour la première fois, l'idée de créer un musée afin de permettre au public d'admirer les toiles d'Andreas. Hendrik s'empare du projet, et seulement quelques mois plus tard, l'idée prend des proportions plus importantes.

Olivia se rend aux États-Unis au mois de novembre 1904. Lorsque Hendrik la rejoint à Boston à la mi-juin 1905, sa belle-sœur note dans son journal :

> Aujourd'hui, nous avons eu [avec Hendrik] une conversation qui restera ! Dans nos consciences respectives, le même schéma s'est développé. Nous voudrions construire un Temple de Vie.

Il s'agit d'un musée-bibliothèque abritant une salle de spectacle. Les Andersen imaginent un lieu d'exposition prestigieux réservé à l'œuvre d'Andreas, où pourraient se tenir des concerts, des conférences, des représentations théâtrales, de manière à rassembler « tous les talents artistiques et scientifiques ».

À cette période, parce qu'elle souhaite poursuivre l'écriture de ses pièces de théâtre et développer avec Hendrik ce projet de Temple de Vie, Olivia décide de s'installer définitivement en Italie avec Helene, Lucia et son beau-frère.

Le 9 septembre 1905, Olivia se trouve place Saint-Marc à Venise. En s'imprégnant de la beauté des lieux, elle se prend à rêver d'un vaste dôme couronnant le Temple de Vie. À l'entrée du bâtiment, Olivia se représente de grandes statues équestres réalisées par Hendrik. « Il ne faut pas avoir peur de rêver en grand, d'esquisser des choses splendides sans se soucier des limites », renchérit le sculpteur.

Pour financer la construction de cette œuvre totale, Olivia envisage d'aller lever des fonds à Boston. À l'aube du XXe siècle, la fiscalité des plus riches était extrêmement faible aux États-Unis. Les grandes fortunes finançaient fréquemment l'édification d'infrastructures philanthropiques tels que des musées ou des bibliothèques.

Au cours des premiers mois d'élaboration du Temple de Vie, l'admiration qu'Olivia porte à Hendrik se mue en une authentique adoration religieuse, au point qu'elle parle désormais de son beau-frère comme d'un guide spirituel ou d'un prophète. Selon elle, Hendrik personnifierait l'artiste que « l'humanité attend » car il travaillerait pour l'éternité et pourrait initier une révolution spirituelle planétaire.

> Hendrik ne travaille pas pour aujourd'hui ou pour demain, ni pour l'argent, et en comparaison à son ambition, toutes les

richesses, les réceptions, ou l'élégance des vêtements, des livres et de l'art semblent fades. [...] Hendrik est le sculpteur de l'humanité nue, de la vie infinie, de la vie éternelle de l'esprit.

17

La Belle Époque fut une période de « statuomanie » durant laquelle les œuvres allégoriques monumentales pouvaient aisément trouver leur place en ornement d'un bâtiment de prestige, d'un parc ou d'une place publique. Au début des années 1900, nombreux étaient les sculpteurs à rester fidèles à l'académisme des Beaux-Arts ou à la sculpture néo-Renaissance américaine.

Réaliser des statues monumentales étant une activité onéreuse, voire prohibitive lorsqu'il s'agit de les couler dans le bronze, la commande publique a longtemps fixé les canons de l'art monumental. De ce fait, les attentes du public ont pu se trouver en confrontation directe avec les recherches esthétiques des artistes les plus singuliers.

Hendrik adresse régulièrement des photographies de l'avancée de sa *Fontaine de vie* à Henry James. Le moins que l'on puisse dire, c'est que ce dernier ne partage pas l'enthousiasme d'Olivia. Dans ses lettres, le romancier tente à plusieurs reprises de raisonner son ami. Il lui conseille de continuer à produire de petits bustes afin de conserver un lien avec le marché de l'art, et de ne surtout pas s'isoler socialement en travaillant exclusivement à la *Fontaine de vie.*

Les lettres d'Henry James témoignent d'une rare lucidité. L'écrivain pense qu'Hendrik pourrait se faire un nom et vivre de sa sculpture à condition qu'il rentre dans le rang, ne serait-ce que temporairement, et qu'il accepte de se confronter au public. Selon lui, s'entêter à produire une fontaine monumentale sans client est une pure folie. « Cesse donc, ne serait-ce que pour un temps seulement, de multiplier ces grands nus invendables, et emploie ton talent à réaliser de petites œuvres charmantes, intéressantes, que tu puisses placer et vendre », écrit-il à Hendrik.

Henry James pense qu'il n'est pas infamant, pour un artiste, de réaliser des *potboilers*, c'est à dire des œuvres d'art « alimentaires ». À plusieurs reprises dans leur correspondance, le romancier répète ces conseils à son ami, en ne manquant jamais de lui témoigner son affection.

Ces avertissements resteront vains et irriteront Olivia, désormais convaincue qu'Hendrik est un artiste de génie au même titre que l'était, d'après elle, son époux Andreas. Olivia soutient Hendrik car elle admire son abnégation, son obstination et la mystique de son œuvre. En outre, elle ne cache pas son dédain pour la plupart des artistes du début du XXe siècle qui, à ses yeux, passent trop de temps à assurer leur avancement social en courant les mondanités, plutôt que de consacrer la totalité de leur force à réaliser une œuvre digne de ce nom : idéaliste, à forte teneur spirituelle, « capable de transformer le monde ».

Afin que son beau-frère puisse œuvrer en toute liberté et qu'il n'ait plus à se confronter au marché de l'art ou aux admonitions d'Henry James, Olivia annonce à Hendrik qu'à l'avenir, elle financera seule, sur ses rentes, toutes ses créations artistiques, à commencer par la fonte en bronze des statues de la *Fontaine de vie*.

Olivia croit fermement à ce que lui a affirmé la médium Leonora Piper : les esprits d'Andreas et d'Hendrik sont étroitement liés l'un à l'autre, et l'esprit du frère aîné continue d'accomplir son œuvre sur Terre. Soutenir Hendrik dans la réalisation de sa *Fontaine de vie*, et travailler à ses côtés, représente pour Olivia une manière de transcender la mort de son époux et de continuer à lui exprimer son amour. C'est une façon pour elle de participer à la conception d'une œuvre grandiose et « suprême », conformément à la prophétie de Leonora Piper.

18

Au mois de mars 1906 Olivia doit se rendre précipitamment à Boston, au chevet de sa mère mourante. Depuis les États-Unis, elle correspond assidûment avec Hendrik. « Notre temple ne sera pas seulement un monument dédié au progrès en Amérique, ce sera une ode au progrès universel », écrit le sculpteur à sa belle-sœur. Hendrik ajoute que le Temple de Vie « compte maintenant deux salles de spectacle, l'une de deux mille places, l'autre de trois mille cinq cents ».

Semaines après semaines, l'artiste inspiré ne cesse de retoucher le projet. Dans une lettre datée du 21 mai 1906, Hendrik présente ses ajouts les plus récents : en plus des galeries et des salles de spectacle, le Temple de Vie abrite désormais un jardin des plantes, des volières pour les oiseaux les plus splendides, des enclos pour les animaux de toutes sortes, un vaste bassin, un musée d'histoire naturelle, un observatoire astronomique, des écoles d'art et d'ingénieurs, une porte monumentale, ainsi que des infrastructures sportives, parmi lesquelles une piste d'athlétisme… Olivia trouve ces idées excellentes. Mais comment faire tenir l'ensemble harmonieusement, de sorte que ce Temple de Vie soit de la plus haute dignité ?

Dans une lettre du 1er juillet 1906, Hendrik fait mention pour la première fois d'un architecte français qu'il vient de recruter. Il s'appelle Ernest Hébrard.

CHAPITRE IV

À la recherche d'Ernest Hébrard

1

« Puis-je vous renseigner ?

— Je cherche Ernest Hébrard.

— Année de décès ?

— 1933. »

L'agent de la conservation du cimetière du Père-Lachaise est allé chercher un registre hors d'âge à la couverture craquelée. De retour à son bureau, il a ouvert l'énorme livre. L'index de l'employé municipal a glissé sur une liste de noms soigneusement calligraphiés en dévalant la mort à toute vitesse, dans l'ordre alphabétique.

Quelques instants plus tard, sous un ciel gris, les stèles de la soixante-neuvième division me sont apparues. J'ai consulté, sans cesser de marcher, le billet de localisation à en-tête de la Mairie de Paris que l'on venait de me remettre. Au lieu indiqué, j'ai découvert une chapelle funéraire dont le fronton annonçait : « Familles G. et H. de Ste Marie, Guéroult, Rougeul ». À son dos figurait une inscription : « Concession à perpétuité n° 538. Année 1878 ».

Recouvertes d'épaisses toiles d'araignées, les portes du petit édifice étaient fermées, leurs vitres rendues opaques par la saleté. Le front contre la ferronnerie, j'ai mis les mains en visière. Au centre, un vitrail figurant une croix or sur fond azur. Sur le mur de gauche, j'ai compté douze plaques, et autant sur celui de droite. Les noms gravés sur le fronton revenaient logiquement à l'intérieur de la chapelle. J'ai plissé les yeux pour pouvoir lire les lettres capitales du fond de la cellule sépulcrale.

ERNEST HÉBRARD
1875-1933
ARCHITECTE EN CHEF DU GOUVERNEMENT
GRAND PRIX DE ROME
CHEVALIER DE LA LÉGION D'HONNEUR

Était-ce pour s'assurer qu'on ne le retrouverait jamais ? Ernest Hébrard a été inhumé dans ce monument qui ne porte pas son nom, et où ne reposent ni ses parents, ni ses frères, ni son épouse, ni sa fille. Hébrard appartient désormais à l'autre Tout-Paris, celui du Père-Lachaise, qui s'emploie impitoyablement à dissoudre les noms de ceux qui s'en sont fait un.

En fixant mon regard sur la plaque en marbre gravée du nom d'Hébrard, j'étais venu chercher une preuve supplémentaire qu'il restait bien quelque chose de lui. Une tombe est bien peu lorsqu'on cherche à retracer la vie d'un homme, mais c'est déjà quelque chose de concret. Depuis des mois, en France, je consultais des fonds d'archives dans l'espoir de trouver des documents susceptibles de m'aider à retracer la vie de l'architecte et son implication dans la conception du Centre mondial de communication.

Hélas, malgré des recherches opiniâtres, mon butin était maigre. J'avais seulement déniché son acte de naissance, ainsi qu'une dizaine de lettres ou de billets conservés çà et là dans les papiers de ses correspondants, pour la plupart sans intérêt. Malgré quelques notices biographiques lacunaires et une bonne nécrologie, rien, dans les archives françaises, ne me permettait d'évoquer son rôle dans l'aventure de la capitale du monde.

Ma plus belle prise était un dossier de candidature au poste de « professeur chef d'atelier à l'École des Beaux-Arts » constitué par Hébrard durant les deux dernières années de sa vie. En neuf pages, ce fascicule résumait son parcours : études, récompenses, emplois occupés, missions, principales réalisations architecturales et urbanistiques, publications, expositions, décorations, voyages d'études. Cette chronologie fiable m'apprit qu'Hébrard avait travaillé plusieurs années en Indochine française dans les années 1920.

Aux Archives nationales d'outre-mer d'Aix-en-Provence, j'obtins la confirmation qu'Hébrard avait œuvré de 1921 à 1926 dans la portion la plus riche et la plus peuplée de l'empire colonial français ; les trois dernières années comme architecte en chef des bâtiments civils et directeur du service de l'urbanisme de l'Indochine. Hébrard y avait réalisé ou repris les plans d'aménagement de Dalat, Hanoï, Saïgon, Haïpong, Hué et Phnom Penh. Il y avait également dessiné plusieurs bâtiments d'envergure, dont, à Hanoï, le bâtiment principal de l'université de l'Indochine (devenue l'université nationale du Viêt Nam), l'église des Martyrs, ainsi que la Direction des finances (le futur ministère des Affaires étrangères du Viêt Nam).

J'appris encore que c'était Ernest Hébrard qui avait conçu en 1929 le célèbre hôtel Le Royal de Phnom Penh, devenu un véritable mythe entre 1970 et 1975, au temps où le conflit vietnamien débordait sur le Cambodge. Beaucoup de reporters de guerre y ont séjourné. Fermé en 1975 par les Khmers rouges, rénové après la dictature, réouvert en 1997, Le Royal demeure l'un des plus beaux hôtels de Phnom Penh.

Grâce au dossier d'Ernest Hébrard ainsi qu'à des lettres, télégrammes et notes administratives, j'ai découvert que l'architecte avait connu des relations difficiles avec l'administration coloniale, laquelle ne lui avait pas renouvelé son contrat en 1926, et l'avait même privé, durant les derniers mois de sa mission, de sa voiture de fonction. Mais ces vieux papiers n'en disaient pas beaucoup plus.

Des historiens de l'architecture soulignent que le travail d'Hébrard n'a pas suscité un engouement unanime parmi les élites coloniales, notamment parce que les partisans d'une politique d'assimilation des indigènes n'aimaient pas son « style indochinois ». Ce style, qu'Hébrard a inventé et développé lors de sa mission comme contractuel, a parfois été interprété comme l'expression d'une « politique d'association » car il est le fruit d'un métissage qui hybride l'architecture vernaculaire au style Art déco.

Au début de mon enquête, à défaut de disposer de sources écrites me permettant d'aller plus loin, je me suis intéressé au travail d'Hébrard en Indochine française. Mes recherches allaient me révéler qu'il avait épousé à Hanoï, le 29 mai 1926, une certaine Marguerite Poulin. En retrouvant l'acte de naissance de cette femme, j'allais pouvoir valider mon hypothèse selon laquelle l'architecte avait été inhumé au cimetière du Père-Lachaise dans un caveau appartenant à sa belle-famille. Une plaque de marbre indique en effet, dans la chapelle funéraire, le nom de la belle-mère d'Ernest Hébrard : Suzanne Poulin, née Guéroult. C'est d'ailleurs un autre Guéroult, Maurice, secrétaire au Conseil d'État, qui remit à Hébrard sa Légion d'honneur un an avant son décès.

Pour autant, la cruelle vérité est que cet architecte a été peu étudié, qu'il n'a versé aucune archive de son vivant, et que les fonds hexagonaux ne conservent que des traces insignifiantes à son propos. Malgré cela, je m'étais mis en tête que j'allais faire sur lui des découvertes fracassantes. Je voulais croire en ma bonne étoile, raison pour laquelle j'arpentais sans relâche les centres d'archives et les bibliothèques.

2

Et puis, un jour, j'ai reçu un appel téléphonique que je n'espérais plus.

« Pourquoi vous intéressez-vous à Hébrard ? » me demanda la voix d'un homme au ton suspicieux. Je savais peu de choses de mon interlocuteur, hormis le fait qu'il était un collectionneur de photographies anciennes, et s'appelait Pierre de Gigord. Il possédait, disait-on, une importante série de clichés pris par Ernest Hébrard tout au long de sa vie. Mystérieusement réapparues en salle des ventes à la fin des années 1990 à Paris, ces photographies avaient ensuite été revendues plusieurs fois entre collectionneurs. Dans l'espoir d'y trouver quelque indice, j'avais sollicité par écrit leur propriétaire.

Après lui avoir résumé l'état de mes recherches sur Hébrard, il y eut un long silence. L'homme réfléchissait.

Il m'ouvrit la porte de son appartement parisien une semaine plus tard, me servant un café, avant de s'éclipser. Il revint dans le salon, une grande boîte entre les mains.

« Voilà, tout est là, me dit-il. Ces piles derrière vous, ce sont les photographies de Turquie, de Grèce, d'Italie. Ici, c'est l'Indochine. Là, vous avez des clichés pris en Inde. Enfin, dans cette boîte, vous trouverez des photographies personnelles d'Ernest Hébrard. »

Dispersées sur la table, plusieurs centaines de photographies prises par l'architecte m'offraient un aperçu de ses pérégrinations en Asie, en Europe et sur le pourtour de la Méditerranée. En découvrant ces monuments, ces rues anonymes et ces innombrables scènes de vie quotidienne vieilles d'un siècle, je me trouvais face aux pièces d'un puzzle, celui de la vie d'Ernest Hébrard. J'étais heureux de découvrir cette profusion de clichés, mais anxieux de me trouver face à une constellation indéchiffrable.

Ernest Hébrard

La grande boîte en carton contenait un tas informe de photographies dont beaucoup, recroquevillées sur elles-même, formaient de petits bâtonnets de papier extrêmement rigides. Dans cet amas confus se trouvait un vieux cahier. « Voyage aux Indes, 1923 », indiquait l'écriture d'Ernest Hébrard sur sa couverture. J'ai ouvert le document. Il contenait des notes et des croquis de sa main, dont un du Taj Mahal, ainsi que des études minutieuses de plusieurs grands hôtels. Les dernières pages de ce cahier faisaient apparaître le décompte de ses dépenses et son itinéraire lors d'un périple entre Bombay, Delhi, Calcutta, Rangoun et Saïgon en 1923. Une page comportait une liste de trente-cinq noms divisée en deux colonnes, l'une pour les cartes postales déjà envoyées, l'autre pour celles qu'il lui restait à expédier. Parmi ces noms, ceux de célèbres architectes, Henri Prost, Félix Dumail, Paul Bigot et Léon Jaussely.

Après plusieurs heures à consulter ou à tenter de dérouler ces vieilles photographies, je parvins à en identifier une dizaine sur lesquelles figurait Hébrard.

Les plus tardives avaient été prises en Indochine ou en Grèce, à la fin des années 1920 ou au début des années 1930, époque où notre homme avait pris de l'embonpoint. Sur d'autres clichés datant de la première guerre mondiale, l'architecte au regard brillant d'intelligence posait en uniforme. Enfin, sur un autre tirage, Ernest Hébrard apparaissait plus jeune encore.

Les cheveux peignés sur le côté, en nœud papillon, il se tient debout près de huit hommes. Au centre de l'image, l'un d'entre eux est assis : élégant, moustachu, la main droite posée sur une grande boîte cylindrique, il porte un pince-nez. J'ai longtemps scruté cette boîte en me demandant ce qu'elle pouvait bien contenir. Un grand rouleau de dessins d'architecture ? À son costume, à cette main posée sur la boîte, on devine que l'homme assis au centre de l'image doit être un personnage important. Mais de qui s'agit-il ?

Ernest Hébrard aux États-Unis
(deuxième en partant de la droite)

La réponse se trouvait dans la documentation que j'avais déjà rassemblée. Ce n'est que plusieurs jours après la découverte de cette photographie, lors d'une relecture attentive de mes notes, que je m'en aperçus.

« Cheveux et sourcils : châtains. Yeux : châtains. Front : ordinaire. Nez : moyen. Bouche : moyenne. Menton : rond. Visage : ovale. Taille : 1 m 72. Né le 11 septembre 1875, fils de Jean et Caroline Hébrard. » Aux archives de la ville de Paris, j'avais pu mettre la main sur la fiche des états de service militaires d'Ernest Hébrard. Au tournant du XIXe et du XXe siècle, les Français pouvaient être rappelés sous les drapeaux jusqu'à l'âge de quarante-cinq ans ; ces fiches devaient par conséquent être régulièrement mises à jour. Outre le parcours militaire et le signalement des individus, elles indiquaient une chronologie de leurs lieux de résidence. Dans l'onglet « Localités successives habitées », on apprenait qu'Ernest Hébrard était parti pour New York le 6 juillet 1899, soit quelques jours à peine après avoir achevé sa scolarité à l'école des Beaux-Arts et reçu son diplôme d'architecte. Hébrard passa alors dix mois en Amérique du Nord.

Ailleurs, dans son dossier de candidature à un poste de « professeur chef d'atelier à l'École des Beaux-Arts », une page indiquait ses différents voyages d'étude. « 1899 : Séjour aux États-Unis. Collaborateur de M. Cass Gilbert, architecte, 1er Prix au Concours du bâtiment administratif de la Douane de New York. »

Cass Gilbert, le pionnier du gratte-ciel ? Le père du Woolworth Building de New York, l'immeuble le plus haut de la Belle Époque ? Je n'arrivais pas à y croire.

En comparant la photographie que j'avais dénichée chez le collectionneur avec des portraits du célèbre architecte américain, la vérité s'imposa. L'homme au pince-nez assis à côté d'Ernest Hébrard était bien le légendaire Cass Gilbert.

3

En 1887, Cass Gilbert embauche comme apprenti un étudiant en architecture, Samuel Stevens Haskell. Au cours de sa formation, Haskell part étudier à Paris et fait la connaissance d'Ernest Hébrard. De retour aux États-Unis au début de l'année 1899, Haskell travaille à nouveau pour Gilbert qui, en ce temps-là, n'est pas encore l'architecte de renom qu'il va devenir au cours de la décennie suivante. Gilbert vient à peine de déménager de Saint-Paul, la capitale du Minnesota, afin de s'installer à New York où il espère faire carrière.

Dès l'annonce d'un concours pour la construction d'un nouveau bâtiment des douanes à New York, Gilbert se met en tête de remporter cette importante compétition. Dans ce but, il demande à Haskell de recruter un architecte fraîchement diplômé des Beaux-Arts de Paris susceptible de leur prêter main-forte. L'École est alors une référence mondiale en matière d'architecture, et Gilbert pense qu'en intégrant dans son agence un jeune Français formé par cette institution d'élite, il disposera d'un atout supplémentaire face à ses rivaux.

Haskell propose le nom d'Hébrard, Gilbert le suit, et Hébrard accepte leur offre. À son arrivée aux États-Unis, l'architecte français de vingt-quatre ans est mandaté pour deux missions. La première : étudier en profondeur le fonctionnement et la disposition de l'ancien bâtiment des douanes de New York. La seconde : travailler sur les façades et les rendus du nouveau projet. Hébrard se montre exemplaire. Dans une lettre datée du 17 septembre 1899, Cass Gilbert écrit : « Nous avons achevé et envoyé le projet pour le bâtiment des douanes la nuit dernière [...]. Je doute qu'il y ait un meilleur ensemble de dessins dans cette compétition. [...] Hébrard a pleinement répondu à mes attentes. »

Cette photographie où Ernest Hébrard pose aux côtés de Cass Gilbert a donc vraisemblablement été prise à la mi-septembre 1899.

Les mois suivants, Gilbert remporte le concours d'architecture et lance son exceptionnelle carrière new-yorkaise. La construction du bâtiment des douanes commencera trois années plus tard dans la pointe sud de Manhattan. C'est aujourd'hui un monument classé abritant un musée et des archives.

4

La suite, la boîte à photographies la raconte à sa manière. Sur plusieurs clichés, Ernest Hébrard pose avec des pensionnaires de l'Académie de France à Rome, dans les jardins de la villa Médicis. L'architecte y apparaît souriant, vêtu d'un pardessus, et coiffé d'un chapeau melon. En 1904, grâce à un projet intitulé *Une manufacture de tapisserie*, Ernest Hébrard remporte le grand prix de Rome d'architecture. Il intègre l'Académie le 29 décembre de la même année.

En ce temps-là, les pensionnaires de la villa Médicis envoyaient chaque année à Paris des œuvres faisant l'objet d'une évaluation : les « envois de Rome ». Les architectes ne pouvaient pas proposer des œuvres modernes au début de leur pensionnat, ils devaient réaliser des relevés et des reconstitutions de monuments antiques. À partir des années 1900, certains artistes décident cependant d'adopter une attitude frondeuse. C'est le cas de l'architecte Tony Garnier qui, dès sa première année comme pensionnaire, adresse une seule page représentant un édifice antique et deux feuilles sur lesquelles figurent les premières vues de sa *Cité industrielle*, une cité idéale à laquelle l'architecte avant-gardiste travaillera durant près de vingt ans.

Ernest Hébrard se montre plus appliqué. Au cours de son pensionnat, il sillonne l'Italie et accomplit des voyages en Turquie, en Grèce, en Égypte. À l'aube du XXe siècle les artistes utilisaient fréquemment des appareils photographiques de poche pliants à soufflet accordéon, tel le n° 1 Folding Pocket Camera fabriqué par la Eastman Kodak Company. C'est vraisemblablement grâce à un appareil de ce genre qu'Ernest Hébrard a immortalisé ses voyages sur le pourtour de la Méditerranée.

Pour ses envois, il réalise des études de la basilique Æmilia du Forum de Rome, du sarcophage d'Alexandre du musée d'Istanbul, et du tombeau de l'évêque Federighi conçu par Luca della Robbia pour la basilique Santa Trinita de Florence. En étudiant ces chefs-d'œuvre, le jeune architecte découvre sa passion pour une discipline en pleine mutation : l'archéologie.

Avant de s'imposer comme une discipline scientifique, l'archéologie a longtemps été pratiquée par des amateurs, des artistes et des érudits en quête de symboles et de « belles pièces ». En s'inspirant des méthodes des sciences humaines et des sciences naturelles, cette discipline a beaucoup évolué au cours du XIXe siècle. La création de l'École française de Rome en 1874 a joué un rôle moteur dans son développement scientifique. Pour autant, un quart de siècle plus tard, les archéologues français sont encore nombreux à être issus des Beaux-Arts.

Architecte talentueux capable de mobiliser des connaissances éclectiques autant que de s'appuyer sur les dernières découvertes scientifiques, Ernest Hébrard s'apprête à devenir une figure majeure de l'archéologie française. Durant les quatre années de son pensionnat, il se rend fréquemment au palais Farnèse, le siège de l'École française de Rome, où il se lie d'amitié avec les plus grands archéologues et historiens de l'art de sa génération, à commencer par Louis Hautecœur, un spécialiste de l'art classique et néoclassique. Dans une nécrologie publiée en mai 1933 dans le numéro spécial de la revue *Urbanisme* entièrement consacré à Ernest Hébrard, Hautecœur écrit :

> Je m'étais lié avec Ernest Hébrard dès mon arrivée à Rome. [...] Il participait souvent à nos excursions et lorsque nous visitions quelques ruines ou, comme c'était mon cas, quelque édifice du XVIIe ou XVIIIe siècle, il ajoutait à nos considérations d'historiens les résultats de son expérience d'architecte. Maigre, très brun, les yeux brillants au fond de leur orbite, il donnait l'impression de la pensée réfléchie et de la volonté. Il possédait une vaste culture classique : ses envois de Rome ne sont pas des rendus romantiques, pochés d'une main habile sur les données rapides d'un camarade archéologue. Hébrard

était capable de discuter les textes aussi bien que d'interpréter les monuments.

Dans la capitale italienne, Ernest Hébrard rencontre également l'historien Jérome Carcopino, spécialiste de la Rome antique. Dans ses *Souvenirs romains* publiés en 1968, l'académicien raconte qu'Hébrard l'a aidé à dresser les plans du quartier des docks d'Ostie, le grand port de la Rome antique. Carcopino ajoute qu'il s'est rendu en sa compagnie sur les ruines de l'autre grand port romain, Portus Augusti, à Fiumicino. Là, par conscience professionnelle, Hébrard a voulu s'introduire dans un souterrain circulaire probablement destiné à abriter des canalisations d'eau en bordure du bassin hexagonal de Trajan. Un archéologue français du XIXe siècle, Charles Texier (1802-1871), avait affirmé en avoir été chassé au cours de ses fouilles par des vols de chauves-souris.

Sur place, tenant à vérifier ses dires, Hébrard se met à chercher la brèche par laquelle, trois quarts de siècle auparavant, Texier s'était glissé. Il la découvre dissimulée par des touffes d'acanthes, et s'y engage en rampant aux côtés de Carcopino. À l'intérieur, les deux archéologues reconnaissent le crypto-portique décrit par Texier quand soudain, ils aperçoivent au plafond de la voûte, les pattes agrippées au plâtras du revêtement, une colonie de chauve-souris dormant paisiblement… Les deux archéologues se jettent au sol et se mettent à ramper à toute vitesse afin de battre en retraite. Texier n'avait pas menti !

5

Lorsqu'au printemps 1906 Hendrik Andersen se met en quête d'un architecte capable de dessiner le Temple de Vie, Ernest Hébrard est toujours pensionnaire de la villa Médicis.

En marge de ses activités artistiques et archéologiques, il donne des leçons à l'Académie américaine. Un jour, par l'entremise de l'un de ses élèves, il apprend qu'un sculpteur souhaite le rencontrer.

Au cours de leur première session de travail, Hendrik dévoile à Ernest la liste de bâtiments extraordinaires qu'il souhaite lui faire dessiner. L'Américain propose au Français de concevoir un plan afin de rassembler harmonieusement ces édifices gigantesques.

En découvrant l'audacieux programme d'Hendrik, Ernest, incrédule, passe une main dans sa barbichette, puis la caresse longuement. Après réflexion, il interroge son client sur le devenir de cet ensemble architectural. « Comment financerez-vous la construction de tous ces édifices somptueux ? Et où cela va-t-il aller ? » demande le Français, perplexe. Hendrik lui répond honnêtement qu'il ne le sait pas encore, mais qu'il sollicitera de riches philanthropes aux États-Unis lorsqu'un projet définitif sera établi.

Afin que ce projet ait une chance d'aboutir auprès de ses éventuels mécènes, Ernest propose d'alléger considérablement le programme et de commencer par quelque chose de plus modeste.

Hendrik refuse. Il tient absolument à ce que le Temple de Vie et ses annexes forment un ensemble architectural monumental et majestueux. Hendrik est catégorique : « Aucune considération d'ordre financier ne doit entraver le développement du plan. »

Le 26 mai 1906, Ernest reçoit des mains d'Andersen un premier chèque de cinq cents francs. Durant cette période, Olivia se trouve aux États-Unis, auprès de sa mère mourante. Dans sa correspondance avec sa belle-sœur, Hendrik présente Ernest comme son « assistant ».

Au mois de juillet 1906, le sculpteur écrit :

> [Ernest Hébrard] aborde le défi avec beaucoup d'intérêt et le plus grand sérieux. J'ai réussi à échanger avec lui juste avant qu'il ne quitte Rome pour l'été et nous avons convenu qu'à son retour, j'aurais de nouvelles suggestions pour lui. Il voudrait passer quelques mois en Égypte et je l'ai vraiment incité à y aller afin qu'il puisse étudier. Je tiens vraiment à ce qu'il ait une bonne compréhension des constructions pleines de dignité.

Cette dernière phrase ne manque pas de piquant. Grand prix de Rome d'architecture, Ernest a bien entendu une parfaite compréhension « des constructions pleines de dignité ». Pourtant, à en croire Hendrik, infatué de lui-même, son architecte ne serait encore qu'un jeune apprenti, tandis que lui serait déjà un génie.

Au cours des premiers mois d'élaboration du Temple de Vie, Ernest tâche de demeurer affable et se montre à l'écoute des attentes de son client. Il manifeste cependant son étonnement et son scepticisme chaque fois qu'Hendrik lui demande de reprendre le plan pour y ajouter de nouveaux édifices grandioses. À chacune de leurs entrevues, Ernest tente de ramener Hendrik à la raison : il lui répète que s'offrir les services d'un architecte pour lui faire dessiner une série d'œuvres aussi démesurées est parfaitement insensé. « Mon devoir est de vous dire la vérité, aucun de ces palais ne pourra jamais être construit », martèle Ernest, en pure perte.

Hendrik, déterminé à ce que son goût pour la pompe et le colossal demeure la seule feuille de route du projet, reste inflexible. Le sculpteur ne se laisse pas distraire par l'incompréhension ou les réserves de son « assistant ». Il s'adresse à lui d'un ton calme et souverain, convaincu de sa supériorité et de la pertinence de ses idées.

En réponse à l'incompréhension d'Ernest, Hendrik justifie la nécessité de construire le Temple de Vie en invoquant l'indispensable « unité spirituelle du genre humain ». Interdit,

Ernest finit par abandonner les conversations théoriques avec son client. Et, pour le satisfaire, il esquisse sans conviction, des mois durant, des bâtiments grandioses. Hendrik jubile.

6

Comment Ernest Hébrard a-t-il pu mettre son talent au service d'un projet architectural relevant d'une telle mégalomanie ? Cette question est longtemps demeurée une énigme pour moi.

Parmi les soixante-dix boîtes d'archives que détient le musée Andersen de Rome, dix-huit concernent Olivia et quarante-six autres, Hendrik ou le Centre mondial de communication. Les six dernières boîtes rassemblent quant à elles les vieux papiers de Lucia, morte en 1978. À première vue, elles semblent ne contenir que de la paperasse. On y trouve des documents administratifs en tout genre, des factures relatives à l'entretien de la villa Helene datant des années 1950, ainsi que les archives d'un éphémère « Comité Hendrik Christian Andersen pour la Cité mondiale » – une amicale créée par Lucia au lendemain de la mort du sculpteur, à laquelle n'ont adhéré que quelques amis, et qui semble n'avoir jamais été active.

Au commencement de mes recherches, j'ai fait le choix de concentrer mon attention sur les archives concernant spécifiquement Olivia, Hendrik et le Centre mondial de communication. Tracts, brochures pacifistes, revue de presse, correspondances avec des soutiens de la cité idéale, cahiers de croquis, brouillons, manuscrits de pièces de théâtre d'Olivia : ces archives foisonnent de documents indispensables à la bonne compréhension de cette histoire. Néanmoins, elles n'en recèlent qu'un seul signé de la main d'Ernest Hébrard :

une lettre de condoléances envoyée en 1927 à l'occasion de la mort d'Helene. Où se trouvaient les autres lettres ?

Cette question m'a hanté durant plusieurs années. Sa réponse m'est finalement apparue de manière fortuite parmi les vieux papiers de Lucia, dans ces documents en apparence sans intérêt que j'avais délibérément négligés au cours de mes précédentes sessions de recherche dans les archives du musée Andersen.

La clef de l'énigme dormait dans une correspondance datant des années 1950 entre Lucia et l'écrivaine américaine Lilian Thomson Mowrer. Cette dernière vivait alors à Washington avec son époux, le journaliste Edgar Ansel Mowrer, lauréat du prix Pulitzer 1933 pour ses reportages sur la montée du nazisme en Allemagne. Dans les années 1910, les Mowrer furent des amis intimes d'Olivia et Hendrik Andersen.

Dans cette correspondance, rédigée plus d'une décennie après la mort d'Hendrik, Lucia explique à Lilian qu'elle souhaite faire don des archives d'Olivia, d'Hendrik et du Centre mondial de communication à une institution de référence aux États-Unis. À cette époque, Lucia redoute que ces archives soient dispersées ou détruites après sa mort. Afin de l'aider, Lilian sollicite David C. Mearns, le conservateur en chef du département des manuscrits de la bibliothèque du Congrès de Washington. Ce dernier répond qu'il est intéressé par les archives d'Olivia et d'Hendrik, mais demande d'abord à consulter un échantillon du fonds. Lucia lui en adresse un. Mearns approuve la donation.

Le 12 mai 1959, Lucia écrit à Mearns : « Je viens de vous expédier, par steamer, trois caisses d'archives contenant les travaux et les écrits d'Hendrik Christian Andersen, ainsi que ceux de sa belle-sœur. »

En apprenant que les caisses ont bien été expédiées à Washington, Lilian Mowrer félicite Lucia : « Le travail d'Hendrik est maintenant en sécurité, et les futurs bâtisseurs d'un monde meilleur pourront désormais profiter de tout ce qu'il a accompli. [...] Le monde n'oubliera jamais Hendrik. »

Trois années plus tard, en 1962, Lucia réalise un second don d'archives à la bibliothèque du Congrès de Washington.

Par ce geste, Lucia a protégé une grande quantité de sources écrites. Toutefois, en expédiant à deux reprises plusieurs caisses de documents à plus de sept mille kilomètres de Rome, et non la totalité des archives, elle a également éclaté le fonds Andersen et rendu plus difficile sa consultation. De ce fait, comme les rares chercheurs qui se sont intéressés à l'œuvre d'Hendrik Andersen ou au Centre mondial de communication au cours des dernières décennies, j'ai longtemps pensé à tort que le musée Andersen constituait le fonds d'archives de référence de cette histoire. Par la quantité phénoménale de sources écrites qu'abrite ce lieu, le trompe-l'œil était presque parfait.

La correspondance de Lucia se trouvait encore devant moi lorsque je me suis mis à pianoter fiévreusement un courriel sur mon téléphone portable. Le lendemain, je reçus cette réponse de la bibliothèque du Congrès de Washington :

> Nous conservons douze chemises de lettres datant de 1908 à 1928 sous le nom « Hébrard, Ernest ». [...] Le fonds Andersen peut être consulté librement et sans rendez-vous dans la salle de lecture des Manuscrits de la bibliothèque du Congrès.

CHAPITRE V

Les rêveries d'Olivia
(1906-1907)

1

En cette nuit d'automne 2014 où j'ai découvert à Rome un exemplaire du livre de présentation du Centre mondial de communication, j'ai été abusé par sa page de titre présentant Hendrik Andersen et Ernest Hébrard comme les deux principaux concepteurs de cette cité idéale. Je ne suis pas le premier à avoir été dupé par cette indication : la plupart des journalistes qui ont écrit à propos de la capitale du monde au début des années 1910 ont cru, eux aussi, que le sculpteur américain et l'architecte français en étaient les principaux concepteurs.

En réalité, les « Andersen papers » de la bibliothèque du Congrès de Washington allaient me révéler qu'une troisième personne avait joué un rôle fondamental dans l'élaboration de cette utopie : Olivia Cushing Andersen. Bien que le livre de présentation de la cité idéale ne la crédite qu'en tant que traductrice – l'ouvrage a été publié en deux éditions, anglaise et française –, et malgré le fait qu'elle soit restée délibérément dans l'ombre d'Hendrik, Olivia s'avère être la théoricienne de cette ville.

Hendrik ne doit certes pas sa mégalomanie à sa belle-sœur. Pour autant, sans son influence, il n'aurait probablement jamais rêvé de bâtir une telle capitale. Olivia et Hendrik ont vécu une histoire d'amour platonique durant laquelle leurs personnalités ont fusionné et se sont beaucoup influencées. Ils se sont mutuellement encouragés à « voir grand » en se persuadant l'une et l'autre qu'ils avaient une grande mission à accomplir. Toutefois, comme les archives le prouvent, c'est Olivia, et elle seule, qui a élaboré les principaux concepts du Centre mondial, ce qui, paradoxalement, a contribué à façonner le personnage d'Hendrik puisqu'il aspirait à devenir un artiste hors du commun.

Olivia Cushing Andersen

2

Remonter aux sources des idées d'Olivia implique d'ouvrir de vieux livres poussiéreux, de déplier des journaux jaunis et d'exhumer un événement oublié. Les Expositions universelles de la fin du XIXe siècle évoquent des foules célébrant l'internationalisme, les arts, le progrès technique et les inventions révolutionnaires. Mais qui se souvient encore que, du 11 mai au 27 septembre 1893, lors de l'Exposition universelle de Chicago, en marge des stands présentant un lave-vaisselle électrique, une bombe à spray, et des canons d'artillerie de la firme Krupp, s'est tenu le premier Parlement mondial des religions ?

Pasteurs protestants, moines hindouistes venus d'Inde, occidentaux convertis à l'islam, missionnaires bouddhistes, prêtres catholiques, rabbins, évêques orthodoxes, délégués des sectes les plus diverses, figures de proue de la Société théosophique : en même temps que se tenait la grande foire industrielle, des représentants de toutes les religions occidentales, orientales et asiatiques se sont relayés à la tribune afin de prôner « l'unité prochaine de l'humanité, au service de Dieu et de l'Homme ». L'organisateur de cet événement, John Henry Barrows (1847-1902), un pasteur de l'Église presbytérienne, ne souhaitait pas que ce congrès soit un rassemblement d'érudits, mais un temps de rencontre et de dialogue :

> Le Parlement mondial des religions se donne pour ambition d'approfondir l'esprit de fraternité, de souligner les vérités propres à chaque religion, de résorber l'abîme séparant les religions chrétiennes des autres religions, d'inciter les hommes bons à œuvrer ensemble, et de promouvoir la cause de la paix internationale.

Plus de quatre mille personnes assistèrent à la cérémonie d'ouverture. Pour la première fois dans l'histoire de l'humanité, des dirigeants spiritualistes du monde entier étaient rassemblés pour discuter de la question de l'unité spirituelle, des rapports entre science et religion, et des idées religieuses libérales. En une période où le scientisme imprégnait les sociétés occidentales, ce congrès visait à élaborer une sorte de charte spiritualiste capable d'accompagner les grandes transformations du monde. Loin d'opposer Dieu et la science, ses participants réfléchissaient au moyen de concilier l'une et l'autre afin de légitimer et d'accréditer leurs propres croyances.

Pour tous les libéraux religieux de la planète, cette première édition du Parlement mondial des religions fut d'une importance capitale. Beaucoup y ont vu le signal d'un syncrétisme planétaire à venir. L'une des vedettes de l'événement fut le gourou Vivekananda (1863-1902), qui comptait parmi les premiers missionnaires hindou des temps modernes. Malgré la brièveté de sa vie, les causeries de ce théoricien du yoga moderne ont eu une forte influence en Occident. À Chicago, dans son discours inaugural, l'homme au turban safran plaide en faveur de l'avènement d'une « religion universelle ». Selon Vivekananda, celle-ci n'avait pas vocation à devenir un culte unique et uniforme pour tous, ni même à remplacer les anciennes croyances. Il s'agissait plutôt d'une « union des religions » au sein de laquelle « chacune devrait assimiler les autres, tout en préservant sa singularité ». Le discours de Vivekananda fut salué par une longue ovation.

Le capitalisme dominait maintenant l'ensemble du monde connu, et, dans le sillage du grand marché promu par les libres-échangistes, les libéraux religieux rêvaient de la fusion planétaire des spiritualités. Une nouvelle « religion universelle », que ses promoteurs se représentaient sous la forme d'un grand marché mondial de la foi, au sein duquel chaque individu pourrait assembler à sa guise des concepts tirés de la tradition, de manière à « révéler sa conscience ». Une fois cette conscience individuelle révélée à elle-même, les libéraux religieux espéraient qu'elle s'agrège aux autres esprits du monde en un vaste « réseau de consciences » œuvrant au progrès de l'humanité, tant matériel que spirituel.

Ce « réseau de consciences », le prêtre jésuite, géologue, paléontologue, théologien, philosophe et théoricien de l'évolution Pierre Teilhard de Chardin (1881-1955) y a réfléchi tout au long de sa vie. Par analogie avec la biosphère, le père Teilhard l'a appelé la « noosphère ». Ce néologisme signifiant littéralement « esprit-sphère » désigne une « pellicule de pensée enveloppant la Terre, formée des communications humaines ». Grâce à « l'étonnant système des routes terrestres, marines et aériennes, de voies postales, de fils, de câbles, de pulsations éthérées qui enserrent chaque jour davantage la face de la Terre », le père Teilhard voyait se constituer « un véritable système nerveux de l'Humanité ». Selon lui, le monde serait instable, inachevé, et l'humanité aurait besoin d'un « Centre premier et suprême, un oméga, en qui se relient toutes les fibres, les fils, les génératrices de l'Univers ».

Dans son œuvre, le père Teilhard prophétise le fait que l'humanité atteindrait au terme de son histoire, par la « convergence des consciences » en une vaste union spirituelle, un point nommé « oméga ». Fruit d'une vision prophétique du développement des communications et de ce qu'il appelait la « planétisation », ce point « oméga » désigne le stade d'évolution ultime du genre humain. Celui de la résurrection spirituelle de l'humanité.

3

Au printemps 1907, Helene, Lucia, Olivia et Hendrik emménagent dans un splendide appartement situé au 3 piazza del Popolo. Les fenêtres donnent sur la fontaine de l'obélisque, et de sa belle terrasse abondamment fleurie, on peut admirer le pont Regina Margherita et le Mont Mario. Cet appartement luxueux plaît beaucoup à Olivia, mais elle demeure une femme malheureuse, en proie à de fréquents accès dépressifs.

Dans son journal intime, ses évocations d'Andreas et ses réflexions spirituelles prennent à cette période des tonalités messianiques. Olivia ne se contente plus de s'adresser quotidiennement à l'esprit de son défunt époux. Elle affirme désormais que la peinture d'Andreas est un événement majeur de l'histoire de l'art qui marque le « commencement d'une nouvelle ère ».

Olivia travaille quotidiennement à l'écriture de ses pièces de théâtre ayant pour thèmes la vie du prophète Moïse, le roi David, Jésus, les Grecs de l'Antiquité, la chrétienté dominant le monde, Christophe Colomb, les idéaux de l'Amérique... Mais elle doute d'elle même et s'estime incapable de mener à bien cette tâche. « Mon corps m'enferme dans quelque chose d'étroit », écrit-elle, avant d'ajouter qu'elle pourrait se suicider « par amour de la vie ». Plus loin, Olivia confie qu'elle attend la mort. Son chagrin l'accable régulièrement, et ces moment de déréalisation s'accompagnent de phases d'exaltation ou de visions mystiques concernant l'avenir de l'humanité.

Au cours de ses rêveries, Olivia esquisse dans ses cahiers tous les concepts qui composeront bientôt l'armature théorique du Centre mondial de communication. À partir de 1907, la jeune femme rêve de grandes organisations internationales capables d'offrir à chaque être humain tout ce qui lui semble indispensable à une vie heureuse et épanouie. Elle imagine de meilleurs systèmes d'instruction et de santé, de nouvelles écoles d'art, souhaite le perfectionnement des approches pédagogiques, la fusion des consciences individuelles en une « conscience mondiale »...

Selon Olivia, le monde serait constitué d'une infinité de particules matérielles et spirituelles que les infrastructures modernes mettraient en mouvement.

> Les voies de chemin de fer ont remporté un succès irrésistible. Les moyens de transport, les télégraphes, les téléphones, les ponts, les machines, l'amélioration des techniques agricoles, les fertilisants, les moyens logistiques et l'immigration devraient être appelés des « services religieux ». Toutes ces choses relèvent du développement harmonieux du corps humain ; elles sont une croissance de la grande âme humaine. Il fut un temps où les centres de conscience se résumaient à un petit nombre de lieux dans le monde. En Inde, en Chine, en Égypte, en Mésopotamie, en Grèce, en Palestine, en Italie. Ces lieux se sont déplacés, jusqu'à ce que le globe terrestre soit réorganisé dans son entièreté par un seul réseau de circulation, d'industrie et de commerce.

Olivia soutient que l'accroissement de la circulation des biens, des services, des informations et des œuvres d'art pourrait permettre de sceller l'unité du genre humain. En imaginant que les infrastructures du capitalisme, les échanges commerciaux et les progrès de la communication conduiraient l'humanité vers davantage de paix, de fraternité et de démocratie, Olivia s'inscrit dans une vieille lignée intellectuelle, celle des utopies planétaires qui se sont régulièrement renouvelées au cours de l'histoire des techniques et des réseaux.

Depuis le XVIIIe siècle, le mythe d'une communication capable de rendre le monde plus pacifique et démocratique n'a jamais cessé de se reproduire. Le mathématicien, chimiste et économiste Alexandre-Théophile Vandermonde (1735-1796) imaginait déjà, au lendemain de l'inauguration de la première ligne télégraphique optique Paris-Lille à l'usage exclusif des armées, que cette invention suffirait à « rendre possible l'établissement de la démocratie dans un grand peuple ». Dans les faits, il n'en fut rien : le télégraphe optique est resté un monopole des ministères de la Guerre et de l'Intérieur. Et comme chacun le sait désormais, l'invention du télégraphe, du téléphone, des techniques de communication ayant pour support les ondes électromagnétiques, ainsi que le déploiement d'Internet, n'ont pas fait disparaître les guerres de la surface du globe.

4

Les rêves d'Olivia ont précédé de plus d'une décennie les réflexions de Pierre Teilhard de Chardin sur la « planétisation », la « noosphère », et la nécessité pour l'humanité de se doter d'un « Centre premier et suprême ». Il est cependant frappant de constater combien les pensées d'Olivia et celles du père Teilhard présentent de similitudes. Olivia théorise dans ses écrits l'existence d'une « conscience mondiale » équivalente à la noosphère. Elle promeut une utopie planétaire dans laquelle les progrès des communications engendrent inéluctablement l'évolution matérielle et spirituelle du genre humain vers davantage de paix et de coopération internationale. Toutefois, pour qu'advienne ce progrès universel, Olivia soutient que l'humanité doit se pourvoir d'un centre prophétique où puissent converger toutes les consciences du monde.

> Nous nous sommes déplacés de pays en pays, nous avons évolué de civilisation en civilisation, et désormais toute l'humanité est liée par des câbles électriques, des câbles télégraphiques. L'humanité se retrouve liée par une communauté de pensée et d'intérêts. L'unité du monde est devenue inévitable et les meilleurs cerveaux du monde sont en train de la rendre de plus en plus concrète.
>
> Ouvriers du bâtiment ou de voirie, charpentiers, ingénieurs, employés des chemins de fer, marins, capitaines, marchands,

présidents de banques, etc. Toutes ces personnes qui font bien leur travail sont en train d'œuvrer intentionnellement ou non à ce grand mouvement vers l'unité. Mais nous avons besoin de plus. Nous avons besoin de donner un sens spirituel à tout cela.

À l'heure où Olivia rédige ces lignes, les Andersen n'ont pas encore décidé du devenir de leur Temple de Vie. Néanmoins, la nécessité d'édifier une capitale du monde s'impose déjà dans les réflexions d'Olivia.

Je vois dans l'avenir une fraternité des nations comme celle des villes dans un État ; un gouvernement fédéral du monde, ainsi qu'en dessous de lui, des gouvernements locaux. Je vois une fédération internationale dont les objectifs seraient variés et qui remplacerait les patriotismes locaux. Des hommes et des femmes employant leur énergie à la promotion des industries, des sciences et des arts du monde. Un réseau international de chemin de fer qui desservirait convenablement chaque ville du globe ; des aménagements agricoles ; des progrès dans la circulation des marchandises ; des améliorations partout, sur toute la planète, dans les différentes usines, qui ne seraient pas localisées en fonction des nationalités, mais à partir de leurs propriétés géographiques et physiques, afin de produire la meilleure qualité de marchandises possible, et les distribuer aisément selon la demande. Je vois les capitales des nations du monde devenir de simples villes du monde. Quatre ou six centres couvrant la circonférence du globe. Et puis, peut-être, quelque part, la capitale du monde, le siège du gouvernement central.

CHAPITRE VI

La duperie
(1908)

1

Invité à dîner chez ses clients américains, Ernest Hébrard fait la connaissance d'Olivia Andersen le 24 janvier 1908. L'architecte français vient accompagné d'Antonin Trévelas, un étudiant de l'école des Beaux-Arts de Paris. La rencontre se passe en présence d'Hendrik Andersen. C'est la première fois que le trio est réuni autour d'une même table.

La soirée se passe agréablement. Hendrik prend un air inspiré afin de présenter à Ernest ses dernières idées grandioses. Courtois et attentionné, Ernest lui assure qu'il se fera un plaisir de les intégrer au projet.

En ce début d'année 1908, il ne s'agit déjà plus d'un Temple de Vie, mais d'un « centre international ». Olivia profite de ce repas pour présenter à Ernest les conceptions spiritualistes qui sous-tendent leur plan. Le Français écoute attentivement, puis donne à Olivia son assentiment par un signe de tête accompagné d'un sourire incrédule.

Au cours de leur échange, Olivia remarque qu'Ernest, avec son regard pénétrant qui exprime un « sérieux mâtiné de sarcasme », est un homme plein d'assurance, à l'esprit vif.

> Son regard est critique et sa pensée construite, articulée. [Ernest Hébrard] se comporte comme s'il était plus ou moins « arrivé » et donne à son opinion de l'importance et de l'autorité. Dans son travail, il est extrêmement précis. Ce qui fait nos affaires, c'est qu'il nous apporte une caution française.

Olivia poursuit son portrait en lançant une pique à Ernest. « Bien évidemment, il n'a aucun génie », ajoute-t-elle. Cinglant, le propos révèle un ressort psychologique majeur des relations à venir entre le Français et l'Américaine. Par son talent, Ernest représente une « menace » pour les Andersen. Aux yeux d'Olivia, le génie ne peut être qu'Hendrik, et il n'y aura pas de place pour les deux hommes.

Olivia reconnaît toutefois en Ernest un homme « très intelligent et parfaitement entraîné, avec une très grande curiosité pour voir et mesurer ce qui peut-être grandiose en architecture ». Lucide, elle admet qu'il « ne tolérera pas que quelque chose de mauvais ou de médiocre porte sa signature ».

2

De son côté, si Ernest a convié le jeune Antonin Trévelas à ce dîner, c'est parce qu'il a mis au point une stratégie. Depuis deux années maintenant, il travaille de loin en loin, entre deux voyages d'études sur le pourtour de la Méditerranée, à ce chimérique projet de Temple de Vie récemment devenu un « centre international ». Toutes les fois où Hendrik a souhaité retoucher le plan pour y ajouter des édifices extravagants, Ernest a vainement tenté de lui expliquer que ce programme pharaonique ne pourrait jamais être réalisé. Les conversations et les rendez-vous se sont succédé, les esquisses se sont multipliées, mais chacun est demeuré figé sur ses positions.

En son for intérieur, Ernest sait que ce projet n'a pas la moindre chance d'aboutir. Il a patiemment écouté les Andersen lui parler du besoin d'unité spirituelle de l'humanité, mais ni Olivia, ni Hendrik ne l'ont convaincu. Aux yeux d'Ernest, ces deux Américains sont en train de jeter leur argent par les fenêtres. Le Français a cependant remarqué qu'ils tiennent énormément à ce « centre international », qu'ils sont à l'aise financièrement, et qu'en ce qui le concerne ce chantier extravagant lui assure des revenus appréciables et réguliers. Par conséquent, il ne serait pas judicieux de tuer la poule aux œufs d'or au seul prétexte que cet ensemble architectural ne serait qu'une chimère. Quel architecte refuserait d'être payé confortablement pour dessiner des édifices improbables ?

Comme Hendrik Andersen, Ernest Hébrard a grandi dans un milieu modeste. Ses parents travaillaient comme gardiens d'immeuble en banlieue parisienne. L'architecte s'est hissé socialement grâce au système éducatif élitiste de la IIIe République, et, comme il l'explique lui-même sans détour aux Andersen, il entend désormais jouir de l'aura que lui confère son prix de Rome afin de faire une grande carrière d'architecte, ce qui, pour lui, signifie : servir l'art et la grandeur de la France, être reconnu à Paris, et bien gagner sa vie.

Cette ambition assumée se situe aux antipodes de celle des Andersen qui jugent le monde de l'art trop matérialiste, mondain, bourgeois et conformiste. Olivia et Hendrik ont décidé de faire sécession avec ce milieu, et c'est en partie pour cette raison qu'ils souhaitent lui opposer une œuvre colossale née du génie d'Hendrik et capable d'insuffler une régénération spirituelle planétaire.

Le dîner est sur le point de s'achever lorsqu'Ernest s'adresse soudain aux Andersen afin de leur annoncer que le projet de centre international est à ses yeux si vaste et si important qu'il a décidé, pour le mener à bien, de s'adjoindre les services du jeune homme timide au visage poupin qui se trouve assis à ses côtés : Antonin Trévelas. « Au cours des prochains mois, Antonin travaillera à l'élaboration du plan sous ma direction », leur explique-t-il.

La manœuvre est habile. Si l'architecte compte bien réaliser le travail pour lequel ses clients américains le paient, il n'entend pas perdre son temps à écouter des heures durant leurs élucubrations spiritualistes. Certes, Antonin ne manque pas de talent. Pour autant, si Ernest a convié à ce dîner ce jeune homme que l'on qualifierait aujourd'hui de « stagiaire », c'est uniquement afin de lui déléguer une besogne qu'il estime ingrate.

En outre, Ernest se garde d'annoncer aux Andersen qu'il mène parallèlement un ambitieux chantier archéologique en collaboration avec Jacques Zeiller (1878-1962), un historien de l'Antiquité romaine. Il s'agit de restituer dans son entier le palais de l'empereur romain Dioclétien situé à Spalato (aujourd'hui Split, en Croatie). Ernest y a fait un premier voyage au cours de l'année 1906 et a déjà prévu d'y retourner à plusieurs reprises afin de réaliser une liste analytique des plans de la ville, un relevé de ses ruines, ainsi qu'une étude de restauration du palais. Ce vaste projet passionne Ernest. Il le considère comme sa grande œuvre à venir, celle qui pourrait lui permettre de se couvrir de gloire à Paris.

Le dîner achevé, Ernest allume un cigare, flatte une dernière fois Hendrik, puis demande aux Andersen de louer pour lui un cabinet de travail équipé de deux grandes tables d'architecte. Il réclame également plusieurs rouleaux d'un excellent papier. Les Andersen jugent ces requêtes parfaitement justifiées.

3

Vers minuit, après le départ des deux Français, Hendrik confie à Olivia qu'il se réjouit d'avoir choisi Ernest comme « assistant ». « Ernest se montre très impliqué dans l'élaboration du centre international, cela prouve qu'il a parfaitement compris l'importance du projet », se félicite-t-il.

Olivia partage l'enthousiasme de son beau-frère. « Maintenant, les voiles sont enfin hissées, Hendrik tient fermement la barre, les matelots sont tous à leur poste, et le cap devrait être atteint », écrit-elle dans son journal.

Le lendemain, lors d'une promenade dans Rome, Hendrik fait part à Olivia d'une nouvelle idée lumineuse :

> Cela sonne un peu comme un homme qui parle de son bébé et choisit sa vie avant qu'il ne soit né, mais quand [les architectes] auront achevé ce travail de la manière la plus brillante possible, j'ai pensé que nous pourrions faire éditer un livre hors commerce pour pouvoir l'offrir à tous les rois et chefs de gouvernement des nations, afin que notre idée ne leur paraisse pas excentrique ou étrange, et qu'ils puissent la comprendre et aider à son développement.

4

Au début du mois de mars 1908, Hendrik fait la connaissance d'un personnage haut en couleur qui s'apprête à influencer durablement les plans des Andersen. Cet idéaliste américain d'origine polonaise s'appelle David Lubin (1849-1919). Il est le père de l'Institut international d'agriculture (IIA), qui deviendra après la seconde guerre mondiale l'Organisation des Nations unies pour l'alimentation et l'agriculture (FAO).

Dans sa nouvelle intitulée *Le Congrès*, l'écrivain Jorge Luis Borges raconte comment, en 1904, un riche propriétaire foncier uruguayen, don Alejandro Glencoe, dépense sa fortune dans le cadre d'une entreprise fabuleuse : « Créer un Congrès du Monde qui représenterait tous les hommes et toutes les nations. » Pour ce faire, don Alejandro recrute des collaborateurs et les envoie dans plusieurs pays du globe afin qu'ils rassemblent des livres et établissent un équivalent moderne de la bibliothèque d'Alexandrie.

Comme ce personnage fantasque de la nouvelle de Borges, David Lubin a rêvé d'un Congrès du Monde dans le domaine de l'agriculture. Toutefois, si la nouvelle de Borges est une fiction dans laquelle don Alejandro finit par détruire son grand dessein, la vie de Lubin est une histoire vraie. Celle d'un utopiste parvenu à réaliser son rêve.

Né en Pologne dans une famille juive au milieu du XIXe siècle, Lubin a émigré enfant avec ses parents. D'abord en Angleterre, puis aux États-Unis, à l'âge de six ans, où il est devenu un *self-made man*. Jeune homme sans le sou, Lubin travaille comme employé d'une bijouterie à San Francisco, ouvrier sur des chantiers à Los Angeles, chercheur d'or en Arizona, commis-voyageur à New York et à La Nouvelle-Orléans. Il ouvre ensuite un commerce à Sacramento en Californie, multiplie les affaires, et fait fortune. Devenu philanthrope, ce touche-à-tout décide dans les années 1880 d'investir dans l'arboriculture fruitière et la céréaliculture.

À cette époque, l'agriculture a beaucoup perdu de son importance et de son prestige dans l'économie mondiale. David Lubin découvre un secteur économique en proie à la toute-puissance des intermédiaires commerciaux et à la fluctuation brutale des cours, rythmé par les crises de surproduction, la peur de la spéculation, la baisse des prix, les pathologies végétales et les aléas climatiques. Face aux trusts qui affrètent de grands navires spécialisés dans le transport mondial de denrées agricoles, Lubin remarque que les producteurs ne sont pas suffisamment organisés pour affronter la nouvelle donne économique. Cet autodidacte rusé comprend que l'accès aux informations concernant les marchés revêt un caractère stratégique pour tous les producteurs agricoles de la planète. Il décide par conséquent de s'engager auprès des associations et des coopératives qui les représentent.

Comme beaucoup d'utopistes de son temps, Lubin rêve de l'unité du monde et du bonheur de l'humanité en des termes religieux et prophétiques. En 1900, au sortir d'une dépression, il publie un essai intitulé *Let There Be Light* (« Que la lumière soit »), fruit d'une longue quête spirituelle. Avec beaucoup de sérieux, Lubin milite pour l'avènement d'une Église universelle. En guise de révélation, il propose d'enseigner à ses adeptes l'économie politique. Libéral religieux, Lubin pense que la démocratisation de l'information pourrait être une arme au service du progrès des hommes. Il voue un culte aux réseaux de communication modernes car il croit que le télégraphe et le téléphone offrent de puissants leviers pour l'élévation de l'humanité. S'il rêve de constituer un « congrès agricole international », c'est par souci de justice et d'équité, afin de prévenir les guerres commerciales et contribuer ainsi à la paix entre les nations.

Après avoir essuyé une série d'échecs dans ses tentatives, Lubin quitte les États-Unis et s'installe en Europe en 1896. Il s'installe d'abord à Londres, où l'on qualifie son projet de chimérique. Il arrive ensuite à Paris, où le gouvernement français ne prend pas son idée au sérieux. Lubin tente alors sa chance à Rome.

Là, grâce au soutien du juriste et économiste italien Luigi Luzzatti (1841-1927), Lubin obtient le 23 octobre 1904 une entrevue avec le roi Victor-Emmanuel III. Ce dernier comprend immédiatement l'intérêt qu'aurait son pays à abriter une organisation telle que l'Institut international d'agriculture, et s'engage à accorder une subvention annuelle à Lubin.

Quelques semaines plus tard, le Premier ministre libéral Giovanni Giolitti (1842-1928) demande au corps diplomatique italien de soutenir le projet de Lubin en l'aidant à organiser une conférence inaugurale pour le mois de mai 1905. L'Italie mobilise tous ses ambassadeurs. Et, malgré les réticences de certains États redoutant que cette initiative ne cache une tentative des grands groupes céréaliers américains de faire baisser les prix en Europe, la conférence inaugurale se tient le 28 mai, en présence des délégués de quarante pays.

Le 7 juin 1905, les missions de l'Institut international d'agriculture sont officiellement annoncées. L'institution n'est dotée d'aucune prérogative concernant les politiques économiques ou les affaires commerciales des États, qui demeurent souverains en la matière. Son rôle consiste à recueillir, traiter et publier des informations statistiques, techniques, agronomiques ou économiques concernant l'agriculture, le commerce des denrées, le crédit, les assurances ou les rémunérations des travailleurs du secteur. L'IIA pourra soumettre ses recommandations aux gouvernements. Pour abriter ses activités, l'Italie fait construire un édifice dans la villa Borghèse entre 1906 et 1908 – aujourd'hui appelé « villa Lubin ». Le roi d'Italie l'inaugure le 23 mai 1908. S'ensuit, fin novembre, la première Assemblée Générale de l'IIA. Une institution internationale est née.

5

Après avoir fait la connaissance de David Lubin, Hendrik retrouve Olivia dans leur appartement de la piazza del Popolo en brandissant triomphalement un exemplaire du livre *Let There Be Light* :

> J'ai rencontré un homme extraordinaire, un véritable prophète ! Il est si rare de rencontrer un homme comme lui. J'aurais pu discuter avec cet homme des journées entières. Par ses aspects pratiques, le projet qu'il porte ressemble beaucoup au nôtre. Au cours de notre conversation, David Lubin m'a montré la paume de sa main, et m'a dit :
>
> « J'ai tous les Rois et les ministres du monde, ici, dans ma main, et ils ne le savent pas ! Figurez-vous, M. Andersen, que se sont rassemblés aujourd'hui même, dans la pièce où vous vous trouvez actuellement, les ambassadeurs de Chine, de Russie, du Japon, d'Allemagne, d'Italie… Tous ont écouté mes idées, et

> tous ont été convaincus du bien-fondé de mon projet. Pourquoi ? Parce que mon projet est pratique, M. Andersen. Ils pensent tous qu'ils peuvent tirer profit matériellement de mon projet, et qu'il bénéficiera autant à leurs économies nationales qu'à l'économie internationale. Quand je m'adresse à eux, je suis plein de détails pratiques et techniques. Je parsème mes exposés de faits scientifiques et de connaissances matérielles, que je leur livre afin de les impressionner. Pourquoi ? Parce que je ne peux pas leur dire la vérité. Je ne peux pas leur dire que je suis un idéaliste, que mes idées sont seulement un idéal. Si je le faisais, si je leur disais la vérité, ils me diraient que je suis un rêveur ! Vous voyez, M. Andersen, je les dupe et ils ne le savent même pas. »

La réussite de David Lubin embrase l'imagination des Andersen. Inspirés par son exemple, les deux utopistes américains souhaitent désormais que leur centre international rassemble tous les arts et toutes les productions intellectuelles de l'humanité. Leur projet ne s'incarne pas encore dans une ville, mais il prévoit déjà plusieurs édifices internationaux aux ailes innombrables. Comme l'explique Olivia : « Quelques hommes doivent poser les fondations du monde à venir. Hendrik est l'un d'eux. »

6

Antonin Trévelas et Ernest Hébrard poursuivent le développement du projet avec une telle lenteur que les Andersen finissent par s'en agacer. Ils en découvrent la raison au mois de juin 1908, lorsqu'Ernest leur avoue qu'il est également archéologue et travaille simultanément à une restitution du palais de Dioclétien. Du même souffle, le Français annonce à ses clients qu'Antonin Trévelas doit rentrer à Paris afin de poursuivre ses études.

Les Andersen s'estiment floués. « Je suppose qu'ils doivent considérer notre projet comme chimérique, s'agace Olivia. Ils ne doivent pas être capables de prendre au sérieux des gens comme nous, qui nous consacrons à un idéal. »

Le 11 juin, Ernest dîne chez les Andersen. Toujours désireux de réaliser quelque chose de splendide pour le projet, il leur promet que son travail d'archéologue ne se fera pas à son détriment. « À la fin de l'été, explique-t-il à ses hôtes, je serai de retour à Rome en compagnie de deux dessinateurs de grand talent. L'un travaillera à notre plan. L'autre, au palais de Dioclétien. »

CHAPITRE VII

Le temps des querelles
(1908-1910)

1

En entrant à l'improviste dans l'atelier de la via Margutta qu'ils louent pour Ernest Hébrard et ses deux dessinateurs depuis maintenant trois mois, les Andersen s'attendent à trouver au moins un Français en train d'œuvrer à leur projet. Au lieu de cela, les grandes tables de travail sont jonchées d'études archéologiques concernant exclusivement le palais de Dioclétien. Balayant les lieux du regard, Olivia et Hendrik découvrent des dessins extrêmement détaillés reconstituant, mosaïque par mosaïque et brique par brique, des pavages et des maçonneries de l'édifice antique. Olivia a intégralement pris en charge le séjour à Rome des dessinateurs d'Ernest, Georges Mauxion et Charles Plisson, en pensant que cette dépense allait permettre d'accélérer le développement du plan. Elle comprend maintenant qu'elle a été dupée. « Quelle perte de temps ! » enrage-t-elle.

Cherchant à apaiser la situation, Ernest essaye de faire diversion en expliquant à ses clients ce que ses dessinateurs sont en train de faire : « Tous ces dessins ont été réalisés à Spalato dans leurs proportions réelles. Ils doivent désormais être reproduits dans une proportion inférieure avant d'être intégrés à notre restitution. Si le crayonné est parfait, mes dessinateurs les passent à l'encre. »

Sans faire de commentaire, Hendrik demande à l'architecte de lui présenter les dernières avancées du centre international. Ernest traverse l'atelier, s'empare d'une pile de documents rangés à l'écart, et dévoile le plan au sol du bâtiment des Arts ainsi qu'une coupe de l'édifice.

« Ce sont là les seules avancées ? En trois mois ? » interroge Hendrik en dévisageant Ernest. Avec fermeté, le sculpteur explique à l'architecte que la situation est inacceptable et que son retard doit être rattrapé au plus vite.

2

Un mois plus tard, fin février 1909, Ernest présente aux Andersen un magnifique jardin zoologique, un conservatoire de musique et de peinture, ainsi qu'un bâtiment abritant les chambres de trois cents étudiants. Satisfait, Hendrik commande d'autres bâtiments somptueux à son « assistant ». Déconcerté, Ernest fait remarquer à ses clients que le projet est en train de prendre des proportions insensées. « Ce plan ne pourra jamais être réalisé, vous gaspillez votre argent », ajoute-t-il. Hendrik lui rétorque qu'il le paye pour l'aider à donner une forme à un idéal, pas pour émettre des doutes à son propos.

Les mois suivants, Ernest continue d'accepter les chèques des Andersen et élabore de splendides palais en marge de son travail d'archéologue. Pour gagner du temps, il propose à ses clients de déléguer à son frère, Jean Hébrard, la conception architecturale du gymnase, du stade et des palais dédiés à l'athlétisme. Diplômé des Beaux-Arts de Paris, Jean enseigne l'architecture à l'université Cornell d'Ithaca, dans l'État de New York.

Hendrik accepte la proposition, et adresse une lettre à Jean afin de lui faire part de ses attentes. Le sculpteur précise que le centre international accorde la même place aux hommes et aux femmes. Les deux sexes devront, par conséquent, y disposer d'infrastructures sportives équivalentes.

> Dans le gymnase des hommes, ainsi que dans celui des femmes, je voudrais voir un salon de moulage dans lequel seraient exposés les plus belles statues grecques, les mieux développées au point de vue physique. Je voudrais aussi allier à ce projet un amphithéâtre où l'anatomie pourrait être illustrée et expliquée par les meilleurs médecins en présence de beaux moulages. Je voudrais également un endroit pour les conférences d'anatomie et de développement physique d'un point de vue artistique. Je voudrais aussi, à côté des gymnases, les bains les plus grands, et les plus parfaits, pour la natation, aussi bien qu'un bel espace pour des bains turcs, bains ordinaires, bains douches, etc. À côté de chaque gymnase, des bibliothèques et salles de lecture de grandeur suffisante. J'ai souvent pensé aux thermes de Caracalla, qui m'ont toujours laissé un souvenir de générosité, d'espace et d'hospitalité, et je pourrais même dire, d'une certaine idéalité.

Jean adresse quelques mois plus tard ses premières esquisses du stade olympique. Il explique dans sa lettre s'être inspiré « du stadium d'Harvard et de celui de l'université de Berkeley en Californie, mais en adoptant des proportions beaucoup plus vastes ». Jean a dû recevoir de son frère Ernest des conseils afin de communiquer efficacement avec les Andersen, car il précise dans sa lettre : « Comme dimension, le stade peut être comparé au cirque Maxime de la Rome antique. » Les Andersen l'approuvent sans la moindre réserve.

3

Ernest achève son ambitieuse restitution du palais de Dioclétien au début de l'été 1909, après quoi, ayant besoin de vacances, il s'offre un voyage touristique en Sicile. Depuis

Taormine et Palerme, il adresse des cartes postales aux Andersen.

Ces cartes agacent Olivia. Pendant ce temps, Hendrik continue de travailler ardemment à la réalisation de sa *Fontaine de vie* ainsi qu'au développement du centre international. Il collabore avec l'un des dessinateurs d'Ernest, Georges Mauxion, un architecte de vingt-neuf ans portant une longue barbe et fumant continuellement la pipe. Hendrik et Georges s'apprécient, ils élaborent ensemble le plan d'une tour internationale

De retour à Paris à la fin du mois de juillet 1909, Ernest établit son agence d'architecture au 23 rue Jacob. Il adresse à ses clients américains un courrier contenant des photographies de ses dernières réalisations pour le plan. Dans sa lettre, il interroge les Andersen à propos de sa rémunération pour les mois à venir.

> Maintenant je voudrais savoir ce dont je pourrais disposer par mois de dépenses. Il faut environ 400 à 500 francs pour chaque dessinateur. De mon côté, je demanderai (comme je vais aussi travailler personnellement) 500 à 600 francs par mois. Je voudrais donc connaître ce que vous pouvez faire et ce que je pourrais avoir pour faire faire ce travail. Il m'est impossible de vous donner une somme d'ensemble, ce projet est tellement important, et demande une étude si difficile et si spéciale, que l'on ne peut établir aucune comparaison avec des travaux antérieurs. Ce qu'il faut, c'est faire pour le mieux, et produire une œuvre de premier ordre. Ce que je puis vous assurer, c'est que je vous ferai ce projet avec le minimum de dépenses, n'en faisant personnellement aucune affaire de gain. Excusez-moi d'insister de cette façon mais je tiens à vous faire voir où vous allez et ne voudrais pas vous conduire trop loin sans vous renseigner, comme c'est mon devoir. J'aimerais avoir une réponse de vous à ce sujet.

Plusieurs lettres de négociations sont échangées. Les Andersen souhaitent que le centre international soit achevé d'ici un an. Hébrard répond que deux années seraient préférables.

> Ce qui est long, ce n'est pas de faire des dessins, mais de composer une œuvre d'architecture bien ordonnée. [...] Ce qui est long, c'est l'étude. Par exemple, pour un concours de Rome pour lequel nous avons 4 mois, nous comptons 3 mois d'étude et 1 mois seulement pour les dessins. Par ce rapport, vous pouvez juger de la proportion d'un travail d'architecture. [...] Jusqu'à présent, je vous avouerai que je n'ai fait qu'étudier et que si je m'écoutais, je travaillerais au moins 3 ou 4 ans sur un projet de cette importance, qui est la plus belle œuvre qui puisse occuper un architecte.

Les Andersen tranchent : ce sera un an de travail et mille cinq cents francs de rémunération mensuelle. Ernest embauche trois dessinateurs – Georges Mauxion, Antonin Trévelas, Félix Dumail – qui travailleront pour lui par intermittence au cours des mois suivants. L'architecte s'attelle personnellement à l'avenue internationale et aux bâtiments des congrès.

À partir du 15 octobre 1909, Ernest adresse à Hendrik des modifications du grand plan d'ensemble, une nouvelle étude du bâtiment des Beaux-Arts, une coupe du grand dôme du hall des sculptures, les dômes secondaires des galeries de peintures. À cette période, le plan progresse rapidement.

« Je suis bien installé pour travailler et me plais beaucoup dans mon nouveau studio, écrit Ernest. Ici à Paris, c'est plus commode pour faire un projet aussi considérable. De plus, comme je n'ai plus à m'occuper [du palais de Dioclétien] de Spalato comme à Rome, les études vont plus vite. »

La correspondance entre l'architecte et ses clients se fait en français, langue qu'Olivia parle et écrit sans difficulté. Si les Andersen signent leurs lettres « Hendrik », toutes sont tapées par Olivia et reflètent en vérité les positions du couple.

Les plans détaillés du centre international voyagent par la poste, en envois recommandés. Il s'agit essentiellement de « bleus d'architecte » reproduits par cyanotypie, un procédé photographique que les architectes utilisaient couramment dans la première moitié du XXe siècle. Roulés puis ficelés autour d'un bâton de bois, ces plans circulent continuellement entre la France et l'Italie.

4

Ce n'est qu'à la fin de 1909, après plusieurs années d'atermoiements, qu'Ernest commence à s'impliquer sérieusement dans le projet. Le 15 décembre 1909, il écrit :

> Je vous adresse un nouveau plan des palais avec la bibliothèque. […] Comme vous voyez, mon cher Andersen, le projet marche et s'étudie, j'espère que vous vous rendez parfaitement compte du travail énorme qu'il y a à mettre sur pied une aussi vaste conception. Je vous assure que personnellement je suis étonné d'arriver à faire une chose toute raisonnable, avec un programme aussi formidable. Je vous avouerai que je finis presque par croire que je vais construire ce projet, ce qui serait vraiment un beau rêve.

Toutefois, contrairement à ce qu'il affirme à ses clients, Ernest ne se consacre pas à ce chantier car il cherche activement du travail par ailleurs. Afin que son agence participe à des concours d'architecture, Ernest engage des dessinateurs avec l'argent versé par les Andersen et les fait travailler à des projets n'ayant aucun rapport avec le centre international.

Au mois d'avril 1909, Ernest devient officiellement architecte du gouvernement français attaché aux travaux de la Bibliothèque nationale. Son supérieur hiérarchique, l'architecte Jean-Louis Pascal, est un membre de l'Académie des Beaux-Arts. Cette nouvelle situation occupe Ernest trois après-midi par semaine. En plus de cet engagement, il prépare une exposition pour le Salon de 1910, où il aura à sa disposition une salle entière afin de présenter ses travaux archéologiques sur le palais de Dioclétien.

En adressant régulièrement des dessins aux Andersen, Ernest parvient cependant à faire illusion. À Rome, Olivia est maintenant persuadée qu'il se consacre à leur projet.

> Oh, quel beau rêve que de contribuer à la marche en avant des "États-Unis du monde" ! s'émerveille l'Américaine. Ils doivent exister, ces "États-Unis", ils sont un aboutissement inévitable du futur. […] Mon Hendrik est la source de cette initiative. Ou plutôt l'instrument, l'instrument de la conscience divine.

5

Ernest remporte une médaille d'Honneur au Salon de 1910 pour ses travaux archéologiques. Il célèbre son triomphe avec son frère Jean, venu spécialement des États-Unis afin d'assister à la proclamation des résultats. Comblé, Ernest annonce la bonne nouvelle aux Andersen par télégramme.

Olivia s'en réjouit. Non pour Ernest, qu'elle estime vaniteux et dont elle juge le travail médiocre en comparaison du « génie » d'Hendrik, mais parce qu'elle pense que cette récompense prestigieuse pourrait inciter l'architecte à donner enfin le meilleur de lui-même pour la réalisation du centre international. Sur ce point, Ernest lui donne raison dans une lettre datée du 3 juin 1910 :

> Je suis très touché de la façon dont vous appréciez les travaux du grand projet dont nous nous occupons, et moi aussi je veux que ce soit un chef-d'œuvre incomparable, dont j'attends un honneur beaucoup plus grand que celui que je viens d'obtenir. Quelle tâche intéressante que de s'occuper d'un pareil ensemble de beaucoup le plus important qui ait été imaginé par un architecte. J'ai en tout cas la volonté de le faire aboutir, et de présenter un projet tout à fait hors pair.

Ernest semble désormais véritablement impliqué dans le projet. Mais à mesure que le plan s'agrandit, la folie des grandeurs d'Hendrik s'accroît. Insatiable, le sculpteur continue d'enrichir le programme en multipliant les requêtes les plus extravagantes auprès de son architecte. Il souhaite notamment que la façade du bâtiment des Beaux-Arts soit ornée d'une centaine de sculptures de personnages illustres. Hendrik demande également à Ernest de réaliser une étude comparative internationale de ce qui a été récemment construit de meilleur dans le monde en matière de musées, de théâtres, d'écoles des Beaux-Arts et de jardins zoologiques. Sa mégalomanie semble inextinguible.

> Il serait d'une grande utilité de recueillir les plans des principaux bâtiments distribués dans les différentes villes des différents pays, pour démontrer ensuite dans la publication, d'une façon simple et logique, que notre projet n'est pas un idéal tombé du ciel, mais que ce qui existe de mieux en chaque genre a été bien considéré, et pour démontrer les avantages, basés sur une juste comparaison, d'une concentration telle que celle que nous proposons.

Ernest obtempère. Il se procure des ouvrages sur le palais de la Paix de La Haye, le plan détaillé du Grand Palais de Paris, une présentation de théâtres allemands, les plus récents concours d'architecture, ainsi que des renseignement sur les bâtiments de style Beaux-Arts en construction aux États-Unis.

6

Le 8 juillet 1910, Olivia reçoit un télégramme l'informant que sa sœur Louisa vivant à Paris doit être opérée en urgence à l'hôpital américain. Elle embarque à bord d'un train pour la France.

À son arrivée, elle adresse un télégramme à Ernest. Ce dernier la reçoit dans son agence quelques jours plus tard. Au quatrième étage du numéro 23 de la rue Jacob, Olivia découvre des bureaux lumineux équipés de tables à dessins couvertes de grandes feuilles. Aux murs, le grand prix de Rome a fait accrocher de belles aquarelles représentant des monuments antiques. Les dessinateurs de l'agence manifestent la plus grande déférence à l'égard d'Ernest, ce qui étonne beaucoup Olivia. Elle ne comprend pas qu'un homme comme lui, « sans génie », puisse faire l'objet d'autant d'égards.

Ernest présente à Olivia les dernières avancées du plan. La chose faite, il lui confie : « J'ai demandé à mes dessinateurs de ne parler à personne de notre projet pour le moment car je dois vous avouer qu'il continue de m'inquiéter… » Ces doutes exaspèrent l'Américaine.

7

Au cours de l'été, Ernest accepte l'invitation de ses clients à venir prendre quelques jours de congé dans la résidence qu'ils louent à Saltino, un hameau rattaché à la commune de Reggello en Toscane. Suite à la construction en 1892 d'une voie ferrée de huit kilomètres reliant la gare de Sant'Ellero à Saltino – une ligne aujourd'hui disparue –, ce lieu est devenu au tournant du XIXe et du XXe siècle un site touristique prisé pour sa fraîcheur estivale et sa proximité avec Florence. « C'est un endroit charmant parmi les bois de sapins dans les montagnes », assure Hendrik dans une lettre. Ernest y pose ses valises le 16 septembre 1910.

Le lendemain, il fait une promenade dans les bois en compagnie d'Hendrik. Ses échanges avec les Andersen sont amicaux, mais Ernest s'inquiète. Bien que le plan du centre international soit maintenant assez avancé, le Français continue de douter de sa pertinence. « Est-ce que vous réalisez le coût d'un seul des bâtiments de ce projet ? » demande-t-il aux Andersen lors d'un repas, pour la énième fois. Agacés, Olivia et Hendrik constatent que malgré les années, leur architecte demeure toujours aussi sceptique.

Ernest pense que ce centre international pourrait être l'occasion pour lui de développer des idées neuves en architecture, mais la démesure et l'extravagance du projet l'effraient. Il a déjà compris que son travail allait être montré aux États-Unis, en France, en Italie, et partout ailleurs. En associant son nom à celui d'Hendrik Andersen, Ernest craint de se couvrir de ridicule à Paris.

En outre, le prix de Rome redoute de présenter au public des édifices grandiloquents ou insuffisamment travaillés. « Pour bien étudier un projet d'une telle grandeur, il faut du temps », répète-t-il à ses clients. Or, ce temps, Ernest ne l'a pas puisqu'il travaille à d'autres desseins avec l'argent des Andersen. Par conséquent, l'architecte tente maladroitement de raisonner le couple avec les mêmes arguments qu'il invoque en vain depuis maintenant quatre années.

Lors d'un autre repas, Ernest confie aux Andersen :

> Je sais que nous nous sommes mutuellement promis de ne parler du plan à personne pour le moment, mais je dois

> vous avouer que j'ai enfreint notre règle afin d'en présenter les grandes lignes à mon directeur, l'architecte Jean-Louis Pascal. Pascal est un homme d'expérience, il est très respecté à Paris. Il m'a assuré que notre projet était d'un grand intérêt architectural. J'ai été agréablement surpris par tout ce qu'il m'a dit. Selon Pascal, ce plan pourrait être une belle opportunité pour le développement de l'architecture. Cela m'a beaucoup touché.

Olivia foudroie Ernest du regard. Pourquoi est-il allé solliciter l'avis de Jean-Louis Pascal ? « Parce qu'il ne croit décidément pas à ce projet pour lequel nous le payons depuis quatre années », constate Olivia, amère. Olivia tient Ernest pour un lâche, un timoré, un artiste mineur obnubilé par l'argent et sa carrière. « Hendrik a bien du courage et de la patience de diriger Hébrard », écrit-elle dans son journal.

Au terme de leur séjour à Saltino, Olivia, Hendrik et Ernest se rendent à Florence en automobile. Le Français guide les Américains dans la basilique Santa Trinita afin qu'ils puissent admirer les fresques de Domenico Ghirlandaio et la tombe de l'évêque Federighi réalisée par Luca della Robbia. Cette tombe, Ernest l'a étudiée pour l'un de ses envois de Rome. Les trois passionnés d'art visitent ensuite la galerie des Offices.

8

Le 23 septembre 1910, Ernest se trouve en compagnie des Andersen lorsqu'on lui apporte un télégramme. Depuis l'appartement romain de ses clients, il apprend qu'un projet réalisé par son agence – un « asile d'aliénés » – a été présélectionné pour un concours d'architecture. Il annonce la bonne nouvelle à ses clients, puis les informe qu'il doit rentrer précipitamment en France afin de défendre ce projet devant un jury.

Olivia et Hendrik comprennent que l'architecte qu'ils paient généreusement depuis des années continue, malgré ses dires, de travailler à d'autres chantiers en parallèle. Pour Olivia, la coupe est pleine. Elle le dit sèchement à Ernest, ce qui le met en colère. Une dispute s'ensuit.

« Je vous en prie, tâchez de comprendre ! s'agace Ernest. Pour moi, ce concours représente une belle opportunité. Cet asile pourrait me rapporter vingt mille francs. »

Olivia dévisage le Français avec une moue dédaigneuse.

« Ne vous paie-t-on pas assez ? Vous prétendez avoir besoin de temps, de toujours plus de temps. Mais vous savez parfaitement trouver le temps de travailler à autre chose !

— Puisque vous me posez la question, je vais vous répondre. Non, vous ne me payez pas assez ! Vous me faites le reproche d'avoir participé à ce concours d'architecture. Mais réalisez-vous le travail considérable que vous me demandez de fournir ? Je dois réaliser une grande œuvre. Par conséquent, j'ai besoin de temps. Savez-vous combien gagne l'architecte Daniel Burnham pour étudier le plan de reconstruction de Chicago ? Cent mille dollars par an ! »

À cet instant, Hendrik sort de sa réserve et s'interpose. Comme à son habitude lorsqu'il s'adresse à Ernest, il adopte un ton calme et souverain.

« Hébrard, tout cela ne m'intéresse pas. En ce qui me concerne, je ne m'implique pas dans ce projet pour en espérer un gain pécuniaire. Je vous l'ai dit depuis le début : la rémunération financière pour ce travail sera maigre. Si votre rémunération mensuelle ne vous suffit pas, j'en suis navré car c'est tout ce que nous pouvons vous donner. Je n'ai rien de plus à vous offrir. Et si vous pensez vraiment que nous ne vous payons pas assez, je serais extrêmement déçu d'avoir à me séparer de vous, mais je le ferais car je dois avancer afin de réaliser ce projet.

— J'ai reçu le grand prix de Rome, et la médaille d'Honneur du Salon, proteste Hébrard.

— Et alors ? lui rétorque Hendrik.

— Je viens d'être sélectionné pour ce concours et c'est une excellente nouvelle. Cela prouve que je suis le meilleur. Allez donc proposer votre projet à un architecte aux États-Unis, et vous verrez combien cela vous coûtera. Vous réaliserez de cette manière que je ne fais aucun gain financier sur ce projet, et que vous ne trouverez ni meilleur ni moins cher que moi. Personne ne vous dessinerait une chose pareille pour moins de cent mille dollars. Et puis, vous savez bien que vous faites tout cela pour rien. Ce projet est parfaitement insensé, il ne sera jamais construit ! »

Hendrik s'avance lentement vers l'architecte. Le sculpteur marque un silence d'autorité, puis reprend d'une voie calme :

« J'ai compris, Hébrard. J'ai compris que nous sommes arrivés au point où vous devez faire votre vie et vous trouver une situation qui puisse vous assurer des revenus confortables. C'est vrai, je ne suis pas en mesure de vous payer le salaire de Daniel Burnham. Vous avez cependant accepté tous mes chèques depuis quatre ans. Et durant quatre années, vous avez continuellement travaillé à ce qui était le plus avantageux pour vous, en plaçant notre projet au second plan. Souvenez-vous… Il y a eu le palais Dioclétien de Spalato. Maintenant, c'est le concours de l'asile d'aliénés. Spalato a considérablement interféré dans nos plans. Et je subodore qu'avec ce concours, ce sera la même chose. Je ne veux pas être un poids mort pour votre carrière, je comprends que vous préfériez travailler à ce qui est le plus lucratif. Si vous pensez qu'il est préférable d'abandonner le développement du centre international, je le comprendrai et je trouverai quelqu'un d'autre pour vous remplacer.

— Vous ne trouverez personne en Amérique ayant mon expérience. Personne qui puisse faire aussi bien que moi.

— Je le sais bien, Hébrard, je le sais bien. C'est pourquoi cela me peinerait de me séparer de vous. Mais le centre international doit être bâti, avec ou sans vous, et je dois trouver le moyen de faire avancer les choses. »

Furieux, Ernest part boucler sa valise. Il est encore temps pour lui de prendre l'express à destination de Paris.

Hendrik le raccompagne jusqu'à la gare. Aucun mot n'est échangé au cours du trajet.

Sur le quai, Ernest, renfrogné, semble hésiter à dire quelque chose. Hendrik le devance : « Bon voyage, Hébrard. Prenez le temps de réfléchir à ce que je vous ai dit. Si vous nous quittez, je le comprendrais. Mais de grâce, décidez-vous enfin. »

CHAPITRE VIII

La révélation

(Automne 1910)

1

Pourquoi Ernest a-t-il mené jusqu'à son terme le projet architectural des Andersen ? Pour tenter de résoudre cette énigme il faut se plonger dans sa correspondance avec les Andersen, et recourir au journal intime d'Olivia. La bibliothèque du Congrès de Washington conserve la version originale de cette source constituée de soixante-six cahiers. Le musée Andersen de Rome n'en détient en revanche qu'une transcription dactylographiée, supervisée par Hendrik en vue d'une publication finalement avortée. Cette copie du journal d'Olivia présente des variations par rapport au texte original. Des noms, des phrases, des paragraphes, voire des pages entières en ont été caviardés.

Conversations rapportées au mot près, descriptions minutieuses de scènes déterminantes : le journal d'Olivia regorge d'informations utiles. Elle y relate tous les épisodes cruciaux de sa vie, ainsi que ceux du développement de la cité idéale. La prudence impose cependant de consulter ce journal avec un recul critique, faute de quoi, le chercheur prend le risque d'adopter le point de vue biaisé d'Olivia sur Ernest.

C'est ce que j'ai découvert en dialoguant avec l'universitaire taïwanais Rémi Wei-Chou Wang, professeur d'architecture à l'Université nationale des sciences et des technologies de Taipei. Lorsqu'il étudiait à Paris, dans les années 1990, Wang a rédigé deux mémoires de recherche. L'un traite de l'œuvre d'Ernest Hébrard dans l'ancienne Indochine française, l'autre, du Centre mondial de communication.

Au mois de juin 2017, Wang m'a donné rendez-vous au sein de la Cité internationale universitaire de Paris. Devant le Pavillon suisse, le visage dissimulé par son appareil photographique, il m'a confirmé ce que je pressentais :

> Il y a une vingtaine d'années, à Rome, j'ai consulté la transcription du journal intime d'Olivia Andersen. Cela m'a permis de comprendre qu'Ernest Hébrard ne pensait qu'à l'argent, et que c'est pour cette raison qu'il a dessiné le Centre mondial de communication. L'argent, l'argent, l'argent… Avec la gloire et la carrière, il n'y a que cela qui comptait pour lui. Auprès des Andersen, Hébrard a passé son temps à réclamer des augmentations, des chèques, des délais supplémentaires.

On pourrait légitimement reprocher à Ernest son attitude vis-à-vis des Andersen entre 1906 et 1910, quatre années durant lesquelles il a accepté tous leurs chèques en feignant de s'intéresser à leur projet. Néanmoins, la suite de cette histoire montre que le journal d'Olivia ne constitue pas une source fiable pour se faire une opinion sur les motivations réelles d'Ernest Hébrard. En effet, le Français n'a pas satisfait à ses engagements pour des raisons exclusivement pécuniaires.

2

Les attentes des Andersen et d'Hébrard s'opposaient radicalement. Pour les deux Américains, le rôle d'Ernest consistait d'abord à obéir à Hendrik, en l'assistant dans la conception de son projet architectural. Par conséquent, Ernest devait accepter qu'Hendrik, bien qu'inculte en architecture, le dirige comme s'il était son maître, ce que le Français feignit d'accepter avec plus ou moins de subtilité et d'humour en fonction des situations. Pour toutes ces raisons, la relation au sein du trio a été émaillée de scènes cocasses, de tensions, de désaccords, voire de querelles.

Olivia considérait Hendrik comme un génie incomparable et ne pouvait souffrir qu'Ernest ose, de temps à autre, se moquer gentiment de ses idées mégalomanes. Dans son journal, elle cite Ernest parlant l'anglais en reproduisant ses propos phonétiquement, afin de souligner ses fautes de grammaire et son accent français. Olivia et Hendrik utilisaient des sobriquets pour se moquer de leur architecte en son absence. Le plus fréquent était « by Jove », une interjection surannée signifiant « parbleu », « diantre » ou « par Jupiter ! » qu'Ernest employait lorsqu'il parlait anglais. Sur certaines cartes postales qu'il a adressées amicalement aux Andersen, ces derniers ont glissé des commentaires fielleux.

Ernest, pour sa part, affichait ostensiblement son athéisme, ce qui exaspérait Olivia. Lorsque les Andersen discutaient avec lui de spiritualité, le Français leur répondait sur le ton de la boutade : « Ma religion, c'est l'architecture. » Olivia jugeait offensant et vulgaire ce propos sans importance.

À tout cela, il faut ajouter le fait qu'Ernest ne s'est jamais émerveillé du travail artistique d'Hendrik. Toutes les fois où il a visité son atelier, il n'a adressé au statuaire que des compliments convenus sans percevoir le sens de son travail, preuve pour Olivia qu'Ernest ne comprend pas la nature profonde des chefs-d'œuvre. Olivia considère que tout ce qu'Ernest a réalisé de remarquable pour le Centre mondial de communication n'est dû qu'à Hendrik et à lui seul.

Il est incontestable qu'Ernest a beaucoup louvoyé avec les Andersen. L'architecte s'est retrouvé pris en étau entre, d'une part, son envie de travailler et d'honorer la commande de ses premiers véritables clients, et, d'une autre, sa répulsion pour l'exubérance de leur projet, associée à la peur de se couvrir de ridicule. Pour comprendre ce qui l'a finalement décidé à s'engager, il faut remonter au 10 octobre 1910, et à ce qu'il s'est passé de déterminant à Londres ce jour-là.

3

En 1910, dans le vocabulaire des architectes français, les mots « urbanisme » et « urbaniste » ne se sont pas encore imposés. Ces vocables ne commenceront à se répandre qu'à partir de l'année suivante, en 1911, avec la création de la Société française des architectes urbanistes (SFAU) présidée par Eugène Hénard (1849-1923). Sur la liste des membres fondateurs, aux côtés d'une dizaine d'architectes, on trouve le nom d'un certain « Hébrard, Ernest ». Trois autres créateurs de la SFAU, les architectes Alfred Donat Agache, Marcel Auburtin et Édouard Redont, présenteront leur définition de l'urbanisme dans un ouvrage publié au cours de la première guerre mondiale : *Comment reconstruire nos cités détruites. Notions d'urbanisme s'appliquant aux villes, bourgs et villages.*

> L'Urbanisme touche à toutes les questions qui intéressent les villes : circulation, hygiène, esthétique. L'Urbanisme est une science et un art. Il exige de ses praticiens des connaissances précises et une compétence spéciale, mais ces qualités ne seraient pas suffisantes si elles n'étaient vivifiées par le talent et l'intuition.
>
> L'ingénieur fournira des solutions logiques, l'architecte saura orner la ville de constructions nobles ou pittoresques ; mais il est réservé à l'Urbaniste de coordonner toutes ces valeurs dans une conception d'ensemble, en un mot de faire un *beau plan.*

Au cours de la première moitié du XIXe siècle, suite à l'arrivée massive de paysans sans travail dans les villes, les loyers augmentent, les salaires diminuent et l'habitat précaire connaît une croissance dramatique. Du fait de l'industrialisation, les grandes cités se remplissent de populations de plus en plus misérables. L'historien des techniques et de l'urbanisme Lewis Mumford évoque ces bouleversements dans *La Cité à travers l'histoire* (1961) :

> De 1820 à 1900, l'aire des grandes cités affecte l'aspect désordonné et bouleversé d'un champ de bataille. Les travaux de construction dépendent dorénavant des initiatives des banquiers, des industriels et des inventeurs de nouveaux procédés techniques. Ce sont eux qui furent responsables du meilleur comme du pire, et qui fondèrent un nouveau type de cité que Dickens devait nommer dans *Les Temps difficiles* « la ville carbonifère » (*Coketown*). En fait, toutes les cités du monde occidental portent encore, de façon plus ou moins distincte, la marque de cet archétype. Le courant d'industrialisation du XIXe siècle, dans son élan d'une formidable puissance, devait aboutir à la formation du plus laid et du plus malsain de tous les milieux urbains, où les quartiers aristocratiques eux-mêmes allaient devenir inconfortables et surpeuplés.

Herman Melville a transcrit ses souvenirs de l'année 1839 – il était alors âgé de vingt ans – dans un roman intitulé *Redburn. Sa première croisière, confessions et souvenirs d'un fils de famille engagé comme mousse dans la marine marchande* (1849). Dans ce livre, Melville décrit l'extraordinaire prospérité du port de Liverpool, mais aussi ses bas-fonds où, dans la plus parfaite indifférence, des mères de famille meurent de malnutrition, de froid et de maladie, seules dans des caves, leurs enfants dans les bras. En 1851, Victor Hugo assiste à des scènes semblables dans des caves de Lille. À cette période, les prolétaires des pays industrialisés manquent d'une nourriture saine et équilibrée autant que d'air et de lumière. Leurs quartiers insalubres constituent autant de foyers d'épidémies de fièvres typhoïdes, de choléra et de variole.

Dans leur étude intitulée *Nantes au XIXe siècle* (1835), les docteurs Ange Guépin et Eugène Charles Bonamy expliquent pourquoi la mortalité des quartiers pauvres de leur ville est six fois supérieure à celle des quartiers riches.

> Si vous voulez savoir comment le peuple se loge, allez par exemple à la rue des Fumiers ; qui est presque exclusivement occupée par cette classe ; entrez, en baissant la tête, dans un des cloaques ouverts sur la rue et situés au-dessous de son niveau. Il faut être descendu dans ces allées où l'air est humide et froid comme dans une cave, il faut avoir senti son pied glisser sur le sol malpropre et avoir craint de tomber dans cette fange, pour se faire une idée du sentiment pénible qu'on éprouve en entrant chez ces misérables ouvriers.
>
> De chaque côté de l'allée, qui est en pente, et par conséquent au-dessous du sol, il y a une chambre sombre, grande, glacée, dont les murs suintent une eau sale ; recevant l'air par une espèce de fenêtre demi-circulaire, qui a deux pieds dans sa plus grande élévation. Entrez, si l'odeur fétide qu'on y respire ne vous fait pas reculer. Prenez garde, car le sol inégal n'est ni pavé ni carrelé, ou les carreaux sont recouverts d'une si grande épaisseur de crasse qu'on ne peut nullement les apercevoir. Et voyez ces trois ou quatre lits mal soutenus et penchés, à cause que la ficelle qui les fixe sur leurs supports vermoulus n'a pas elle-même bien résisté. Une paillasse, une couverture formée de lambeaux frangés, rarement lavée, parce qu'elle est seule ; quelquefois des draps, quelquefois un oreiller, voilà le dedans du lit. Des armoires, on n'en a pas besoin dans ces maisons – souvent un métier de tisserand et un rouet complètent l'ameublement.
>
> Les enfants de cette classe, jusqu'au jour où ils peuvent, moyennant un travail pénible et abrutissant, augmenter de quelques liards la richesse de leurs familles, passent leur vie dans la boue des ruisseaux. Ce sont eux qui vous font peine à voir, pâles, bouffis, étiolés, avec leurs yeux rouges et chassieux, comme une autre nature auprès de ces jolis enfants si roses, si sveltes, qui folâtrent sur le cours Henri-IV.

Réformateurs sociaux, médecins hygiénistes, militants du mouvement ouvrier, économistes, prêtres, députés, artistes : au cours du XIXe siècle, de nombreuses voix s'élèvent pour dénoncer les conditions d'existence des plus pauvres dans les sociétés industrielles, attirer l'attention sur les questions urbaines et sociales, et poser les bases de l'urbanisme moderne. Étienne Cabet, Victor Considérant, Charles Fourier, Jean-Baptiste André Godin, Pierre-Joseph Proudhon, Robert Owen, Karl Marx, Friedrich Engels, Pierre Kropotkine : qu'ils se revendiquent de l'utopie ou affirment au contraire vouloir la dépasser, tous ces théoriciens entendent transformer le monde en lui donnant de nouvelles bases. Selon Michel Ragon, « ils ont à la fois donné à la société industrielle sa morale et sa religion (la religion et la morale technocratique) et ses anticorps (le socialisme, l'anarchisme) ».

À la même période, les élites libérales comprennent elles aussi que pour résoudre les grands maux de la vie citadine, il leur faut développer des modèles d'urbanisme capables de les résorber. Un exemple éloquent est celui de Paris sous le Second Empire. Influencé par les idées du saint-simonisme, Louis-Napoléon Bonaparte publie *De l'extinction du paupérisme* en 1844, organise son coup d'État le 2 décembre 1851, puis devient l'empereur Napoléon III un an plus tard. L'année suivante, il lance avec le préfet de la Seine, le baron Haussmann, les grandes transformations de Paris qui métamorphosent la capitale alors peuplée d'un million d'habitants. Les îlots d'habitation insalubres sont détruits, des sociétés de promotion immobilière s'emparent des terrains et y bâtissent des logements bourgeois. En même temps qu'elles éradiquent le choléra, ces « politiques d'embellissement stratégiques » modernisent et sécurisent l'espace urbain au profit des possédants. Le baron Haussmann théorise le fait que les grandes lignes droites qu'il trace dans la ville permettront, à l'avenir, de réprimer efficacement les révoltes populaires.

> Dégager les grands édifices [...] de façon à leur donner un aspect plus agréable à l'œil [...] et une défense plus aisée dans les jours d'émeutes [...]. Assurer la tranquillité publique par la création de grands boulevards qui laisseraient circuler non seulement l'air et la lumière, mais les troupes et, par une ingénieuse combinaison, rendraient le peuple mieux portant et moins disposé à la révolte.

L'action hausmannienne fait cependant figure d'exception au milieu du XIXe siècle. Si les théories urbanistiques avancent à cette période dans les pays industrialisés, elles ne s'imposent pas encore dans les grandes villes modernes. Les Allemands ne commencent à développer des plans d'extension qu'à partir des années 1870. À Vienne, en 1889, l'architecte Camillo Sitte, dans son traité d'urbanisme, *L'Art de bâtir des villes*, plaide en faveur d'une prise en compte de l'histoire dans les réflexions urbanistiques. Otto Wagner publie sept ans plus tard *Architecture moderne* (1896), un ouvrage révolutionnaire préconisant de recourir à de nouveaux styles, de nouveaux matériaux et de nouvelles techniques de construction afin de rompre avec l'architecture de la seconde moitié du XIXe siècle. Wagner étend ensuite sa réflexion à la ville moderne en réalisant un plan de réaménagement de la capitale autrichienne.

En 1898, l'urbaniste britannique Ebenezer Howard publie *Les Cités-Jardins de demain*. Howard cherche à inventer une troisième voie urbaine qui ne soit ni la ville, ni la campagne. Il rêve de bâtir des cités-jardins circulaires bordées de terres agricoles, dont la population n'excéderait pas trente-deux mille habitants, et la superficie, quelques kilomètres carrés. Letchworth, la première cité-jardin d'Angleterre, est dessinée en 1903 par les architectes et urbanistes Richard Barry Parker et Raymond Unwin.

Au début des années 1900, un consensus international commence à se dessiner parmi les architectes : les problèmes urbanistiques et architecturaux des grandes villes sont attribués à une planification défectueuse, ainsi qu'au manque de soutien et de compréhension des pouvoirs politiques. C'est durant cette période que les nouvelles théories urbanistiques commencent à être appliquées. Mais elle le sont inégalement selon les pays, d'autant que les revues et ouvrages sur le sujet restent rares.

Un événement s'apprête toutefois à insuffler un élan sans précédent à l'urbanisme moderne : la tenue de la « Town planning conference », un grand colloque international consacré à ces questions, qui se tient à Londres du 10 au 15 octobre 1910. Il rassemble près de mille quatre cents participants venus du monde entier, parmi lesquels les plus brillants architectes et ingénieurs de la planète, ainsi que les administrateurs municipaux des plus grandes villes du globe. Simultanément se tient la plus importante exposition d'urbanisme jamais organisée au sein de la Royal Academy.

4

Lorsqu'il arrive à Londres afin de participer à l'événement, Ernest Hébrard continue de douter du projet des Andersen. Doit-il écouter les conseils de son supérieur de la Bibliothèque nationale, Jean-Louis Pascal, qui l'encourage à poursuivre son travail ? Se contenter de duper les Andersen, en leur adressant de temps à autre des dessins de pompeux palais ? Ou opter pour la prudence en abandonnant ses clients américains à leurs rêveries fabuleuses ?

Ernest hésite entre son envie de développer des idées neuves et ses peurs liées à la démesure du projet. Il sait que pour être réussi, celui-ci nécessiterait une charge de travail colossale.

Formé à l'école des Beaux-Arts de Paris, Ernest a reçu une formation classique en un temps où l'urbanisme n'était pas encore considéré comme une discipline académique : personne ne lui a enseigné l'art de dessiner des villes. Comme tant de ses pairs présents à Londres, Ernest est un authentique pionnier.

Toute la semaine du 10 octobre 1910, Ernest loge au Charing Cross Hotel. Il participe aux conférences, s'inscrit à une excursion afin de visiter la cité-jardin de Letchworth, s'entretient avec ses confrères… La première journée du colloque est consacrée à l'urbanisme des temps anciens ; la deuxième, aux villes actuelles ; les deux dernières, aux « cités de l'avenir ».

Au cours d'une conférence consacrée à la ville du futur, Eugène Hénard, qui fondera quelques mois plus tard la Société française des architectes urbanistes, préconise des solutions telles que la séparation stricte des fonctions urbaines, et la construction de rues à étages multiples. Hénard imagine des chaussées et des trottoirs élevés au-dessus du sol afin de faciliter, aux niveaux inférieurs, l'accès aux canalisations, aux câbles, ainsi que la circulation des métros et trains de marchandises ou de déchets. Il prédit que l'aéroplane se perfectionnera et se démocratisera prochainement dans les grandes villes.

> De même que l'homme vient d'imiter l'oiseau planeur, il n'est nullement invraisemblable qu'il n'arrive à imiter l'insecte […]. On peut concevoir, en effet, un aéroplane léger, muni d'hélices de sustentation ajoutées à l'hélice de propulsion, et pouvant presque s'immobiliser dans l'air, au-dessus d'un point

> déterminé, comme l'abeille s'immobilise devant la fleur où elle va se poser.

Hénard imagine que ces « aéroplanes abeilles » – des hélicoptères – pourraient se poser sur les toits des bâtiments du futur. À l'aide d'un monte-charge installé dans des immeubles haussmanniens, il soutient que l'on pourrait entreposer ces engins volants dans des garages en sous-sol. Si l'idée peut aujourd'hui prêter à sourire, elle résume à elle seule l'atmosphère optimiste et enjouée du colloque londonien.

5

Admiratif de l'exposition et des conférences, Ernest Hébrard apprécie l'esprit de saine émulation internationale qui règne au cours de ces journées. Depuis sa chambre d'hôtel, il adresse une lettre enthousiaste à Hendrik.

> L'exposition est extrêmement intéressante et je ne regrette pas d'avoir eu l'idée d'y venir. Il y a là rassemblé tout ce qui a été fait jusqu'ici dans la voie du *Town Planning*, c'est-à-dire du groupement de monuments dans une ville de manière à la rendre agréable et pratique.
>
> Les Allemands et les Anglais sont en ce moment à la tête de ce mouvement. Ils s'aperçoivent que leurs villes sont horribles et ils cherchent par tous les moyens à les embellir. [...] Les États-Unis sont représentés par les *improvements of Washington* et le plan de Chicago [de Daniel Burnham]. Le premier travail, très consciencieux, est intéressant. Il serait à souhaiter de voir se réaliser l'idée du projet, qui est belle. Au point de vue architectural à part le plan il n'y a rien de bien remarquable dans la conception des monuments, qui, du reste, ne sont représentés que très vaguement. Quelques perspectives sont bien rendues. Cet ouvrage comprend environ 25 dessins dont le plan seul présente une assez grande surface.

> Le travail de Burnham est plus important, il comprend 60 dessins, mais pas très grands en dimension. En général son étude ne me semble pas sérieuse au point de vue artistique, ses dessins d'architecture ne sont pas étudiés suffisamment, quant à ses perspectives rendues en général par Jules Guérin, je leur reproche trop d'effets particuliers ne rendant pas assez compte du caractère architectural du projet. [...] En résumé effort très intéressant, mais œuvre imparfaite, surtout sous le rapport de l'Art. La façade du grand monument *civic center* est pour moi une caricature, et cela se juge encore mieux en dessin qu'en reproduction dans le livre.
>
> J'ai encore vu d'autres choses intéressantes, des projets de concours pour l'agrandissement de Berlin, des plans de Vienne, etc. Enfin tout le local de la Royal Academy qui contient l'exposition annuelle du Salon Anglais est rempli par cette exposition d'Architecture, qui est ce que j'ai vu jusqu'ici de plus important comme effort dans notre art.

L'architecte américain Daniel Burnham (1846-1912), l'une des vedettes de la conférence de Londres, a réalisé le plan de restructuration urbaine de Chicago. En 1909, sa publication a eu un retentissement considérable dans le monde de l'architecture. En critiquant le travail de Burnham, Ernest exprime implicitement l'idée qu'il pourrait être capable de faire mieux que lui.

À Londres, en découvrant les plus récentes avancées en matière d'urbanisme, Ernest a une révélation : il comprend qu'il pourrait se tirer avantageusement de la commande exubérante des Andersen en concevant un plan novateur et éblouissant. Une fois publiés, songe-t-il, ce plan et ces dessins pourraient lui permettre de s'imposer comme un urbaniste de renommée mondiale.

Ernest pense que le projet des Andersen n'a aucune chance d'aboutir. Cependant, à son retour à Paris, il ne le perçoit plus de la même manière car il ne doute plus de l'intérêt qu'il a à le réaliser. Ernest désire maintenant s'y atteler ardemment, et faire de cette cité idéale un chef-d'œuvre incomparable.

6

Dès le mois de novembre 1910, Ernest commande d'importantes quantités de papier, mobilise tous ses dessinateurs, et décuple son implication dans le projet des Andersen. Il est toutefois interrompu par deux activités auxquelles il ne peut se soustraire. La première est la réalisation d'une maquette du palais de Dioclétien de Spalato, qui doit être exposée d'ici quelques mois à Rome lors de l'Exposition internationale d'art de 1911. La seconde est une période de service militaire d'une huitaine de jours en Mayenne, dans le 26e régiment d'infanterie territoriale.

« La vie au grand air et à l'exercice me fait beaucoup de bien, et je m'amuse de me retrouver à la même caserne où j'ai passé une année il y a quatorze ans », raconte Ernest aux Andersen. Au cours de cette période sous les drapeaux, l'architecte décline la proposition de suivre une formation d'officier qu'il estime trop accaparante. Ernest préfère consacrer toute son énergie à l'architecture.

« Tout marche bien maintenant, il faut absolument aboutir », écrit-il, pressant, aux Andersen une fois de retour à la vie civile. Heureux de la détermination nouvelle de leur architecte, Olivia et Hendrik consentent à augmenter sa rémunération afin qu'il puisse recruter davantage de dessinateurs. Le 2 décembre 1910, ils sont cinq à travailler dans l'agence d'Ernest. L'architecte écrit à ses clients :

> Le travail est si vaste, si complexe et en même temps si élevé qu'il y a forcément des hésitations, des tâtonnements. Je suis forcé d'étudier des choses qui, peu importantes pour le public,

> montreront aux architectes que ce projet n'est pas une grande esquisse ou une généreuse idée peu approfondie.

Le 25 décembre 1910, il ajoute :

> Je suis de plus en plus enthousiaste de ce projet, je voudrais faire une chose parfaite et c'est difficile sur un problème aussi vaste. Mais la difficulté ne m'a jamais fait reculer, au contraire, je veux faire honneur à la tâche que j'ai entreprise, et je désire que plus tard vous vous rendiez compte que vous vous êtes bien adressés en me demandant l'étude de cette belle conception humaine pour laquelle vous faites de si grands sacrifices.
>
> Je suis dans une fièvre de travail, j'ai en ce moment huit dessinateurs et je ne néglige rien pour la bonne étude et le progrès de notre œuvre. Ce mois-ci et le mois prochain vont être assez lourds, je vous demanderai un chèque de 3 000 francs, désirant pousser à fond en ce moment qui doit donner de l'élan.

Cette lettre rassure les Andersen. Chose extraordinaire, Olivia reconnaît désormais des qualités à Ernest. Il est devenu à ses yeux « intelligent, ambitieux, capable, parfaitement éduqué dans sa profession, et loyal une fois son allégeance gagnée ».

Mi-janvier, les bâtiments des gymnases et les bains sont achevés. Quand Hébrard leur indique que, pour ces infrastructures grandioses, il s'est inspiré des thermes de Caracalla, les Andersen jubilent.

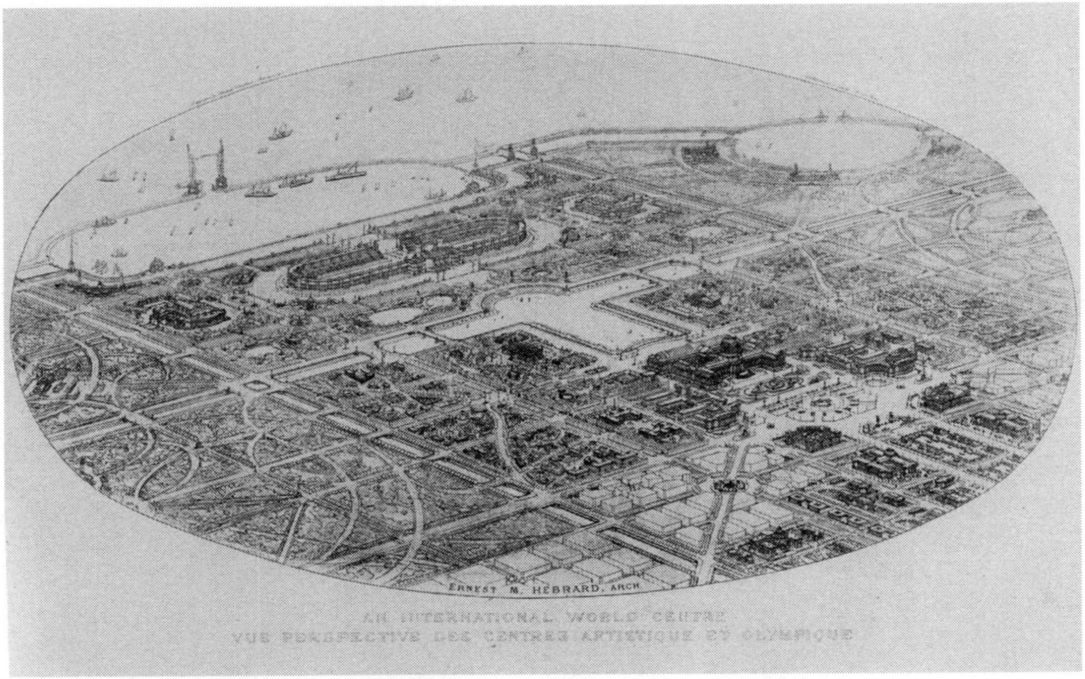

Vue perspective des Centres artistique et olympique

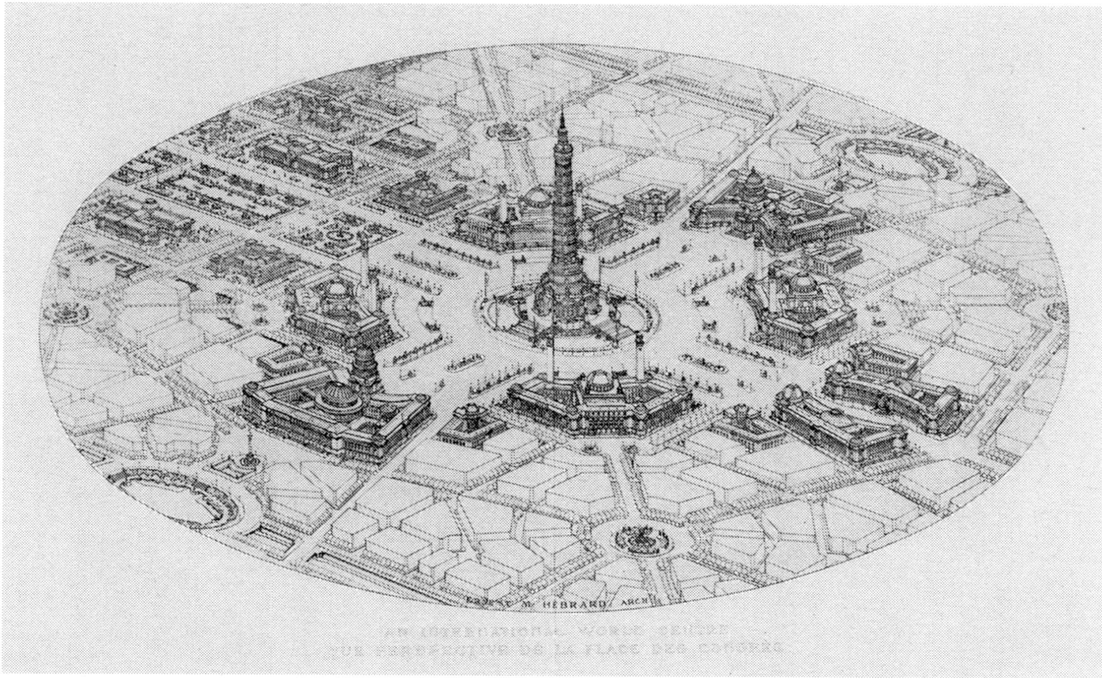

Vue perspective de la place des Congrès

7

Le 11 mars 1911, Olivia et Hendrik accueillent chaleureusement Ernest lorsqu'il arrive dans leur appartement romain, chargé d'imposants bagages. Les plans étant devenus trop volumineux – certains mesurent plus de quatre mètres de largeur –, il n'était plus possible de les expédier par la poste. Afin qu'ils puissent les admirer, Ernest les déroule fièrement sur la table du salon.

Musée des moulages, grande bibliothèque, façade du palais des Beaux-Arts, dessins détaillés de son dôme et de son entrée principale : « Hébrard a réalisé un excellent travail », reconnaît Olivia sans réserve. Les lignes des édifices sont épurées et majestueuses ; les volumes, très généreux. « Hébrard va de l'avant et donne le meilleur dont il est capable. Plus le temps passe, et plus il est absorbé par ce travail », se réjouit-elle.

Ernest est hébergé trois semaines chez les Andersen. Au cours de son séjour romain, il s'occupe des derniers préparatifs avant l'exposition de sa maquette du palais de Dioclétien. Il travaille également sur le grand plan avec Hendrik et visite son atelier de sculpture.

Avant de regagner Paris, Ernest accompagne Olivia et Hendrik à l'Exposition archéologique des Thermes de Dioclétien où sont exposés sa maquette et le vaste plan-relief de la Rome antique réalisé par son ami Paul Bigot, le grand prix de Rome d'architecture 1900. Ce *Plan de Rome*, de 50 m^2 à l'époque, sera retravaillé par Bigot tout au long de sa vie. Cette maquette s'inspire des dernières recherches archéologiques et topographiques, tout en répondant à la démarche artistique d'un urbaniste désireux de restituer une image intacte de la Rome de l'Antiquité. Sur un fond de vérité historique, cette œuvre onirique réunit l'objectivité archéologique et la mythologie.

Olivia Andersen, Helene Andersen, Hendrik Andersen
et Ernest Hébrard

Dans la salle d'exposition, Olivia, Hendrik et Ernest admirent côte à côte cette *Caput mundi* de plâtre. Soudain, Hendrik s'exclame : « Quelle œuvre magnifique ! Nous devons nous en inspirer pour le plan. »

8

À la fin du mois de mars 1911, Hendrik expose quatre groupes lors de l'Exposition internationale d'art de Rome. *Vie éternelle*, une sculpture d'hommage à Andreas, est présentée dans la pièce dédiée aux œuvres internationales. Trois autres statues tirées de la *Fontaine de vie* sont présentées sur la terrasse du palais des Beaux-Arts, non loin de l'entrée du bâtiment. Hendrik n'aurait pu rêver meilleur emplacement pour exposer ses œuvres. Néanmoins, ce lieu les met si bien en valeur que d'autres artistes s'en plaignent et tentent de les faire déplacer en multipliant les réclamations auprès des organisateurs. Afin de défendre Hendrik, Olivia se met à taper à la machine à écrire une série de courriers. Grâce à sa mobilisation, les grandes statues allégoriques d'Hendrik restent à leur place.

Les Andersen manifestent une attitude paradoxale par rapport au monde de l'art. Entièrement absorbés par leurs grandes conceptions idéalistes, ils ne fréquentent aucun cercle d'artistes, fuient délibérément la société, et vivent coupés du monde. Olivia et Hendrik revendiquent cette sécession avec le milieu des créateurs et celui de la bourgeoisie de leur époque. Ils ne rêvent que de rassembler l'humanité autour du « génie » d'Hendrik. C'est pourquoi ils exposent ses œuvres lors d'événements internationaux où, en vérité, personne ne les remarque.

9

« Mon cœur est plein de gratitude aujourd'hui », exulte Olivia le 16 mai 1911, jour de l'achèvement définitif de la *Fontaine de vie*. L'œuvre se compose de trente figures, seize nourrissons et deux chevaux. Des mouleurs allemands travaillant pour une fonderie ultra-moderne se rendent spécialement à Rome afin que les dernières statues de la *Fontaine de vie* puissent y être transportées et coulées en bronze. Olivia, germanophone, supervise en personne de bout en bout cette opération onéreuse et complexe.

Pendant ce temps, à Paris, l'agence d'Ernest bouillonne d'activité. En plus du grand prix de Rome d'architecture, neuf dessinateurs œuvrent quotidiennement au développement du projet. Ernest réclame plus d'argent à ses clients afin de maintenir une cadence de travail élevée. Les Andersen consentent à ces dépenses supplémentaires, mais ils s'impatientent. Ernest leur conseille de venir à Paris afin qu'ils puissent juger par eux-même de l'avancée du plan.

> Je comprends vos appréhensions au sujet de ce projet, et croyez bien que je suis moi-même ennuyé de vous avoir menés aussi loin. Mais ayez confiance en moi, cette œuvre devait être exécutée de cette façon pour être envisagée d'une manière sérieuse par les personnes auxquelles elle s'adresse. Pour la date du 23 octobre, je vous assure que le projet sera fini à cette époque. [...] Je tiens absolument à votre visite.
>
> En tout cas, je vous prie de croire que loin d'être fatigué du projet, j'en suis de plus en plus content, surtout maintenant que je le vois prendre une tournure définitive. Mais quel travail gigantesque, vous verrez le plan général, c'est tout un monde.

À leur arrivée dans l'agence d'Ernest le 26 mai, les Andersen trouvent six dessinateurs en plein travail et sont éblouis par la beauté des dessins qu'ils découvrent.

Une semaine durant, Hendrik étudie le projet aux côtés d'Ernest, valide ses plans, demande des retouches, propose des ajouts. À l'issue de ces séances de travail, Hendrik remet à Ernest un chèque de plusieurs milliers de francs afin qu'il puisse rémunérer une dizaine de dessinateurs durant plusieurs mois. En sortant de l'agence, Hendrik tient sous son bras des reproductions du plan provisoire et des études des principaux monuments du centre international.

Le lendemain, Olivia et Hendrik montent à bord d'un train en gare Saint-Lazare. À leur arrivée à Cherbourg, ils embarquent en première classe à bord de l'*Adriatic* de la White Star Line, un paquebot à destination de New York.

Hendrik Andersen et Ernest Hébrard
travaillant au 23 rue Jacob à Paris

CHAPITRE IX

Les pacifistes de Wall Street

(Été 1911)

1

Si deux utopistes se rendaient aujourd'hui à New York dans l'intention de dévoiler les plans d'une cité idéale à des personnalités du monde de l'argent, ils peineraient probablement à rencontrer ces individus réputés inaccessibles. Il y a un siècle, pourtant, au cours du mois de juin 1911, cet exploit s'est produit : des philanthropes pacifistes se sont intéressés au projet des Andersen et l'ont officiellement soutenu. Comprendre les raisons de ce succès implique de se remémorer le contexte dans lequel a émergé, au cœur des sociétés occidentales, le pacifisme dit « bourgeois ».

L'économiste libéral et prix Nobel de la paix 1901 Frédéric Passy (1822-1912) écrit dans son *Historique du mouvement de la Paix* (1904) : « C'est en Amérique, après les grandes guerres de l'Empire, vers 1814, que paraissent s'être constituées pour la première fois les Sociétés de la Paix. »

Au cours des années suivantes, des religieux et des intellectuels libéraux appartenant aux classes sociales les plus favorisées créent en Angleterre, aux États-Unis et en Suisse les premières sociétés pacifistes de l'ère moderne. Des quakers forment à Londres en 1816 la Société pour la promotion de la paix permanente et universelle, qui deviendra par la suite la puissante London Peace Society. William Ladd (1778-1841), un armateur et planteur américain opposé à l'esclavage ainsi qu'aux guerres entravant la liberté du commerce, souhaite l'instauration d'un Congrès des nations afin d'arbitrer à l'avenir les conflits militaires. Il fonde l'American Peace Society en 1828. Quant à l'érudit et philanthrope suisse Jean-Jacques de Sellon (1782-1839), défenseur de la liberté du commerce, et opposé à l'esclavage, il crée à Genève en 1830 la première société de paix européenne.

La Convention générale de la paix – premier rassemblement international pacifiste de l'histoire – se tient à Londres en 1843. Ses débats se caractérisent par leur forte tonalité religieuse, mais cette orientation s'estompe dès le deuxième Congrès international de la paix organisé à Bruxelles en 1848, au profit d'une ligne plus libérale. Des figures du libéralisme de la première moitié du XIXe siècle, comme l'industriel et homme politique britannique Richard Cobden (1804-1865) ou le pamphlétaire et député français Frédéric Bastiat (1801-1850), tous deux opposés aux politiques économiques protectionnistes, participent à cet événement en tant que délégués. L'année suivante, à Paris, lors du troisième congrès, Victor Hugo prononce un discours désormais célèbre prônant les « États-Unis d'Europe ».

À partir des années 1860, la grande famille des pacifistes s'élargit aux militants internationalistes du mouvement ouvrier. Ces derniers se réclament eux aussi de l'idéal de la paix universelle, mais remettent en cause les fondements mêmes de l'idéologie libérale. Anarchistes, socialistes et communistes critiquent la propriété privée des moyens de production au même titre que le militarisme des États-nations. Selon eux, lorsque l'armée d'un État réprime une grève au canon ou qu'elle s'engage dans une guerre coloniale, elle ne fait que servir les intérêts des classes dominantes.

Dès la seconde moitié du XIXe siècle, le mouvement pacifiste rassemble des internationalistes qui partagent un même idéal – la paix entre les nations –, mais dont les postulats s'opposent radicalement.

Deux grandes organisations pacifistes sont crées en 1867 : la Ligue internationale et permanente de la paix, basée à Paris, et la Ligue internationale de la paix et de la liberté, installée à Genève, qui organise dans la même ville, l'année de sa création, un Congrès de la paix et de la liberté. Il rassemble près de six mille participants représentatifs d'un large éventail d'opinions. On y croise des protestants et des catholiques dont les idées pacifistes découlent de leurs convictions religieuses, des économistes partisans du libéralisme tel que le Belge Gustave de Molinari (1819-1912), défenseur inconditionnel du libre-échange, le révolutionnaire et anarchiste russe Mikhaïl Bakounine (1814-1876), le patriote italien Giuseppe Garibaldi (1807-1882), plusieurs délégués de la Première Internationale, dont l'adresse inaugurale a été rédigée par Karl Marx (1818-1883), ainsi que Charles Lemonnier (1806-1891), un philosophe français saint-simonien figurant parmi les organisateurs du congrès, qui promeut pour sa part une « organisation fédérale de l'Europe » et dirige une publication au titre explicite : *Les États-Unis d'Europe*.

L'anarchiste James Guillaume (1844-1916) proclame depuis la tribune : « Pour établir la paix perpétuelle, il faut anéantir les lois qui oppriment le travail, anéantir tous les privilèges, et faire de tous les citoyens une seule classe de travailleurs. En un mot, accepter la révolution sociale avec toutes ses conséquences. » Ovationné par les pacifistes issus du mouvement ouvrier, Guillaume ne fait cependant pas l'unanimité. Certains pacifistes libéraux lui répliquent que pour bâtir la paix perpétuelle, il serait préférable d'œuvrer à la création des États-Unis d'Europe.

En dépit de la grande qualité intellectuelle des débats entre pacifistes, les conflits militaires se succèdent tout au long de la seconde moitié du XIXe siècle : guerre de Crimée (1853-1856), seconde guerre de l'opium (1856-1860), guerre de Sécession (1861-1865), intervention française au Mexique (1861-1867), guerre franco-prussienne (1870-1871)… Ces conflits marginalisent les discours pacifistes et fracturent durablement le camp libéral.

Des pacifistes « juridiques » s'entêtent malgré tout à dénoncer la guerre et le colonialisme. Ils appellent au développement du droit international, au désarmement des nations et à la résolution pacifique des conflits. Pour défendre ces idéaux, des députés libéraux et socialistes interviennent au sein des parlements, publient des revues, multiplient l'organisation de congrès internationaux. Hélas, ces parlementaires n'enregistrent aucun succès notable au sein des institutions étatiques occidentales.

D'autres pacifistes « bourgeois » s'organisent à l'échelle supranationale en s'impliquant dans des sociétés de charité privées et d'assistance aux militaires blessés. Henri Dunant (1828-1910), un homme d'affaires suisse à la tête d'une société coloniale exploitant des terres agricoles et des minoteries en Algérie, publie en 1862 *Un souvenir de Solférino*. Dans ce livre, Dunant relate l'horreur du champ de bataille de Solférino (24 juin 1859) qu'il a arpenté personnellement. Il y décrit l'épouvantable agonie de dizaines de milliers de blessés à qui personne n'est venu en aide. L'activisme de Dunant conduit à la naissance du Comité international de la Croix-Rouge (1863), puis à l'organisation de la première convention de Genève (1864). Le Comité sera présidé de 1864 à 1910 par Gustave Moynier (1826-1910), un juriste et philanthrope suisse issu d'une riche famille de Genève.

Il faut attendre les années 1890 pour que les idées pacifistes pénètrent l'opinion publique occidentale et accouchent d'un véritable groupe de pression transnational. Cette démocratisation des doctrines pacifistes se produit dans un contexte de rivalités croissantes entre les empires, alors que les gouvernements et états-majors européens étudient déjà la perspective d'une guerre mondiale. Dès lors, les congrès universels de la paix se font plus fréquents. De 1889 jusqu'à la première guerre mondiale, il se tient une vingtaine d'événements internationaux de ce genre.

En 1891, afin de rassembler et de coordonner les activités des multiples sociétés pacifistes à travers le monde, le Bureau international de la paix se constitue. Dès sa création, celui-ci s'impose comme la plus importante instance pacifiste de la planète. *Bas les armes !* (1889), le roman de l'Autrichienne Bertha von Suttner (1843-1914), la vice-présidente du Bureau international de la paix, connaît dès sa parution un succès mondial et devient un manifeste, tant pour le mouvement des femmes que pour celui de la paix.

Enfin, en 1899, dans un contexte géopolitique lourd d'incertitude, les pacifistes « juridiques » remportent leur première victoire avec l'organisation de la conférence de la paix de La Haye, aux Pays-Bas. L'événement sera suivi d'une autre édition, en 1907. Nombre d'idéalistes libéraux espéraient à l'époque que ces deux conférences accoucheraient d'une nouvelle organisation du monde. Ce ne fut pas le cas, comme on le sait. Ce n'est d'ailleurs pas par idéalisme pacifique que la Russie du tsar Nicolas II (1868-1918) proposa d'organiser la première conférence de La Haye, mais par souci d'échapper à une course aux armements ruineuse avec ses rivaux. Toutefois, en rassemblant pour la première fois un grand nombre de représentants des grandes nations, ces deux rencontres permirent un développement notable du droit international, ainsi que la création de la Cour permanente d'arbitrage de La Haye.

2

Au mois de juin 1911, lorsque les Andersen aperçoivent le flambeau de la statue de la Liberté depuis le pont de leur paquebot transatlantique, le quartier d'affaires de Wall Street compte lui aussi ses propres militants pacifistes.

Deux conceptions de la politique étrangère s'opposent alors dans le débat public américain. La première, nationaliste et « réaliste », est celle des républicains au pouvoir depuis 1897. Guerre hispano-américaine (1898), guerre américano-philippine (1899), mise en place du gouvernement militaire d'occupation de Cuba, interventions militaires au Nicaragua, en Colombie, en République dominicaine, au Panama, au Honduras : de 1897 à 1913, les présidences républicaines de William McKinley, Theodore Roosevelt et William Howard Taft marquent la naissance de l'impérialisme américain. Lors du déclenchement de la guerre hispano-américaine de 1898, des dirigeants de grandes entreprises se déclarent favorables au conflit et le promeuvent activement, notamment les magnats de la presse William Randolph Hearst (1863-1951) et Joseph Pulitzer (1847-1911). Afin d'exacerber les passions bellicistes et d'augmenter leurs tirages, Hearst et Pulitzer organisent délibérément la diffusion massive de fausses nouvelles dans leurs journaux.

Les guerres coloniales américaines ne font cependant pas l'unanimité au sein des milieux d'affaires. Certains financiers et industriels y sont opposés car ils redoutent que ces interventions nuisent à leurs intérêts. Défenseurs de l'internationalisme libéral et des arbitrages internationaux, ces géants de Wall Street prônent une autre doctrine : l'idéalisme.

Ces grands capitalistes américains financent le mouvement pacifiste international. Le plus prodigue d'entre eux est l'industriel Andrew Carnegie (1835-1919), l'inventeur de la philanthropie moderne. Sa vie durant, ce milliardaire a mené campagne contre le militarisme et dépensé des millions de dollars au service de ses idées politiques. Palais de la paix de La Haye, siège de l'Union panaméricaine de Washington, Cour de justice d'Amérique centrale du Costa Rica... Carnegie finance dans les années 1900 la construction des édifices les plus emblématiques de l'internationalisme libéral. Qualifiés en leur temps de « temples de la paix » par des journalistes complaisants, ces bâtiments étaient supposés œuvrer à la concorde universelle et au progrès de l'humanité.

Un autre entrepreneur américain joue à cette période un rôle tout aussi important que Carnegie dans la diffusion des idées pacifistes « bourgeoises » : l'éditeur multimillionnaire Edwin Ginn (1838-1914). Rien ne prédestinait Ginn, protestant ascétique et guindé aux fines lunettes cerclées de fer, pur produit de la haute société bostonienne, à s'engager en faveur d'une cause sociale ou politique. C'est à cinquante ans, en épousant en secondes noces une musicienne progressiste de vingt-cinq ans sa cadette, que Ginn est subitement devenu végétarien, pacifiste et défenseur de la cause animale.

En 1902, sa maison d'édition Ginn and Company lance une collection intitulée la « Bibliothèque internationale de la paix ». Ginn y publie des classiques tels que *La Guerre de l'avenir* de Jean de Bloch (1836-1902), un banquier, entrepreneur du rail et philanthrope pacifiste polonais, les discours d'Andrew Carnegie, *Vers la paix perpétuelle* (1795) d'Emmanuel Kant, ainsi que les mémoires de l'activiste pacifiste Bertha von Suttner.

Au même moment, Edwin Ginn fonde une École internationale de la paix, qui deviendra en 1910 la World Peace Foundation. Ginn finance cette fondation à hauteur d'un million de dollars, ce qui représente à l'époque une somme d'argent colossale.

Sincèrement dévoué à la cause pacifiste, Ginn propose à Carnegie de l'associer à ses efforts philanthropiques. Mais l'homme le plus riche du monde refuse. Il n'entend partager avec quiconque son auréole de bienfaiteur de l'humanité. À la suite de cet épisode, Carnegie fonde sa propre organisation : la désormais célèbre Fondation Carnegie pour la paix internationale.

3

À leur arrivée à New York, Olivia et Hendrik Andersen font la connaissance d'un homme d'affaires élégant et sympathique aux cheveux châtains peignés sur le côté. Âgé de quarante-cinq ans, ce juriste, banquier et entrepreneur du rail s'appelle Walter J. Bartnett. Bartnett n'est pas n'importe qui : ce touche-à-tout a supervisé la construction de grandes lignes de chemin de fer dans l'Ouest américain et présidé la Western Pacific Railroad. Parallèlement à ses affaires, il milite au sein de la World Federation League, une société de paix prônant le fédéralisme mondial. Bartnett a déjà publié un opuscule intitulé *The Federation of the World* (1906) dans lequel il préconise l'unification du monde par les infrastructures et le libre-échange. La World Federation League mène des activités de lobbying auprès de la classe politique afin que les États-Unis s'impliquent dans l'édification d'une organisation judiciaire mondiale, limitent leurs dépenses d'armement et participent à la création d'institutions internationales.

En ce 9 juin 1911, lorsque les Andersen dévoilent à Bartnett les plans de leur centre, le financier se montre enthousiaste. « Ce projet est audacieux, mais je le crois réalisable ! » affirme-t-il, en tapotant les dessins d'Hébrard du plat de la main. Afin que ce dessein séduise les industriels et les financiers adeptes, comme lui, du pacifisme libéral, Bartnett conseille aux Andersen d'adjoindre à leur projet plusieurs édifices : « Il vous manque une cour de justice internationale, une banque mondiale, et une école internationale de la paix », insiste-t-il.

Lors de la rencontre suivante, Bartnett présente à Hendrik plusieurs financiers membres de la World Federation League. Tous admirent les plans que leur dévoile le sculpteur. Profitant de l'occasion, Hendrik s'enquiert auprès de ces hommes d'expérience de la meilleure stratégie à adopter pour construire son centre. Au terme d'une longue conversation, ces grands capitalistes conseillent trois pistes à Hendrik. Premièrement, présenter ce projet à des hommes politiques américains de premier plan. La World Federation League se propose de les solliciter elle-même afin qu'Hendrik soit bien introduit à Washington. Deuxièmement, rencontrer les influents philanthropes pacifistes du moment, à commencer par le plus brillant d'entre eux, Edwin Ginn. Enfin, transformer ce projet en un programme de spéculation immobilière susceptible d'intéresser de riches investisseurs.

4

Galvanisés par ces rencontres prometteuses, les Andersen concluent que leur projet doit encore évoluer afin de devenir la capitale du monde. Olivia et Hendrik le pressentaient depuis longtemps, mais c'est au mois de juin 1911, à New York, qu'ils en prennent définitivement conscience. « Je ne sais pas quand et où notre idée sera réalisée, écrit Olivia dans son journal. Cependant je suis certaine que jamais un projet de capitale du monde ne sera conçu avec une dévotion aussi grande et un désir aussi puissant que le nôtre. »

Les deux semaines suivantes, Hendrik va et vient dans New York afin de présenter ses plans dans les cercles pacifistes de la ville, étayer son réseau et trouver de nouveaux soutiens à sa cause. Il parcourt ensuite des milliers de kilomètres en train à travers les États-Unis, seul ou accompagné d'Olivia. Il se rend à Chicago, où il dévoile son projet à des amis pacifistes de Bartnett, ainsi qu'à l'architecte Daniel Burnham. À Minneapolis, il rencontre le milliardaire T. B. Walker. À Philadelphie, il visite une exposition d'urbanisme et rencontre le fondateur d'un musée consacré aux progrès des transports à travers l'histoire.

Le sculpteur poursuit son périple en se rendant à Washington. Là, du 26 au 28 juin 1911, grâce au soutien de la World Federation League, Hendrik rencontre des sénateurs auxquels il présente ses plans. Depuis l'hôtel Willard où il séjourne, Hendrik écrit à Olivia :

> Il me semble que la plupart des gens sont effrayés par ma grande idée et qu'ils voient difficilement par-delà la facilité de leur petit confort et de leur milieu. Mais nous devons les accepter avec bonté et ne pas trop attendre d'eux. Plus notre ambition est élevée, plus nous sommes seuls à la réaliser. L'idée de mon plan surprend la plupart des gens, elle les secoue, elle les dérange. D'autres l'acceptent comme elle est, et voient là où je veux en venir. Mais qu'ils voient ou qu'ils ne voient pas, ce projet sera réalisé.

5

Hendrik rejoint finalement Olivia à Boston afin d'y rencontrer Edwin Ginn. Admiratif de l'esprit du projet autant que de la beauté des plans d'Hébrard, Ginn félicite Hendrik pour son audace et lui déclare qu'il peut compter sur son soutien officiel. Au cours des années suivantes, les deux hommes correspondront, se reverront à plusieurs reprises et deviendront amis ; Ginn posera même pour Hendrik lors d'un séjour à Rome, afin qu'il puisse réaliser son buste.

À Boston, Hendrik fait également la rencontre d'Urbain Ledoux, le correspondant local de l'American Peace Society. Homme charismatique à la forte carrure et au regard gris scintillant, cet Américano-Québécois a travaillé quelques années comme officier consulaire américain à Prague, en Bohême, avant de renoncer à sa carrière dans la diplomatie. « Urbain Ledoux en connaît davantage sur l'internationalisme et le pacifisme que n'importe quel homme en Amérique, et peut-être même davantage que n'importe quel homme sur cette planète ! » a assuré Walter J. Bartnett aux Andersen depuis New York.

Olivia et Hendrik souhaitent intéresser les plus grands décideurs à leur projet, c'est pourquoi ils cherchent à engager un lobbyiste capable de promouvoir leur cité idéale. Ledoux les séduit, notamment parce qu'il parle avec éloquence de la meilleure manière de bâtir la paix perpétuelle.

« Urbain Ledoux est exactement l'homme qu'il nous faut pour réaliser notre plan », s'enthousiasme Olivia dans son journal, le 6 juillet 1911, après qu'Hendrik eut parlé cinq heures consécutives avec l'ex-diplomate. Elle ajoute : « Ledoux est un expert d'envergure internationale. Il est considéré par Bartnett, Ginn et beaucoup d'autres comme l'homme ayant la meilleure connaissance des affaires diplomatiques. »

Auprès d'Olivia et d'Hendrik, Ledoux encense le projet de capitale du monde. « Je travaille dans la même direction que vous depuis de longues années et je sais que nous sommes faits pour nous entendre ! » leur déclare-t-il.

Quelques jours plus tard, les Andersen décident d'engager Ledoux pour une année. Selon les termes du contrat qu'ils paraphent à ses côtés chez un juriste, Ledoux sera prochainement domicilié à Paris, voyagera dans toute l'Europe et rédigera un mémorandum sur les relations internationales. Faits et statistiques à l'appui, ce rapport détaillera les raisons pour lesquelles les nations ont intérêt à œuvrer de concert à l'édification d'une capitale du monde. Ledoux mènera des activités de lobbying auprès des chancelleries européennes afin de promouvoir la construction de ce projet. Pour sa rémunération annuelle et son emménagement à Paris avec sa femme et ses enfants, les Andersen s'engagent à lui verser dix mille dollars. Ledoux insiste pour que la moitié de cette somme, considérable pour l'époque, lui soit versée dès la signature du contrat. Dans son journal, Olivia commente l'empressement avec lequel elle débourse ce montant :

> Je préfère faire une erreur à 10 000 dollars en une année – dans le cas où les choses n'iraient pas aussi bien que nous l'espérons avec Ledoux –, plutôt que de garder cet argent en banque et manquer une opportunité qui, peut-être, ne se présentera plus jamais. [...] Ce n'est pas le moment d'hésiter. Qui sait combien de temps il nous reste encore à vivre ?

Le 26 juillet 1911, les Andersen et la famille Ledoux embarquent en première classe à bord du luxueux et resplendissant *RMS Olympic*, le navire-jumeau du *Titanic*. À bord de ce paquebot flambant neuf, Hendrik peint quotidiennement sur le pont supérieur, tandis qu'Olivia prend des bains dans la piscine.

Pour Ledoux et les Andersen, cette traversée offre l'occasion de mieux se connaître.

« Monsieur Andersen, qu'attendez-vous exactement de ce projet de capitale du monde pour vous même ? questionne Ledoux lors d'un somptueux dîner.

— Ce que j'en attends ?

— Oui, quand notre travail sera achevé et que la capitale du monde sera construite, quel bénéfice financier en attendez-vous pour vous-même ?

— Eh bien, lui répond Hendrik, j'attends de ce projet qu'il puisse être une économie de plusieurs milliards de dollars pour les nations qui participeront à sa construction. Mais, voyez-vous, l'intérêt et le plaisir que j'aurais eu à la réaliser sont les seules satisfactions que j'en attends pour moi-même.

— Vous devez tout de même en attendre un avantage financier… insiste l'ex-diplomate.

— Non. L'argent ne m'importe pas.

— C'est incroyable ! » s'exclame Ledoux.

6

À son arrivée à Paris au début du mois d'août 1911, Hendrik découvre les derniers dessins réalisés par Ernest. Il se réjouit de constater qu'au cours de son séjour aux États-Unis, son architecte a prodigieusement avancé dans son travail. Ernest conçoit maintenant l'un des édifices les plus importants du projet : la Tour du Progrès. Les Andersen souhaitent que ce gratte-ciel soit le plus haut et le plus majestueux jamais dessiné dans le monde.

En revanche, lorsque Hendrik annonce à Ernest que le projet doit encore être retouché et agrandi afin d'incarner la capitale du monde, le Français adresse un regard médusé à son client.

« La capitale du monde ? Mais cela va me prendre dix ans pour l'étudier !

— Mais non, mais non… réplique Hendrik. Nous avons déjà fait l'essentiel. Il ne nous reste plus qu'à ajouter une cour de justice internationale, une banque mondiale, une école internationale de la paix, un temple des religions, et toutes les infrastructures indispensables afin que cette ville puisse accueillir un demi-million d'habitants. Nous allons embaucher davantage de dessinateurs, simplifier un certain nombre de choses, et tout sera bientôt terminé.

La Tour du Progrès

L'équipe d'Ernest n'achèvera la conception définitive de la ville qu'au cours de l'année 1912. En attendant, Olivia et Hendrik songent déjà à la suite. Dans l'intention d'en diffuser largement les plans, ils envisagent de faire imprimer un livre de présentation de leur cité idéale en deux éditions de grand luxe tirées à cinq cents exemplaires chacune : l'une en langue anglaise, l'autre en langue française.

Olivia et Hendrik rencontrent à Paris des héliograveurs, des imprimeurs et des relieurs en expliquant partout où ils passent qu'ils désirent éditer un livre somptueux destiné à être expédié aux plus grands hommes du monde.

Sur les conseils d'Ernest, les Andersen engagent les meilleures maisons de Paris : Jules Chauvet pour les héliogravures, Charles Wittmann pour l'impression en taille-douce, la Maison Renouard pour l'impression typographique. Le devis pour la fabrication complète de cette édition de grand luxe, sur papier Japon, s'élève à quinze mille dollars.

Malheureusement, Olivia n'a pas cette somme en banque. La fonte en bronze des statues de la *Fontaine de vie*, la rémunération de l'agence d'Ernest, et les émoluments d'Urbain Ledoux ont épuisé ses économies. Olivia écrit donc à ses frères Howard et Grafton, puis visite sa sœur Louisa à Paris, afin de solliciter leur soutien financier.

Tous refusent de l'aider car ils estiment que ce projet de cité idéale est une lubie. Louisa explique sans détour à Olivia qu'elle voit d'un mauvais œil toutes les extravagances qu'entreprend Hendrik avec son argent, et qu'elle n'apprécie pas non plus le fait qu'Olivia vive désormais dans l'ombre du sculpteur.

Olivia proteste, elle tente en vain d'expliquer à sa sœur qu'elle n'est en rien manipulée par Hendrik. « Ce projet de capitale du monde représente quelque chose de très important pour moi », insiste-t-elle. Louisa écoute sa sœur respectueusement, mais son opinion est faite. À ses yeux, Hendrik n'est qu'un artiste raté, un sculpteur grandiloquent et mégalomane qui abuse de la détresse d'Olivia pour se faire un nom. Howard et Grafton ne l'avoueront jamais mais ils pensent la même chose.

Ne pouvant compter sur le soutien financier de sa famille, Olivia se tourne vers l'une de ses amies d'enfance. Cette dernière, richissime, accepte de lui faire parvenir un chèque.

7

Les Andersen souhaitent qu'un texte historique introduise leur livre de présentation. En évoquant les plus grandes conceptions architecturales du passé, cette préface présentera leur capitale du monde comme le produit d'une évolution inéluctable de l'humanité. Pour cette importante contribution, Ernest conseille aux Andersen de solliciter un éminent historien de l'art qu'il connaît personnellement : Gabriel Leroux.

Leroux accepte d'écrire ce texte. Aussitôt, les Andersen organisent une première réunion de travail dans un café parisien afin que leur préfacier, leur architecte et leur lobbyiste fassent connaissance.

Urbain Ledoux y arrive très en retard et alcoolisé. À peine introduit, l'ex-diplomate se met à parler longuement pour ne rien dire. Il balbutie qu'il rencontre des difficultés à trouver un appartement à Paris, évoque son « bébé internationaliste » âgé de cinq mois…

« Ledoux ! l'interrompt sèchement Hendrik avec des éclairs dans les yeux. Nous n'avons pas de temps à perdre ! Présentez-nous plutôt votre programme…

— Mon programme ? Mais vous le connaissez ! C'est celui de l'internationalisme. Dans le livre que j'ai apporté se trouvent résumées toutes les opinions des délégués de la seconde conférence de La Haye. Ce livre, c'est ma bible ! »

Hendrik se lève de sa chaise, attrape fermement le bras de Ledoux et le raccompagne à la sortie du café. « Cet homme est ivre », s'excuse-t-il en revenant s'asseoir aux côtés de Gabriel Leroux et d'Ernest Hébrard.

Épouvantée par la scène à laquelle elle vient d'assister, Olivia découvre qu'Urbain Ledoux n'est peut-être pas « le plus grand spécialiste des relations internationales » vanté par Edwin Ginn et Walter J. Bartnett…

« Ah, ces Américains… reprend Ernest à l'adresse de son ami Gabriel Leroux. En France, si vous exposez les plans d'une capitale du monde, tout le monde vous dira que c'est très beau, mais que ce n'est qu'un idéal. Ces Américains, eux, ils pensent que ça peut se faire ! »

8

Hendrik s'en veut de s'être laissé duper par Urbain Ledoux. Olivia le rassure en lui disant qu'il vaut mieux « faire une grosse erreur plutôt qu'une série de petites ».

Le sculpteur revoit Ledoux peu de temps après dans l'espoir que ce dernier ne se révèle pas entièrement inutile à la promotion de la capitale du monde. Hendrik lui confie une liste de choses à faire. Il lui demande notamment de se rendre à Bruxelles pour y rencontrer les principales figures du mouvement pacifiste belge, à commencer par Henri La Fontaine (1854-1943), le sénateur socialiste qui préside le Bureau international de la paix.

Au terme de cette conversation, Ledoux insiste pour inviter les Andersen à déjeuner dans un restaurant de Montparnasse. « C'est une bonne adresse, précise-t-il. On y mange énormément pour seulement trois francs et le champagne est servi à volonté ! »

Olivia touche à peine à son assiette, et Hendrik se fait servir une bière, tandis que Ledoux engloutit des plats douteux. Désappointés, les Andersen scrutent leur recrue parlant la bouche pleine, le visage ruisselant de sueur. Au milieu d'une phrase, l'ex-diplomate brandit son verre de mousseux, et s'exclame : « Votre ville est l'idée internationaliste la plus brillante depuis la première conférence de La Haye ! Et vous verrez, grâce à nos efforts, d'ici cinq ans, cette ville sera construite. Je vous en donne ma parole. Allez, trinquons à la capitale du monde, mes amis ! »

CHAPITRE X

Les renforts belges
(1911-1913)

1

Le musée Andersen conserve un paquet brun bien ficelé sur lequel Hendrik a inscrit « Ledoux » au crayon. Compte tenu de la rigidité du nœud qu'il m'a fallu défaire et des sillons profonds laissés par la cordelette sur son papier d'emballage couleur tabac, j'ai manipulé ce petit ballot avec soin, en imaginant Hendrik en train de le nouer un siècle auparavant. Il renfermait toutes les lettres adressées par Urbain Ledoux aux Andersen depuis Bruxelles, La Haye, Berne, Genève et Paris.

À la lecture de cette correspondance inédite, on apprend que l'ex-diplomate souffrait de troubles de l'humeur. Du mois d'août 1911 au mois d'août 1912, au gré de ses phases maniaques et dépressives, Ledoux se montre incontrôlable. Entre deux voyages à travers l'Europe, il disparaît à plusieurs reprises sans donner de nouvelles. Sa plus longue absence dure trois mois. Quand il réapparaît, il justifie son silence en indiquant avoir été « gravement malade ».

Ledoux n'a jamais rendu le rapport attendu par les Andersen. Au terme de son engagement d'un an, Olivia et Hendrik ne l'ont donc pas reconduit. La déception des Andersen était légitime. Cependant, bien qu'il se soit beaucoup dispersé et qu'il n'ait pas respecté les consignes de ses employeurs, Ledoux s'est véritablement impliqué dans son travail. Ce personnage excentrique et hâbleur a même joué un rôle déterminant dans le ralliement de deux figures de proue du mouvement pacifiste à l'utopie des Andersen.

2

Un pays d'environ trente mille kilomètres carrés constitue au début du XXe siècle le centre économique de l'Europe continentale : la Belgique. Premier producteur mondial de fonte, de fer et d'acier de 1900 à 1910, le royaume de Léopold II importe à la même période plus de coton que la France ou l'Allemagne. Avec ses sous-sols riches en minerai de fer et en charbon, ses terres agricoles fertiles, son réseau ferré parmi les plus denses du monde, son port d'Anvers, son immense colonie du Congo et ses fleurons industriels embrassant toutes les activités florissantes de l'époque, l'économie belge se trouve à l'avant-garde du capitalisme industriel.

Métamorphosée par la construction de splendides immeubles Art nouveau, Bruxelles s'impose comme le grand carrefour de l'Europe. La florissante capitale vit au rythme d'innovations artistiques, scientifiques et intellectuelles. Elle accueille deux Expositions universelles en 1897 et 1910, et plus de congrès internationaux que Londres, Paris ou New York. Ce contexte singulier explique en partie comment deux utopistes belges, le bibliographe Paul Otlet (1868-1944) et le sénateur socialiste Henri La Fontaine, ont mis en œuvre depuis Bruxelles des entreprises pacifistes d'une grande créativité.

Avant de devenir l'un des protagonistes de cette histoire, Paul Otlet a vécu une enfance privilégiée et mélancolique. Sa mère, Maria Van Mons, est morte en couches alors qu'il n'était âgé que de trois ans. Son père, Édouard Otlet, surnommé par la presse belge « le roi des tramways », a dirigé la construction de lignes de chemin de fer urbains dans toute l'Europe. En 1880, cet entrepreneur richissime acheta l'île du Levant, un havre de paix méditerranéen, au large du Lavandou, afin d'y établir sa villégiature estivale.

Taciturne mais curieux de tout, Paul Otlet, treize ans, découvre cette nouvelle propriété familiale l'année suivante. Accompagné d'un ancien soldat de l'armée française, il explore l'île à cheval, s'aventure dans le maquis, visite un village fantôme, étudie les ruines de vieux forts militaires, observe des oiseaux à la jumelle, commence un herbier, prélève des minéraux, s'instruit de la faune marine et des techniques des pêcheurs… L'explorateur collectionne les crânes de lapin, les os de seiche, les peaux de serpent, les pièces de monnaie romaine, et remplit plusieurs carnets d'observations. Au retour de son « expédition », Paul Otlet publie son premier livre : *L'Île du Levant* (1882). Le style est rigoureusement factuel, déjà encyclopédique. Son auteur n'est pourtant âgé que de quatorze ans.

Paul Otlet étudie ensuite le droit et devient avocat pour faire plaisir à son père. Il n'exercera jamais. Le jeune intellectuel préfère fréquenter les cabinets de curiosités et les laboratoires, lire les ouvrages d'Auguste Comte, ou refaire le monde avec son fidèle ami Henri La Fontaine, un avocat reconnaissable à son pince-nez, ses nœuds papillon et son épaisse moustache morse. Sympathisant du Parti ouvrier belge dès sa création en 1885, Henri La Fontaine est élu sénateur en 1894.

Sur les photographies anciennes où il pose au milieu d'un capharnaüm de livres et de feuilles de papier, Paul Otlet semble distrait, innocent, plus vieux que son âge. Avec sa barbe grisonnante et ses petites lunettes rondes, on le croirait tiré d'un album des *Aventures de Tintin* tant il ressemble aux érudits géniaux et loufoques des bandes dessinées créées par Hergé. Selon certains « tintinophiles », Hergé se serait d'ailleurs inspiré de l'apparence et des activités de Paul Otlet pour créer le personnage d'un savant fou : le professeur Nestor Halambique. Dans *Le Sceptre d'Ottokar*, Halambique, sigillographe de profession, préside la Fédération internationale de sigillographie. Paul Otlet, bibliographe, a pour sa part réellement dirigé l'Office international de bibliographie.

Dans une lettre écrite lorsqu'il était un homme d'âge mûr, Paul Otlet a confié que l'été qu'il a passé enfant sur l'île du Levant fut l'un des événements déterminants de sa vie.

> Désireux de connaître tout de cette île, c'est elle qui fit de moi l'encyclopédiste que je suis devenu. Les collections que je rapportais de là-bas, je les développais ensuite par d'autres, et par d'autres, si bien qu'aujourd'hui, lorsque vous viendrez à Bruxelles où je vous invite à venir, vous trouverez le Musée mondial au Palais mondial, et l'Institut international de bibliographie que j'ai fondé en 1895 et qui compte aujourd'hui 14 millions de fiches.

Paul Otlet

LES RENFORTS BELGES

3

Au tournant du XIXe et du XXe siècle, les grandes découvertes se multiplient, la littérature scientifique foisonne, les échanges intellectuels internationaux s'accélèrent. Mais, paradoxalement, tandis que les savoirs évoluent à toute vitesse et que des savants de différentes nationalités coopèrent pour leurs travaux, il n'existe aucun outil permettant à un chercheur de connaître rapidement toutes les références bibliographiques se rapportant à un thème particulier. Si les chercheurs d'aujourd'hui peuvent compter sur l'efficacité des catalogues en ligne pour explorer le fonds d'une grande bibliothèque ou consulter des publications scientifiques du monde entier, ceux de la Belle Époque doivent se montrer infiniment plus patients car les publications n'ont pas encore fait l'objet d'un référencement global.

Depuis Bruxelles, pour faciliter l'accès de l'humanité à l'ensemble des informations disponibles sur Terre, Paul Otlet et Henri La Fontaine ont une idée audacieuse : créer un Répertoire bibliographique universel. Autrement dit, un gigantesque catalogue recensant l'ensemble des livres, journaux et revues publiés depuis l'invention de l'imprimerie. Pour réaliser ce travail titanesque, les deux Belges fondent en 1895 l'Office international de bibliographie, une institution travaillant en partenariat avec un réseau de bibliothèques du monde entier. Au sein de cette institution en partie adossée à la Bibliothèque royale de Belgique, une équipe de volontaires, composée majoritairement de femmes issues de la bourgeoisie bruxelloise, travaille quotidiennement à la mise en fiches de l'ensemble des connaissances du monde en appliquant le système de classement révolutionnaire inventé par Paul Otlet.

De nos jours, les vastes centres de traitement et de conservation de données des entreprises du numérique abritent

Le Répertoire bibliographique universel, vers 1900

d'immenses serveurs informatiques alignés que l'on appelle des « baies de stockage ». Au début des années 1910, le Répertoire bibliographique universel se constitue d'alignements similaires. Mais, au lieu de baies de stockage abritant des disques durs, l'installation imaginée par Otlet se matérialise par de grands meubles de bois abritant des milliers de petits tiroirs. Dans ces meubles, plusieurs millions de fiches de format standard – 12,5 cm par 7,5 cm – composent une sorte de « Google de papier » avant l'heure.

Otlet et La Fontaine ont un rêve : embrasser l'ensemble des connaissances de l'humanité afin d'accélérer la coopération intellectuelle, scientifique, diplomatique et technique des nations. Par leur entreprise bibliographique inédite, ils pensent œuvrer à l'unification pacifique du monde.

Parallèlement, Otlet et La Fontaine organisent un Congrès mondial afin de coordonner les relations internationales entre scientifiques du monde entier, toutes disciplines confondues. À cette fin, ils créent en 1907 un Office central, qui devient en 1910 l'Union des associations internationales.

Paul Otlet fonde encore un centre rassemblant un « musée mondial », une « bibliothèque internationale » et le Répertoire bibliographique universel. Dans une brochure de présentation, Otlet explique les objectifs de cette infrastructure :

> Unir le monde civilisé tout entier dans une action commune en vue de réaliser certains buts d'intérêt universel, dépassant les forces d'un seul pays ; donner à l'Humanité les organes dont elle a besoin pour agir avec la puissance accrue d'une collectivité plus nombreuse ; placer l'activité humaine dans les conditions optimales pour qu'elle se développe dans toute son ampleur.
>
> L'organisation internationale est liée au progrès de l'Humanité et de la civilisation. À côté des civilisations nationales, superposées à elles, doit exister une civilisation mondiale basée sur ce qu'il y a de commun dans les civilisations nationales et réalisant l'esprit de polycivilisations.

Si la pensée scientiste et mondialiste de Paul Otlet et d'Henri La Fontaine s'inscrit dans une vieille lignée marquée par des penseurs aussi divers que Gottfried Wilhelm Leibniz (1646-1716), Claude-Henri de Rouvroy de Saint-Simon (1760-1825) et Charles Fourier (1772-1837), elle est d'abord celle de deux socialistes belges de la fin du XIXe siècle. Le positivisme et le marxisme influencent alors largement les intellectuels et dirigeants du mouvement ouvrier. La charte de Quaregnon, une importante déclaration de principes adoptée par le Parti ouvrier belge en 1894, énonce :

> Les richesses en général, et spécialement les moyens de production, sont ou des agents naturels ou les fruits du travail

> manuel et cérébral des générations antérieures, aussi bien que de la génération actuelle ; elles doivent par conséquent être considérées comme le patrimoine de l'humanité.

Avant de présider le Congrès universel pour la paix à La Haye en 1913, et de recevoir le prix Nobel la même année, Henri La Fontaine, l'ami le plus fidèle de Paul Otlet, a signé un ouvrage intitulé *Le Collectivisme* (1897). Dans ce livre, le sénateur socialiste prône une collectivisation mondiale de la production, de la distribution et de la circulation des richesses. Réseaux de télégraphie, postes, chemins de fer, banques : La Fontaine affirme que le progrès de l'humanité passe par la mise en commun de toutes les infrastructures de la communication et du commerce. Si le collectivisme évoque de nos jours l'Union soviétique, les pénuries et la coercition, il ne revêt aucune connotation négative au début des années 1910. Nombre d'individus instruits estiment alors cette évolution inéluctable, et beaucoup parmi eux imaginent qu'elle pourrait permettre d'instaurer un socialisme universel. Il n'y a donc rien d'incongru à ce qu'un fervent collectiviste tel qu'Henri La Fontaine soit, du fait de ses passions pour l'alpinisme et la musique, un familier du roi des Belges Albert Ier, monarque notoirement progressiste.

Dans son essai intitulé *La Grande Solution* (1916), Henri La Fontaine appelle au développement d'une langue universelle ainsi qu'à la création d'une Constitution, d'un Parlement, d'une Cour de justice et d'une banque commune à l'ensemble des peuples.

LES RENFORTS BELGES

Henri La Fontaine

4

Suite à l'invention du premier appareil capable d'envoyer des images fixes à l'aide du télégraphe – le bélinographe –, Paul Otlet imagine que dans un futur proche les pages des livres pourraient s'afficher sur des écrans, et qu'en reliant entre elles les bibliothèques du monde entier cette nouvelle technologie pourrait révolutionner l'accès au savoir. Dans son *Traité de documentation* (1934), ouvrage synthétisant sa pensée « en matière de bibliographie, de documentation et d'organisation de la connaissance », Otlet imagine un « télescope électrique permettant de lire de chez soi des livres exposés dans la salle *teleg* des grandes bibliothèques, aux pages demandées d'avance. Ce sera le livre téléphoté ».

Pionnier de la science de l'information, Otlet a perfectionné la classification décimale du bibliothécaire américain Melvil Dewey (1851-1931) afin d'élaborer sa propre méthode, toujours employée par des milliers de bibliothèques à travers le monde : la classification décimale universelle. Toute sa vie, Otlet a réfléchi à la manière dont l'humanité collecte, archive, traite et distribue l'information.

Près d'un siècle avant l'invention d'Internet, Otlet en eut l'intuition. Visionnaire, il imagina que les téléphones du futur n'auraient plus de fil, qu'ils ressembleraient à de petits cornets tenant dans une poche, et qu'ils permettraient de recevoir toutes sortes d'informations.

L'aspect le plus intéressant de la pensée d'Otlet ne réside cependant pas dans ses prophéties technologiques, mais dans son approche socialiste et internationaliste du vaste réseau d'informations dont il a rêvé toute sa vie. Selon lui, ce système global devait être la propriété collective des nations mise au service de l'humanité, et contrôlée par une organisation internationale publique à but non lucratif.

À ses origines, Internet a été conçu comme un ensemble de réseaux décentralisé et horizontal. Cependant, de nos jours, les infrastructures et les services les plus utilisés par les internautes sont largement centralisés car contrôlés par de grandes entreprises du numérique avides de bénéfices. Otlet rêvait que l'espèce humaine soit administrée pacifiquement par un gouvernement mondial. C'est pourquoi il prônait l'édification d'un réseau supervisé par une institution internationale publique. Transposée à l'Internet d'aujourd'hui, l'utopie d'Otlet consisterait peu ou prou à placer toutes les infrastructures de la toile – câbles sous-marin, centres de données, grandes entreprises du numérique... – sous le contrôle unique d'une telle organisation. Au lieu d'être un paradis pour grandes entreprises du numérique, agences de renseignements, publicitaires, escrocs, gourous, mafias et fanatiques en tout genre, la toile serait régulée à la manière d'un domaine public routier. Internet aurait son code de la route, ses ingénieurs qualifiés, ses agents de voirie, ses péages, son système de régulation, ses services de secours...

Si Paul Otlet a dirigé tout au long de sa vie une collecte systématique d'informations de toutes sortes grâce aux divers instituts qu'il a fondés à Bruxelles, c'est parce que cet utopiste socialiste avait l'ambition de créer un « système documentaire » permettant la mise en réseau de la connaissance, l'organisation internationale du travail intellectuel, et ce qu'il nommait la « prévision sociologique ». Autrement dit, la planification des besoins humains. Otlet rêvait d'un nouvel ordre mondial entièrement édifié sur la raison et le progrès. Pour cela, l'humanité devait dépasser le stade du capitalisme et des rivalités nationales par le biais du cosmopolitisme et de la planification universelle.

5

À son arrivée à Bruxelles, au début du mois de septembre 1911, Urbain Ledoux se présente au siège de l'Union des associations internationales. Il y fait la connaissance de Paul Otlet et de son ami Henri La Fontaine. Depuis 1907, le sénateur La Fontaine préside le Bureau international de la paix, la plus importante organisation pacifiste du monde, récipiendaire du prix Nobel de la paix en 1910.

Sur place, Ledoux informe Otlet et La Fontaine que deux Américains travaillent à un projet de ville internationale, et rémunèrent à cette fin un architecte français. « Un prix de Rome », précise-t-il en tirant de sa sacoche un plan provisoire de la cité idéale. Le document passe de main en main.

La Fontaine ajuste son pince-nez et étudie minutieusement la feuille que lui tend Otlet. Ce dernier applaudit à ce projet, puis explique à Ledoux qu'ils aspirent eux-mêmes, depuis plusieurs années, à offrir un point de ralliement à tous les organismes mondiaux. « Le sénateur La Fontaine et moi-même désirons loger leurs sièges, leurs collections et leurs services en un même centre international, précise Otlet. Ce centre international, dont messieurs Andersen et Hébrard ont rêvé dans sa réalisation architecturale, nous l'avons imaginé dans son activité fonctionnelle. »

Complétant le propos, La Fontaine apprend à Ledoux ce qu'est, en Belgique, « la Donation royale ». En 1900, lors de son soixante-cinquième anniversaire, le roi Léopold II a souhaité léguer à l'État belge son immense fortune composée de nombreux terrains, châteaux et bâtiments acquis au cours de son règne sur la Belgique et le Congo. Une institution publique autonome a été créée afin de gérer cet important patrimoine : la Donation royale. Léopold II lui a légué ses biens immobiliers à la condition qu'ils demeurent à jamais des biens publics.

La Fontaine confie à Ledoux qu'il connaît personnellement les administrateurs de la Donation royale, et que celle-ci possède plus d'une centaine d'hectares de forêt en périphérie de Bruxelles, sur la commune de Tervueren.

L'entrevue terminée, Ledoux se hâte d'écrire aux Andersen en se vantant d'avoir réussi à rencontrer Otlet et La Fontaine. Il exagère ses mérites et affirme avec beaucoup de maladresse que la ville pourrait être prochainement bâtie « grâce aux millions offerts par Léopold II pour le bénéfice de l'humanité ».

Cette lettre horrifie Olivia car tous les progressistes des années 1900 connaissent les enquêtes du journaliste d'investigation britannique Edmund Dene Morel (1873-1924) dénonçant les crimes commis au Congo au tournant du XIXe et du XXe siècle, lorsque cette colonie était le royaume privé de Léopold II. « Le nom de Léopold II me donne envie de vomir, écrit-elle dans son journal, et je rejette toutes les suggestions qui pourraient venir de sa fondation ou de ses millions. »

6

À Paris, Ernest travaille sans répit à l'achèvement de la capitale du monde. Il dirige maintenant une équipe de douze dessinateurs et peut compter sur le soutien de son frère Jean, rentré spécialement des États-Unis afin de lui venir en aide. Parallèlement à son travail d'architecte, Hébrard supervise la conception du grand livre de présentation de la cité idéale.

Les Andersen souhaitent que l'ensemble du projet soit achevé d'ici la fin de l'année 1911, et le livre, imprimé pour l'été 1912. Pour gagner du temps, chaque fois qu'une planche d'architecture est terminée, Ernest l'apporte à l'héliograveur Jules Chauvet.

Le travail d'un héliograveur consiste à réaliser des planches de cuivre qui permettent, dans un second temps, de procéder à l'impression. Cette opération est effectuée par Charles Wittmann, la meilleure maison d'impression de gravures de Paris.

Pendant ce temps, Gabriel Leroux finalise son introduction historique et les Andersen peaufinent leur texte de présentation de la ville. Ernest s'implique résolument dans l'édition du livre. Il négocie les coûts de fabrication, supervise les opérations, trouve des solutions aux divers imprévus. Mais les Andersen ne lui facilitent pas la tâche. Méfiants, ils redoutent qu'Ernest cherche à tirer profit de sa position d'intermédiaire. Lorsque le Français écrit aux Américains pour les informer que les diverses entreprises parisiennes lui réclament, en guise de « couverture », le dépôt en banque d'une somme représentant un tiers du devis global, Olivia l'accuse dans son journal d'avoir une idée derrière la tête. Les Andersen ne comprennent pas qu'Ernest s'investit généreusement dans l'édition de ce livre de grand luxe parce qu'il s'agit de l'écrin dans lequel sera présenté son travail.

7

Assis dans le salon de l'appartement de la piazza del Popolo face à une bouteille de bière et une assiette de biscuits, Hendrik se repose d'une dure journée de labeur dans son atelier lorsqu'Olivia entre dans la pièce et lui annonce, sur un ton sarcastique, qu'ils viennent de recevoir une lettre d'Ernest. En ce 1er novembre 1911, les plans de la cité idéale sont pratiquement achevés.

« Hébrard commence enfin à s'agiter, dit-elle à Hendrik. Où lui et son frère sont-ils allés dimanche dernier, sinon à Bruxelles, pour passer la journée à l'invitation du sénateur La Fontaine et de Paul Otlet ? Et pour quoi faire ? Rien de moins que d'aller découvrir un terrain, en périphérie de Bruxelles, sur lequel *notre plan* pourrait être construit ! »

Olivia déplie nerveusement la lettre d'Ernest et la lit à Hendrik.

> [Otlet et La Fontaine] voulaient avoir mon avis au sujet d'un vaste terrain pouvant servir de réalisation à notre projet. Je n'ai eu qu'à me louer d'y être allé, ces personnes ont été charmantes et tout à fait enthousiastes du projet qu'ils voudraient voir réaliser tel qu'il est. J'ai vu leur musée et leurs institutions qui sont très intéressantes et s'adaptent parfaitement aux divisions du plan. Ces personnes m'ont fait la meilleure impression. Je n'ai fait aucune indiscrétion à mon sens, car vous m'aviez autorisé à montrer le projet au sénateur La Fontaine.
>
> Pour ce qui est du terrain, sans être absolument l'idéal il serait possible de l'adapter au projet. La proximité d'une ville intéressante comme Bruxelles qui compte déjà de beaux et grandioses monuments donnerait une facilité pour l'établissement de la Ville Internationale comme nous l'avons conçue.
>
> Monsieur La Fontaine et Monsieur Otlet ont imaginé une mise en train de l'œuvre qui m'a semblé intéressante. Ledoux doit vous écrire à ce sujet. Naturellement je n'ai pas la prétention d'intervenir dans vos plans pour la réussite du projet mais d'après l'impression que j'ai il ne serait pas inutile pour vous de venir voir ces personnes à Paris ou à Bruxelles car le voyages entre ces deux villes se fait facilement en quelques heures.

« Ces *personnes*… commente Hendrik en faisant la moue. Ces *personnes* peuvent venir me voir, ici, à Rome. »

Olivia ne comprend pas de quel droit Otlet et La Fontaine cherchent « à leur dicter où le projet devrait être construit ». Très mécontente, elle ajoute à l'adresse d'Hendrik : « Je hais ces petits spéculateurs qui ne pensent qu'à leur intérêt personnel. Ils oublient que nous ne pouvons pas agir dans la précipitation. »

Non seulement les Andersen se sentent dépossédés de leur projet, mais ils pensent aussi qu'avant de discuter du lieu d'établissement de leur ville et de privilégier un emplacement plutôt qu'un autre, les grands dirigeants politiques du monde doivent d'abord prendre connaissance des plans et en accepter le principe. Faute de quoi, plutôt que de rassembler le genre humain, Olivia et Hendrik redoutent que leur cité idéale ne serve qu'à attiser des rivalités nationales. En outre, les Andersen espèrent que leur ville sera construite aux États-Unis, et non en Europe. Olivia motive ainsi ce choix dans ses écrits intimes :

> L'Amérique a une mission pour le monde. Cette mission ne consiste pas seulement à recevoir l'immigration et à devenir forte par la force des bras qu'elle accueille en son sein ; cette mission concerne le monde d'où viennent tous ceux qui lui ont donné leur force ; pour que le monde s'élève et qu'il « fasse Amérique ». L'Amérique n'est pas une vulgaire accumulation de bras de travailleurs. Ces bras, tous ensemble, maintiennent la lumière qui nous oriente vers l'avenir.

Bien qu'elle condamne toutes les agressions des impérialistes américains, Olivia partage avec ces militaristes expansionnistes la vieille croyance messianique en une « destinée manifeste » de l'Amérique. Olivia adhère à ce que la science politique nomme « l'exceptionnalisme américain », une idéologie politico-religieuse selon laquelle les États-Unis occuperait une place à part parmi les nations du monde, notamment en termes d'évolution historique. Les Andersen rêvent que l'humanité « fasse Amérique » en se dotant d'une capitale du monde qui prolongerait la quête spirituelle des Pères pèlerins du XVIIe siècle, celle de l'édification d'une « Nouvelle Jérusalem ». Les deux idéalistes espèrent qu'en s'américanisant par les échanges économiques, la diffusion planétaire des œuvres d'art, le progrès et le développement de la communication, toutes les composantes de l'humanité s'uniront prochainement pour ne former qu'une seule et unique nation : les États-Unis du monde.

8

Paul Otlet et Henri La Fontaine se rendent à Paris au cours du mois de février 1912. Dans l'agence d'Ernest, ils découvrent, émerveillés, les plans de la cité idéale. À leur retour à Bruxelles, les deux Belges écrivent aux Andersen afin de leur redire combien ils admirent leur ville et tiennent à s'associer à leurs efforts :

> Vous savez vous-même quelle est l'œuvre que nous poursuivons et quelle curieuse convergence existe entre nos vues respectives : donner un point de ralliement aux organismes internationaux et doter d'un centre les nombreuses associations qui, animées toutes des mêmes intentions, ne peuvent, faute d'ensemble, de coopération, de coordination, accomplir leur tâche avec toute l'ampleur désirée. [...] Vous avez dû penser aux grandes choses que pourraient accomplir les hommes associés dans votre cité, comme nous, de notre côté, nous avons souvent pensé aux matérialisations de pierre et de fer qui devraient quelque jour loger les organismes, les collections et les services qui sont les parties constitutives de la vie internationale.
>
> Par une sorte d'harmonie préétablie, une sympathie nécessaire devait s'établir entre nos deux œuvres et une vision très nette de la forme que l'une pourrait apporter à l'autre. C'est ce qui s'est produit.
>
> Pour notre part, tant au cours de la première visite de M. Ledoux, que de celle que nous a faites ensuite M. Hébrard, nous nous sommes sentis entraînés vers votre projet et avons immédiatement entrevu des possibilités diverses, les « ponts » qui doivent permettre de franchir l'espace qui sépare l'idée de la réalité.

La vue des plans à Paris a, dans une certaine mesure, modifié les premières idées que nous avions échangées sur le projet, alors que nous ne le connaissions encore que par une description orale. Que des hommes aient pu, pendant des années, penser à la possibilité de créer un Cité internationale, belle de toutes les splendeurs de l'Art et de l'Architecture et qu'il y aient consacré toute leur force intellectuelle et tout leur temps, ce fait doit être pris en considération et nous a fait réfléchir. Il faut accepter ce fait comme un bloc. Voilà pourquoi nous ne songeons même plus un instant à discuter les principes qui ont présidé l'élaboration du projet, aux disposions admises, à l'économie générale du plan. Il faudrait craindre d'influencer dans leur production même, ceux-là qui l'ont conçu et dont le premier devoir aujourd'hui doit être d'achever leur œuvre. C'est vous dire que nous sommes bien d'accord avec vous sur votre programme immédiat : terminer votre livre.

Une fois précisée dans tous ses contours et ayant pris la première forme d'existence, que donnent déjà le dessin et le texte littéraire, votre œuvre architecturale existera, comme notre œuvre fonctionnelle a pris corps du jour où nous avons pu mettre d'accord un groupe d'association sur un statut fondamental. À ce moment, les connexions utiles pourront s'établir entre les deux œuvres, il sera possible de soumettre toute la question à une discussion commune, de tracer un programme d'avenir, discussion libre et programme dégagé de toute contingence quant au lieu et au moment de la réalisation.

En vous parlant ainsi, nous désirons vous exprimer à la fois la considération que nous avons pour votre œuvre, les relations nécessaires et profondes qu'elle a avec celle dont nous poursuivons la réalisation et notre sincère désir de hâter une coopération qui est dans la logique des circonstances.

Les moyens précis de coopération, M. Ledoux vous en a parlé. C'est d'abord une affirmation publique et réciproque. De notre côté, nous déclarerions, pour donner à l'organisation que nous poursuivons une installation matérielle digne d'elle et appropriée à ses besoin, que c'est dans votre Cité internationale que nous souhaitons la voir vivre et se développer. De votre côté, vous déclareriez qu'il faut à votre Cité des habitants, des services, un esprit qui ne sont autres que ceux-là mêmes de l'organisation que nous avons créée.

Cette affirmation une fois faite, que nous travaillions ensemble ou séparément, ce sera toujours à l'œuvre commune du centre international que nous travaillerons. Toute propagande pour sa réalisation architecturale servira à l'avancement des idées de concentration, d'unification et d'internationalisation, et réciproquement.

Parmi les moyens dont nous avons parlé avec M. Ledoux, il y a le congrès, l'exposition du projet, les publications de propagande, les démarches et les visites.

Le Congrès mondial pourrait tout d'abord être saisi du projet et, comme il groupe déjà une grande partie des forces internationales, son appui constituerait le meilleur des patronages en dehors de celui des gouvernements.

Le projet pourrait ensuite faire l'objet d'une exposition circulante dans toutes les grandes capitales, combinée de telle sorte que nos deux œuvres interviennent dans les frais.

Quant aux voies et moyens d'exécution finale, nous croyons à l'excellence d'un lancement sous forme d'une grande exposition spéciale en 1920 et à la nécessité de combiner l'action du mécénat, des pouvoirs publics et des intérêts financiers privés. [...]

Voilà, cher monsieur, nos impressions formulés bien franchement et aussi complètement que nous le permet de le faire l'étude poursuivie, jusqu'à ce jour, de la question. Nous espérons que ces considérations serviront à nous rapprocher davantage.

Agréez l'expression de nos sentiments les plus distingués.

Paul Otlet et Henri La Fontaine

Cette longue lettre apaise les deux idéalistes américains. Bien que leurs homologues belges soient des matérialistes influencés par le marxisme et le positivisme, les Andersen les considèrent maintenant comme des alliés sincères.

9

En revanche, lorsque Hendrik révèle à son ami Henry James qu'il travaille depuis plusieurs années à l'élaboration d'une ville gigantesque, ce dernier désavoue son projet dans une lettre sévère en date du 14 avril 1912.

Très cher Hendrik,

Je n'attendrai pas un jour de plus pour répondre (avec quelle difficulté !) à ta longue & intéressante lettre. J'ai attendu ces dix jours ou presque juste *à cause* de la difficulté : comme il est peu (comme tu peux l'imaginer ou le concevoir en y réfléchissant un peu) aisé et facile de s'extraire en chancelant de sous une telle avalanche d'informations et d'annonces telles que tu les as laissées tomber sur moi avec cette histoire extravagante de ton travail sur le colossal & dans l'espace & dans l'air ! Prépare-toi à ce que je te dise que (*m'ayant*, ces derniers jours extrait de l'avalanche), à présent, chancelant, mais de nouveau sur pied, je fuis tout simplement devant cette masse effroyable, de peur de laisser le restant (suspendu dans les airs) me submerger de nouveau.

Je dis « prépare-toi » bien que je n'en voie pas la nécessité, t'ayant montré par le passé, à plusieurs reprises, que ta folie pour le colossal, la bouffissure & l'énorme, l'énorme monotone et répétitif, me brise le cœur pour toi, si persuadé que j'ai été dès le début que cela signifie ton ensevelissement pur et simple, de toi-même et de toutes tes productions et possessions, & de tout chose & de tout ce qui est Toi, dans le banc de sable sans fond & sans merci & fatal.

Il n'est aucun emploi ni application ou pouvoir d'absorption ou d'assimilation pour de telles énormités, Hendrik chéri, nulle part sur toute la surface du globe connu, ou devrais-je plutôt dire, inconnu ; & lorsque tu m'écris qu'à présent tu consacres temps et argent à une Ville colossale prête à l'emploi, je me couvre la tête de mon manteau et tourne mon visage vers le mur, & là, très cher Hendrik, je verse des larmes amères pour toi – si désespérées & lamentables & impuissantes, j'arrose ce sombre refuge d'un déluge salé. Je t'ai pratiquement dit toutes ces choses déjà – mais peut-être jamais sous une forme si directe & douloureuse qu'aujourd'hui : quand ce sommet de ta folie, de l'ordre d'un poids de cinq cents millions de tonnes, m'y contraint.

C'est cela, mon très cher garçon, le délire tant redouté contre lequel je te mets en garde – que la Faculté nomme *Mégalomanie* (consulte ce mot dans le dictionnaire) ; en français *la folie des grandeurs*, l'amour entiché & hors de proportion & la quête & la tentative du Grand, du Plus Grand, de la plus Immense Immensité, avec tous les sens de la proportion, de l'application, de la relation & de la possibilité follement *noyés*.

Je ne peux te dire, mon tendre Hendrik adoré, autre chose que ces choses si cruelles qu'elles puissent te paraître, quand tu m'écris (et même avec si peu d'orthographe – bien que cela a toujours été ton charme sauvage !) que tu es en train de concevoir une Cité mondiale de pied en cap [...].

Comment pourrais-je m'élancer à tes côtés avec le recours à la moindre lettre de l'Alphabet pour te soutenir quand tu m'annonces quelque chose de si fantastique ou en dehors de tout rapport avec une quelconque réalité dans ce monde exsangue ?

L'idée, mon cher vieil Ami, me remplit d'un pur Effarement apitoyé, le Gâchis indicible de tout cela me conduit à me retirer dans ma chambre & fermer la porte à clé pour hurler ! Songe à moi dans cette situation, hurlant des heures sans fin, & ne sortant pas tant que tu ne m'apprendras pas que tu viens juste de sortir sur la Ripetta & de balancer la masse totale de ton bazar, prévue à cet effet, courageusement par-dessus le parapet du Tibre. Comme *si*, dans ce monde fou, garçon adoré, pouvait s'avérer d'une quelconque utilité une ville prête à l'emploi, faite à la demande, comme on dit, & dont ta réalisation est la plus absurde & la plus délirante & la plus échafaudée & la plus « totale » & la plus mirifique. Les villes sont des organismes *vivants* qui croissent de l'intérieur & morceau par morceau ; elles ne sont pas achetées accrochées ensemble dans quelque atelier inspiré où que ce soit, et d'essayer d'en planter une sur son terrain préétabli, fût-elle tout bonnement suggérée, par nécessité, c'est pénétrer dans le Désert de la mort & parler aux vents.

Très cher Hendrik, ne me demande pas de t'aider, par la parole, ne le fais pas, ne le fais pas, ne le fais surtout pas ; ce serait pour moi jouer le rôle du faux, du plus *fatal* de tes amis. Mais fais *cela* : réalise à quel point, lamentablement, indiciblement ces mots, durs, désespérés, refusant toute sympathie, peuvent coûter à ton toujours affectionné, ton terriblement tendre vieil ami.

Henry James

Plutôt que de tenir compte de l'opinion de son ami, Hendrik explique à Olivia qu'il est tout simplement plus jeune, plus audacieux et plus courageux qu'Henry James. « Nous réussirons sans lui, et notre livre sera l'un des plus beaux livres jamais imprimés », promet-il à sa belle-sœur.

10

Mi-avril, les Andersen acceptent qu'Ernest aille présenter les plans de la cité idéale à Bruxelles au cours d'une assemblée de l'Union des associations internationales organisée au sein du musée de Paul Otlet. En plus des plans, Ernest apporte la perspective monumentale de la ville tout juste achevée. Ce dessin fabuleux s'apprête à être révélé au public.

Depuis Rome, Olivia sourit en songeant qu'Ernest, si longtemps sceptique à propos de leur cité idéale, la soutient maintenant publiquement. « Si notre projet venait à être approuvé à Bruxelles aujourd'hui, écrit-elle, ce serait une étape importante. Non seulement pour nous, mais pour le monde. »

Scientifiques, sociologues, explorateurs polaires, journalistes, représentants du Comité Nobel, pacifistes, féministes, espérantistes, adeptes de spiritisme... Une assemblée de délégués hétéroclites découvre la série de planches d'architecture que leur dévoile solennellement Ernest. Des clameurs formidables accueillent sa présentation de la perspective monumentale du Centre mondial. Au terme de l'exposé, les délégués de l'Union des associations internationales votent à main levée et décident à la majorité absolue de soutenir et de promouvoir la construction du projet.

Transporté par la nouvelle, Urbain Ledoux court dans les rues de Bruxelles. Il entre, essoufflé, dans un bureau de télégraphie afin de dicter un message à un opérateur. L'information circule à la vitesse de l'éclair jusqu'à Rome, où un agent des postes italiennes découpe le ruban de papier sorti de son appareil imprimeur, colle sur une feuille, cachette et tamponne le message, puis remet le pli à un coursier qui enfourche sa bicyclette.

Olivia se précipite dans l'atelier d'Hendrik pour serrer le sculpteur dans ses bras et lui lire ce télégramme qui ne comporte qu'un seul mot : « ACCOMPLI ».

11

Ernest apporte ses dernières retouches à la Tour du Progrès fin avril 1912. Au cours du mois de mai, il continue de superviser l'édition du livre, finalise le plan de la ville, réalise les perspectives de la place des Congrès, puis se rend à nouveau en Belgique, à la demande de Paul Otlet et d'Henri La Fontaine, pour étudier la possibilité d'y établir le Centre mondial. Le 25 mai, Ernest écrit à Hendrik :

> Je reviens de Bruxelles [...]. J'ai trouvé que l'on s'occupait sérieusement de la mise en train de la réalisation du projet, mais au point où en sont les choses je ne vous cacherai pas que votre présence nous est absolument nécessaire. [...]
>
> Les travaux continuent à l'agence. Je vais avoir fini incessamment les façades du palais des Beaux-Arts sur le canal et je fais préparer les perspectives des différentes parties de l'ensemble monumental. Le plan de la ville a été encore modifié. Ce plan me donne beaucoup de mal car je ne veux à aucun prix faire une chose enfantine.

Au début de l'été, Ernest adresse à Hendrik une épreuve du plan et annonce qu'il travaille au tracé du métropolitain. Il dresse ensuite la liste des trente-huit dessins du projet qui seront définitivement aboutis d'ici la fin du mois de juillet. Les Andersen arrivent à Paris à cette période, une fois la ville achevée, afin de superviser les dernières opérations d'imprimerie. « Bains, électricité, chauffage central, salons, grands jardins, cave renommée », vantent les publicités de l'hôtel de l'Espérance, situé au 49 rue de Vaugirard. Les deux Américains s'y installent pour une durée indéterminée.

Le 28 juillet, à Bruxelles, Ernest et Hendrik discutent durant huit heures consécutives avec Paul Otlet et Henri La Fontaine. Hendrik découvre à cette occasion le terrain de Tervueren auquel il trouve de nombreuses qualités. Le Français et l'Américain rentrent à Paris le soir même.

Deux jours plus tard, Ernest tend à Hendrik un contrat dactylographié en deux exemplaires.

« Un contrat ? Mais pour quoi faire ?, s'étonne Hendrik.

— Pour clarifier les choses maintenant que la ville est entièrement dessinée, lui répond Ernest. Ce contrat stipule qu'en cas de construction du Centre mondial, je toucherai un pourcentage sur l'ensemble des bâtiments réalisés. »

Hendrik s'emporte.

« Hébrard, dois-je vraiment vous rappeler que je suis le concepteur du plan ? Que ce sont mes idées, ma vision que vous avez mises en forme ? Vous n'avez jamais cru à ce projet ! Et vous avez maintenant le culot de me demander de signer un contrat en prévision de la construction de la ville ?

— Allons, allons, ne vous fâchez pas. N'importe quel architecte touche un pourcentage lorsque l'un de ses projets se réalise. »

Hendrik refuse de signer. Selon lui, Ernest n'a jamais été que son assistant.

Lorsque le sculpteur relate l'épisode à Olivia, celle-ci s'indigne de l'attitude de l'architecte.

« Après avoir longtemps soutenu que le Centre mondial était un projet chimérique, ce sceptique voudrait maintenant en tirer profit. Quel suceur de sang ! » fulmine Olivia.

12

« Qu'est-ce que c'est que ça ? » feint de s'interroger Hendrik en posant son index sur une inscription minuscule imprimée au bas d'un dessin d'architecture. La scène se passe dans l'agence d'Ernest Hébrard, par une chaude journée d'août 1912. Le dessin en question représente un bâtiment entièrement conçu par l'un des assistants d'Ernest. Hendrik le sait, c'est pourquoi, affectant l'étonnement, il déchiffre la signature à voix haute en appuyant sur chaque syllabe.

« Ernest Michel Hébrard, architecte…

— C'est l'usage, réplique l'intéressé. Je suis l'un des meilleurs architectes de France.

— Peut-être, rétorque Hendrik. Mais est-ce une raison pour vous approprier le travail des autres ? Et ceci, qu'est-ce que c'est ? »

Hendrik exhibe une feuille de papier. Il s'agit d'une épreuve de la page de grand titre du livre *Création d'un Centre mondial de communication*. En haut de cette page, le nom d'Hébrard trône en majesté.

« Hébrard, reprend Hendrik, dois-je à nouveau vous rappeler que je suis le principal concepteur de cette ville ? C'est *moi* qui ai eu l'idée de la réaliser et qui en ai établi le programme, c'est *moi* qui vous ai exhorté à la dessiner quand vous souteniez que ce projet était irréalisable, absurde, grotesque… Sans mon insistance, vous ne l'auriez jamais achevé ! »

Tout au long du mois d'août, Ernest et Hendrik se querellent à propos de la taille et de l'emplacement de leurs noms respectifs dans le livre. Ces disputes reflètent la mauvaise foi et la vanité des deux personnages, autant que l'ambiguïté d'une relation dans laquelle chacun doit beaucoup à l'autre. Sans l'opiniâtreté et l'audace d'Hendrik, Ernest n'aurait jamais entrepris un tel chantier. Mais sans le talent, la patience et le perfectionnisme du prix de Rome d'architecture, le sculpteur ne pourrait se vanter d'avoir conçu une ville majestueuse.

Après plusieurs semaines de joute, les deux hommes trouvent un compromis. Ernest cède à Hendrik tous les dessins, les plans et les droits de reproduction de la ville. Il consent à ce que son nom figure au second rang dans le livre, comme simple exécutant de la partie architecturale du projet. En échange, Hendrik signe un contrat accordant à l'architecte un pourcentage en cas de construction partielle ou totale du projet, reconnaît son statut de co-auteur, et accepte que la signature de l'architecte soit apposée sur tous les dessins.

Hendrik obtient que le nom d'Olivia figure dans le livre, au titre de conceptrice du Centre mondial. Mais, par un étrange paradoxe, celle-ci refuse cette reconnaissance. Elle prie Hendrik d'assumer seul la paternité de cette cité idéale, pourtant théorisée de façon strictement paritaire. Olivia ne justifie pas ce choix dans son journal intime.

13

Walter J. Bartnett, le banquier pacifiste de New York, séjourne à Paris au cours du mois septembre 1912. Il aide Hendrik à promouvoir le Centre mondial en lui présentant des hommes d'affaires de diverses nationalités, parmi lesquels des spéculateurs immobiliers estimant que la principauté de Monaco pourrait accueillir la capitale du monde. Certains d'entre eux affirment être intéressés par le projet. Néanmoins, après une série de rencontres encourageantes, Hendrik comprend que tous ses interlocuteurs ne pensent qu'à la manière de tirer un profit financier de son idée, et se désintéressent entièrement des idéaux qui la sous-tendent.

Au cours d'une réception dans un château de la banlieue ouest de Paris, Hendrik déconcerte Bartnett lorsqu'il se lève de sa chaise pour annoncer à des investisseurs potentiels qu'il rompt les pourparlers. « Le Centre mondial de communication ne fera l'objet d'aucune spéculation immobilière », lance-t-il froidement à ses interlocuteurs.

Dans le taxi ramenant les deux Américains à Paris, Bartnett exige des explications.

« Ma ville n'a pas été conçue dans l'intention d'enrichir qui que ce soit, justifie Hendrik. Elle prône l'unité du monde et la fraternité universelle.

— D'accord, réplique Bartnett. Mais comment souhaitez-vous la financer si vous n'allez pas chercher l'argent là où il se trouve ?

— Je solliciterai des philanthropes et des hommes d'État », répond le sculpteur.

Cette scène jette une lumière crue sur la personnalité d'Hendrik. De son enfance misérable à Newport aux humiliations endurées dans son école d'art à Boston en passant par la mort de son frère, ses échecs artistiques et sa rencontre avec Olivia, il a continuellement cherché à donner un sens à sa vie. Avec le Centre mondial de communication, ce démiurge l'a trouvé. Évoluant dans une réalité qu'il s'est lui-même forgée à partir des postulats religieux d'Olivia, Hendrik se perçoit comme un homme intègre ayant reçu une mission divine, celle d'unifier l'humanité par son art. L'utopisme technologique du Centre mondial et le discours eschatologique qui l'accompagne traduisent la foi du sculpteur dans le progrès scientifique et religieux, autant que sa quête d'une perfection morale pour lui-même et pour le monde. Bien entendu, Hendrik entend être reconnu comme un grand artiste. Mais avant la gloire et l'argent, cet idéaliste passionné cherche son salut. C'est pourquoi il vit dans le renoncement aux satisfactions personnelles, fidèle en ce sens à l'éthique protestante du travail.

« Walter, ayez confiance en moi, je construirai cette ville, conclut Hendrik au terme de la course.

— Vous en êtes incapable », lui répond sèchement le banquier en claquant la porte de l'automobile.

14

Le 19 octobre 1912, Hendrik remet à l'imprimerie Renouard les bons à tirer des éditions française et anglaise du livre de présentation du Centre mondial. La commande prévoit plusieurs tirages à la presse typographique, sur des papiers de différentes qualités. Les exemplaires les plus luxueux seront des tirages nominatifs imprimés sur papier Japon, indiquant les noms de grands souverains. Pour produire un millier de copies de ce livre somptueux – toutes éditions confondues –, une équipe d'ouvriers typographes travaillera plusieurs mois. Les Andersen louent par ailleurs un local, situé rue Princesse à Paris, afin d'entreposer au fur et à mesure les livres imprimés et reliés en cuir.

De retour à Rome, Olivia et Hendrik créent la Conscience mondiale, une « société internationale pour favoriser la création d'un Centre mondial devant servir d'abri et d'organe aux intérêts communs des nations, en vue d'aider tous les peuples à marcher, par la paix et la dignité, dans les larges voies du progrès humain ».

Afin de donner un quartier général à cette organisation, les Andersen transforment une chambre de leur appartement de la piazza del Popolo en bureau, qu'ils décorent de gravures de la cité idéale. Ils commandent à un imprimeur romain des bulletins d'adhésion en français et en anglais, ainsi que des brochures illustrées, destinées à rallier un premier cercle de sympathisants. Cette publication s'adresse aux leaders d'opinion progressistes, artistes, scientifiques, professeurs d'université…

> Monsieur,
>
> La marche des événements politiques et sociaux montre que le temps est venu d'aborder le problème d'un centre mondial de communication entre les hommes et entre les pensées, et de le traiter avec toute la rigueur de la méthode positive : les relations économiques et les aspirations fraternelles sont telles, sur la Terre d'aujourd'hui, qu'elles ne demandent qu'un foyer commun pour s'y concentrer et rayonner puissamment. Les services que vous avez rendus à la cause de l'humanité sont universellement appréciés : l'appui qu'apporteraient votre nom et votre notoriété à notre projet serait extrêmement précieux pour en hâter la réalisation. Aussi n'hésitons-nous pas davantage à faire appel à votre clairvoyance et votre sympathie, et à vous exposer, aussi brièvement que possible, l'objet de notre œuvre.

LA CAPITALE DE L'HUMANITÉ

Depuis neuf années, l'auteur s'est absorbé dans la conception et la création d'un Centre mondial, d'une Cosmopolis commune à tous les peuples. Cette idée a pris corps dans son esprit sous la forme d'une Ville qui, tout en restant très simple et très digne, saurait unir les aménagements hygiéniques les plus parfaits et des plans esthétiques pleins de magnificence. Le seul objet de ce grand travail, est de créer un centre digne des aspirations humaines qu'il est destiné à satisfaire.

On vient enfin de compléter dans leurs grandes lignes ces plans et ces aménagements. Au cœur, se dressent les édifices spécialement adaptés au service des grands intérêts internationaux. Ils s'y groupent en trois centres, réservés respectivement à la Culture Physique, à la Science et à l'Art.

Le Centre de Culture Physique a pour objet de grouper, de tous les points du monde, les meilleurs résultats de l'athlétisme moderne. Des archives systématiquement établies seraient constituées en vue du développement rationnel du corps humain chez tous les peuples. Un des monuments les plus caractéristiques est donc un vaste Stade ayant pour annexe Piscine et Gymnase disposés au milieu de champs, et ouverts à tous les sports de plein air. Ces Gymnases ou Écoles athlétiques sont dessinés sur les plans les plus modernes et disposent de spacieux terrains pour les exercices et pour les expositions. Des galeries seront réservées aux moulages d'après nature et d'après l'antique, aux bibliothèques, aux cabinets médicaux, et aux bureaux destinés aux archives et notamment aux mensurations qui peuvent tant aider à faire naître et à répandre l'étalon mondial de la force et de la forme humaines.

Considérant les rapports intimes qui unissent à l'Art la Culture Physique, et le mutuel secours qu'ils se prêtent dans leur ascension vers la Beauté, on a joint le Centre artistique au premier groupe d'édifices par une série de jardins consacrés à la floriculture, à l'histoire naturelle, à la botanique et à la zoologie. Un imposant Temple de l'Art forme dans ce deuxième Centre le principal monument. Des salles spacieuses et de vastes galeries réservées à la peinture et à la sculpture y entourent un auditorium de dimensions majestueuses, étudiées avec un souci particulier de l'acoustique.

Les musiciens et les dramaturges de réputation mondiale, y viendraient jouer, afin de répandre au plus vite leur haut exemple. Dominant un lac étendu qui pourrait servir de piste et même de théâtre, la partie arrière de cet édifice logerait les expositions internationales des Beaux-Arts. Enfin, dans les jardins qui entourent le Temple se dissémineraient les écoles consacrées chacune à un art particulier : à portée du bâtiment central, elles n'en jouiraient pas moins de tous les avantages de l'isolement.

Aux deux Centres de la Culture physique et de l'Art que nous venons de voir, le Centre scientifique est réuni par la large *Avenue des Nations*, bordée de palais destinés aux Ambassadeurs et aux Délégués de divers pays. Il a pour édifice culminant une gigantesque Tour du Progrès, qui s'élève à une hauteur de 320 mètres. [...] Cette Tour, qui forme le trait saillant à la fois du Centre scientifique et de la Ville, exprime symboliquement notre foi dans l'Unité et notre ferme propos de grouper ici en un faisceau plus puissant toutes les volontés droites de la Terre.

La Tour se dresse au milieu d'un emplacement circulaire réservé aux Palais des Congrès scientifiques [...]. À droite et à gauche, s'érigent les nobles lignes du Palais de la Cour Internationale de Justice, et du Temple des Religions. Pour compléter ce plan d'ensemble se voient une Banque internationale ou Office de Virements et une Bibliothèque des Ouvrages de référence du monde entier, alors que dans les jardins alentour se dispersent les Instituts d'Enseignement Supérieur.

De ce centre monumental qui constitue le Cœur de la ville partent les Boulevards qui mènent au Centre civique et aux quartiers adjacents. On y trouve tous les aménagements essentiels requis par la science moderne. L'initiateur de ces plans y a consacré neuf années de labeur personnel. En outre, quarante personnes – architectes, ingénieurs, sculpteurs et peintres – ont travaillé à leur mise au point, sous l'habile direction de M. Ernest Hébrard, architecte du Gouvernement français, qui a donné à l'ensemble sa liaison logique et sa valeur architecturale.

Achevés maintenant, ces plans vont être exposés dans les principales capitales. De plus, on les a publiés en un volume qui, sous le titre de *Création d'un Centre Mondial de Communication*, en explique complètement la portée et l'objet. L'ouvrage paraît en une édition de luxe ne dépassant pas cinq cents exemplaires, et sera offert à tous les chefs d'État, comme aussi, autant que possible, aux grandes Bibliothèques nationales, aux Instituts, aux Universités et aux Associations d'un caractère international.

L'objet premier de ce Centre Mondial a été de grouper en un point les intérêts essentiels de tous les peuples. [...] L'établissement d'une Cour internationale de Justice au milieu d'un pareil centre activera singulièrement les efforts déjà faits pour établir dans l'Univers d'étroites relations économiques, et, par suite, pour réduire la marche toujours croissante des armements et du fardeau fiscal toujours plus écrasant qu'ils entraînent. Aux Sociétés de Paix et aux pacifistes de toute la Terre, une telle Cosmopolis offrirait l'occasion de formuler leur idéal et de donner à leurs aspirations le soutien d'une ferme assise fraternelle. Il en pourrait résulter une sorte d'École mondiale de la Paix dont le puissant et vibrant appel irait réveiller les échos du monde entier.

L'établissement d'un pareil ensemble fortement lié produirait à coup sûr des résultats d'une portée incalculable. Grouper les noms des hommes illustres de tous les pays sur le rôle d'honneur d'un nouvel Ordre intellectuel, ne saurait manquer d'avoir une influence précise sur l'opinion publique et d'amener les peuples à nouer entre eux des relations plus fraternelles.

Pour l'objet que nous avons essayé de vous présenter en ces quelques pages, il serait de la plus haute importance que vous vouliez bien nous autoriser à faire figurer votre nom sur ce rôle. Ce serait une attestation de votre sympathie pour les idées ici émises et de votre désir très net de favoriser l'exécution d'un plan précis qui tend à multiplier les liens positifs entre les peuples, à établir l'unité humaine sur une base fraternelle, à encourager le progrès et la paix par le moyen d'un mouvement qui embrasse le Monde entier. [...]

Dans le ferme espoir que vous voudrez bien consentir à ce que votre nom soit inscrit sur les rôles de la Société « La Conscience Mondiale », et avec l'expression du plus profond respect,

Hendrik Christian Andersen

LES RENFORTS BELGES

Les Andersen demandent à Paul Otlet de leur fournir une liste de soutiens potentiels. Le bibliographe belge leur adresse un exemplaire de l'*Annuaire de la vie internationale* publié par l'Union des associations internationales, un épais volume recensant toutes les grandes organisations progressistes, internationalistes et pacifistes du monde. Grâce à cet annuaire, Olivia et Hendrik lancent une campagne de propagande épistolaire de grande ampleur. Figures du mouvement pacifiste et de l'internationalisme, ligues de femmes, universités, associations espérantistes, sociétés théosophiques : en quelques jours, les Andersen expédient des centaines de brochures dans le monde entier. « Nous sommes complètement avec vous », écrivent Paul Otlet et Henri La Fontaine après réception de leurs exemplaires.

Les plans originaux du Centre mondial de communication arrivent à Rome le 26 novembre, roulés dans de très grandes boîtes. Hendrik les fait encadrer, puis les accroche sur les murs de son atelier.

Assis l'un contre l'autre au pied des statues colossales de la *Fontaine de vie*, Olivia et Hendrik passent de longs moments, le soir, à contempler en silence leur cité féerique.

CHAPITRE XI

Premiers succès
(1913)

1

La première guerre mondiale n'a pas seulement ruiné l'Europe et tué plus de dix-huit millions de personnes, elle a également contribué à ensevelir la mémoire du pacifisme en suscitant l'illusion, parmi nos contemporains, que le début du XXe siècle n'aurait été qu'une sorte d'avant-guerre permanente. Pour expliquer cet anachronisme, des historiens avancent le fait que leurs confrères ont été davantage enclins à étudier les processus ayant mené les empires vers la conflagration générale, que ceux qui permirent de l'empêcher au cours des crises internationales antérieures. Pourtant, selon l'historienne états-unienne Sandi E. Cooper, « à l'exception d'un petit nombre de leaders belliqueux et d'organisations militaristes, il existait un large consensus en 1914 pour souhaiter la paix et le règlement pacifique des conflits ». Dans un livre intitulé *Les Défenseurs de la paix (1899-1917),* un collectif d'historiens français ajoute qu'avant le conflit, « les forces favorables à la paix étaient plus considérables qu'on ne l'écrit bien souvent ».

Au commencement de mes recherches sur le Centre mondial de communication, je ne comprenais pas pourquoi cette utopie était tombée dans l'oubli. Quelques années plus tard, en me rendant aux Archives départementales de la Sarthe pour y consulter les papiers de Paul d'Estournelles de Constant (1852-1924) – un ancien diplomate, député (1895), puis sénateur (1904) du département, fondateur en 1903 du groupe parlementaire français de l'arbitrage international –, j'ai découvert que cette omission ne concernait pas exclusivement la cité idéale des Andersen. D'une manière générale, la plupart des pacifistes de cette période ont sombré dans l'oubli le plus complet.

Bien qu'il ait été lauréat du prix Nobel de la paix en 1909, le Français Paul d'Estournelles de Constant demeure un quasi-inconnu dans son pays. À titre de comparaison, il est aujourd'hui impossible d'étudier le plan d'une grande ville de l'Hexagone sans remarquer un boulevard, une avenue ou une place portant le nom de Joseph Joffre (1852-1931), Ferdinand Foch (1851-1929) ou Joseph Gallieni (1849-1916), des maréchaux de la Grande Guerre. En France, le mouvement pacifiste souffre d'une piètre réputation depuis qu'il a été discrédité par des collaborationnistes et des attentistes au lendemain de la défaite de juin 1940, puis instrumentalisé par les deux blocs qui se sont affrontés au cours de la guerre froide. Cette déconsidération explique en partie pourquoi, de nos jours, les pacifistes juridiques français des années 1900 sont davantage étudiés à l'étranger que dans leur propre pays.

Soulignons pourtant que si l'histoire du pacifisme fut longtemps dominée au XIXe siècle par les Anglo-Saxons, des Belges, des Suisses et des Français les relayèrent à l'aube du XXe siècle. Frédéric Passy, Henry Dunant, Élie Ducommun, Charles Albert Gobat, Louis Renault, Paul d'Estournelles de Constant, Auguste Beernaert, Henri La Fontaine : tous ces francophones, récipiendaires du prix Nobel de la paix en 1901, 1902, 1907, 1909 et 1913, jouèrent un rôle considérable dans l'élaboration du corpus doctrinal pacifiste.

L'historienne Sandi E. Cooper les qualifie de « pacifistes patriotes » parce que ces défenseurs de la paix par le droit n'étaient pas de doux rêveurs effarouchés à l'idée de prendre les armes pour défendre leur patrie. Suite à l'invasion allemande du Luxembourg, de la Belgique, puis de la France en août 1914, nombre de ces pourfendeurs inconditionnels de la course aux armements soutinrent l'engagement de leur pays contre l'Allemagne. Paul d'Estournelles de Constant fut l'un d'eux. À ses yeux, la violation de la neutralité belge et l'invasion du nord de la France légitimaient l'idée d'une guerre « pour le droit » qui devait être menée « jusqu'au bout » afin d'anéantir le militarisme allemand.

En 1915, d'Estournelles de Constant rappela que les pacifistes méritaient d'être respectés pour leur clairvoyance d'avant guerre, et non fustigés :

> Au lieu de nous reprocher la guerre que nous avons toujours prévue, puisque nous cherchions toujours à la prévenir, on fera mieux de nous savoir gré de nos efforts. Notre seul tort est de ne pas avoir été plus soutenus.

Experts du droit international, ces pacifistes étaient d'abord soucieux de défendre la paix en élaborant un cadre juridique transnational, des mécanismes d'arbitrage des conflits, ainsi qu'une politique de désarmement globale. Ces conceptions inventées à la Belle Époque ont échoué à éviter la Grande Guerre, mais des chercheurs estiment qu'elles l'auraient peut-être retardée. En outre, l'historien Jean-Michel Guieu explique que ces conceptions « ne continuent pas moins d'alimenter pendant tout le xxe siècle un courant idéaliste qui fait de la mise en place d'organisations internationales permanentes le but principal de son combat ». Selon lui, « les bases juridiques qui ont présidé à la régulation des relations internationales et des rapports entre les nations après la Grande Guerre, de la SDN à l'ONU, ont été pour l'essentiel forgées dans cette période d'avant 1914 ».

Le fonds d'archives Paul-d'Estournelles-de-Constant conserve des lettres inédites de toutes les grandes figures du pacifisme du début du xxe siècle. En consultant sa correspondance avec Hendrik Andersen, Paul Otlet, Henri La Fontaine, Edwin Ginn, Urbain Ledoux et Andrew

Carnegie, on découvre que ce sénateur français, fin connaisseur des États-Unis et marié à une enseignante américaine, a joué un rôle important dans la diffusion planétaire des plans du Centre mondial.

Grâce à ces documents, j'ai saisi un élément essentiel : l'accueil étonnamment favorable reçu par le Centre mondial de communication auprès des élites de la « première mondialisation » ne s'explique pas uniquement par la beauté de ses lignes et l'audace de sa proposition. En réalité, à la veille de la première guerre mondiale, les idées progressistes, pacifistes et internationalistes étaient déjà largement répandues parmi les couches les plus aisées et les plus instruites de nombreux pays du globe, ainsi que dans le mouvement ouvrier et le mouvement des femmes. Partout dans le monde, des individus désiraient assister au triomphe du progrès sous toutes ses formes et à l'avènement de la paix perpétuelle.

2

Découvrant les premiers exemplaires du livre *Création d'un Centre mondial de communication* qu'Ernest Hébrard leur apporte à Rome le 24 mars 1913, les Andersen exultent. « C'est merveilleux de le voir, de pouvoir le tenir dans ses mains, ce rêve semble venir des nuages, écrit Olivia. Le voici imprimé sur le papier le plus luxueux qui soit. Magnifique. Quel rêve ! Un rêve transportable, prêt à être envoyé dans le monde entier. »

Olivia ajoute une remarque troublante. Dans le cas où la construction du Centre mondial de communication se révélerait impossible, elle affirme que « ce livre pourrait bien ressurgir dans cent ans ».

Le lendemain, les Andersen apprennent que la plus illustre activiste du mouvement pacifiste international, la baronne autrichienne Bertha von Suttner, lauréate en 1905 du prix Nobel de la paix et vice-présidente du Bureau international de la paix, accepte la présidence d'honneur de la Conscience mondiale. Ce ralliement prestigieux, que les Andersen doivent à l'entremise d'Henri La Fontaine, les comble de joie.

À partir du printemps 1913, grâce à l'envoi massif de milliers de brochures de propagande dans tous les pays du monde, les Andersen enregistrent quotidiennement plusieurs demandes d'adhésion. Elles affluent du monde entier : Allemagne, Angleterre, Autriche, Belgique, Canada, Danemark, États-Unis, France, Hongrie, Hollande, Italie, Japon, Norvège, Perse, Pologne, Portugal, Roumanie, Russie, Suède, Suisse, Turquie… Le nombre impressionnant et la diversité foisonnante de ces manifestations de sympathie démontrent que, loin d'être une simple rêverie d'illuminés, la cité idéale des Andersen répond aux espoirs de toute une génération d'idéalistes.

Parmi les centaines de bulletins libellés par des bibliothécaires, des scientifiques, des pasteurs, des diplomates, des juristes, des artistes, et des professeurs d'université, les Andersen enregistrent les adhésions du sculpteur français Auguste Rodin, de l'architecte autrichien Otto Wagner, et du poète belge Émile Verhaeren. L'astronome allemand Wilhelm Foerster (1832-1921) déclare en ces termes son approbation totale :

> Je suis convaincu que si l'on réalisait ce projet grandiose, cela ferait faire un pas décisif en vue d'arriver à unifier l'administration du monde, conformément à des principes scientifiques universels, ce qui favoriserait grandement la formation d'une conscience mondiale.

L'astronome Camille Flammarion énonce quant à lui :

> Il y a là une idée magnifique. Sur notre planète si imparfaite, la barbarie ancestrale règne encore. Faisons tous nos efforts pour dégager l'humanité de la chrysalide animale. Soyons non pas citoyens d'une patrie, mais citoyens de la Terre entière – atome dans l'infini –, et même citoyens du ciel, esprits libres vivant dans la justice et dans la vérité.

Délégué de la France aux conférences de La Haye de 1899 et 1907, Paul d'Estournelles de Constant adhère lui aussi à la Conscience mondiale. À son geste, il joint ces paroles écrites :

> Il n'est pas douteux que la création d'un « Centre de Communication Internationale » comme celui-ci serait d'un puissant secours à l'organisation de la vie internationale et je souhaite vivement que ce projet puisse être mis à exécution aussitôt que possible.

Tout en galvanisant Olivia et Hendrik, ces soutiens les confortent dans l'idée qu'ils doivent se lancer dans une tournée des ambassades de Rome afin d'y rencontrer des agents diplomatiques de tous les pays. Leur intention ? Se renseigner sur la meilleure manière d'adresser leur livre de présentation aux chefs d'État et de gouvernement.

Des dizaines d'attachés d'ambassade les accueillent aimablement, d'autres leur opposent des consignes bureaucratiques strictes, les font patienter durant des heures inutilement ou les éconduisent. Cette expérience, pénible et chronophage, éprouve les Andersen. Mais elle révèle une fois de plus leur détermination vigoureuse à promouvoir leurs initiatives.

Au terme de cette tournée, Olivia apporte une brochure de propagande dans un palace de Rome où séjournent exceptionnellement son frère Howard, son épouse Ethel et leurs enfants. Après plusieurs heures de bavardages dans le salon de ce grand hôtel, Olivia comprend combien son frère est devenu un peintre quelconque, à la conversation ennuyeuse, menant la vie indolente et bourgeoise qu'elle a choisi de fuir.

« Voulez-vous adhérer à la Conscience mondiale et sympathiser avec notre cause, l'internationalisme ? » demande-t-elle aux époux Cushing. Ethel et Howard lui répondent en riant, plein de fatuité, qu'ils ne savent même pas ce qu'est l'internationalisme.

Olivia le leur explique. Elle détaille le danger que représente l'actuelle course à l'armement des grandes nations, expose dans ses grandes lignes le projet de construction d'une capitale du monde, puis tente en vain de convaincre son frère et sa belle-sœur de l'importance d'adhérer à la Conscience mondiale. Sitôt l'exposé d'Olivia terminé, les époux Cushing reprennent leurs commérages.

Ethel et Howard Cushing adhéreront par pure convenance, quelques jours plus tard.

3

Les Andersen réceptionnent une caisse de vingt-cinq volumes imprimés sur papier Japon le 20 mai 1913. Il s'agit d'exemplaires de l'édition la plus luxueuse, comportant une impression spéciale pour les monarques et les chefs d'État des grandes puissances. Hendrik dédicace les livres, joint une lettre explicative rédigée par Olivia, puis dépose ces éditions dans diverses ambassades de Rome afin qu'elles parviennent aux souverains.

L'ambassadeur des États-Unis en Italie, Thomas J. O'Brien, s'implique personnellement dans la diffusion du livre. Il adresse au palais du Quirinal l'exemplaire destiné au roi d'Italie, Victor-Emmanuel III.

Le 1er juin, O'Brien envoie ce message à Hendrik :

Sa majesté le roi d'Italie vous recevra demain, lundi 2 juin, à 13 h 20. Si vous pouvez téléphoner à l'ambassade demain dans la matinée, je vous dirai ce qui est attendu. Vêtement : redingote. Cordialement, T. J. O'Brien

4

« Le roi d'Italie est un homme de petite taille. Il a des yeux gris-bleu, un long menton, des dents irrégulières, une moustache roussâtre tirant vers le gris…, raconte Hendrik à Olivia au terme de l'audience. Quand je suis entré dans son bureau, il m'a d'abord remercié de lui avoir offert notre livre, puis il m'a complimenté pour notre travail. J'ai pu lui expliquer posément les principes fondamentaux de notre ville, page après page. Le roi s'est montré très intéressé par le projet, il m'a même demandé des précisions sur certains aspects du plan. »

Ce nouveau succès transporte de bonheur les Andersen. Il permet à Hendrik de rencontrer à Rome des journalistes et des personnalités politiques italiennes de premier plan.

5

Pris par l'élan de la réussite, les Andersen décident de retourner à Paris afin d'y organiser une grande conférence de présentation de leur cité. À l'aide d'une lanterne magique – l'ancêtre du projecteur de diapositives –, Olivia et Hendrik souhaitent montrer, sur grand écran, les plans et les dessins de la ville.

À la mi-juin 1913, lorsque les Andersen entrent dans leur local de la rue Princesse, celui-ci abrite plus de huit tonnes de livres. Sur place, les deux Américains commandent à un menuisier des coffrets en bois sur-mesure afin de pouvoir expédier leurs ouvrages en toute quiétude. Olivia et Hendrik enveloppent chaque livre dans une toile épaisse et imperméable nouée par de la corde, puis les empaquettent dans ces petites caisses soigneusement étiquetées. Quotidiennement, ils expédient eux-mêmes plusieurs dizaines d'ouvrages. Vingt-trois exemplaires partent pour les États-Unis à cette période.

« Ce livre sera bientôt disponible à la consultation dans toutes les plus grandes bibliothèques du monde », s'émerveille Olivia dans son journal.

CHAPITRE XII

Le triomphe
(1913-1914)

1

Souvent présentée comme l'âge d'or du journalisme, la Belle Époque fut rythmée par les lois sur la liberté de la presse, les « unes » mordantes des revues satiriques, l'avènement de la figure du grand reporter, et la création de « l'opinion publique » par les médias de masse. En cette période de profond bouleversement, les ventes des journaux atteignaient des sommets inouïs. Dans les pays industrialisés, certains titres tiraient à plusieurs centaines de milliers d'exemplaires, voire à plus d'un million. En France, en 1900, pour une population de quarante millions d'habitants, il se vendait quotidiennement près de dix millions de journaux. Ces chiffres spectaculaires masquent cependant une réalité moins flatteuse : la plupart des titres de presse, fortement corrompus, ne respectaient aucune déontologie.

À Paris, au tournant du XIXe et du XXe siècle, de grandes affaires comme le « scandale de Panama » révèlent une corruption généralisée des journalistes et des patrons de presse soumis aux banques et aux grandes entreprises industrielles. En Amérique du Nord comme en Europe, la frontière entre le journalisme et la publicité est ténue : n'importe qui peut soudoyer des journalistes afin de commander des articles complaisants. Pour vanter un placement financier, discréditer un adversaire politique, faire la promotion d'une cause, d'un livre, d'un spectacle ou d'un remède de charlatan, il suffit de solliciter un plumitif accommodant, de négocier la longueur, la tonalité générale et le prix de l'article, puis de lui remettre discrètement une enveloppe gonflée de billets de banque.

Ceux qui ont quelque chose à promouvoir ou à déprécier achètent communément des articles de presse. S'ils ne s'en vantent pas ouvertement, ces transactions leur semblent aussi banales que le sont pour nous, aujourd'hui, les pratiques publicitaires agressives des grandes plateformes de réseaux sociaux ou d'hébergement de vidéos en ligne. De la même manière qu'il est actuellement possible à n'importe qui, pour peu qu'il puisse payer, de promouvoir n'importe quoi auprès de larges audiences d'internautes, la presse du début du XXe siècle permet à tous ceux qui le souhaitent d'acheter de vastes campagnes d'influence.

Il apparaît dans les papiers des Andersen qu'ils se sont renseignés à propos du coût d'une telle opération en faveur du Centre mondial de communication, et qu'Ernest les a soupçonnés d'avoir acheté certains articles. Si rien ne permet de l'affirmer catégoriquement, plusieurs indices accréditent cette hypothèse. Le plus éloquent ? Un contrat passé entre les Andersen et le romancier et critique d'art Paul Adam (1862-1920), un auteur vedette.

2

En ce 22 juin 1913, Hendrik est alité. Olivia se rend donc seule au domicile de Paul Adam, situé quai de Passy – l'actuelle avenue du Président-Kennedy –, afin de lui proposer de donner une conférence vantant le Centre mondial.

Écrivain talentueux et charismatique, Paul Adam a une opinion sur tous les sujets ou presque. Il sait être provocateur pour faire parler de lui, on le voit partout, et il lui arrive de monnayer secrètement sa plume et son influence. Par le passé, ce polémiste moustachu a milité dans des mouvements nationalistes en faveur du général Boulanger, aux côtés de Maurice Barrès. Dans quelques mois, au cœur de la première guerre mondiale, Paul Adam prononcera des discours bellicistes dans les tranchées afin de haranguer les troupes. Mais, pour l'heure, face à Olivia, Paul Adam accepte de trousser une ode au mondialisme lors de la grande conférence que les Andersen souhaitent organiser. Pour la modique somme de deux mille francs.

« En plus de la conférence, j'écrirai un article dans *Excelsior* en faveur de votre ville, précise-t-il.

— Votre offre me convient, lui répond Olivia. Mais il nous reste un problème à résoudre... Nous n'avons pas encore trouvé de salle. Je souhaite que cet événement se tienne dans un lieu éminemment prestigieux.

— Le grand amphithéâtre de la Sorbonne vous conviendrait-il ? »

Le regard d'Olivia s'illumine.

« Ce serait formidable ! s'exclame-t-elle.

— Je m'en occupe. Je vais écrire à Gabriel Hanotaux du Comité France-Amérique afin de lui soumettre votre projet. De votre côté, tâchez d'obtenir l'appui de l'ambassadeur des États-Unis en France afin qu'il patronne votre conférence. »

Fondé en 1909 par Gabriel Hanotaux, ancien ministre des Affaires étrangères du gouvernement français, le Comité France-Amérique œuvre au développement des liens d'amitié entre la France et les États-Unis. Point de rencontre privilégié des élites des deux pays, ce cercle est encore en activité à Paris.

3

Au cours des journées suivantes, Olivia et Hendrik expédient plusieurs dizaines de livres depuis leur local de la rue

Princesse. Le 29 juin, ils reçoivent un télégramme de Paul Otlet et Henri La Fontaine :

> Recevons Centre mondial. C'est grandiose. Hourra ! En avant pour la réalisation !

Hendrik adresse également un exemplaire du livre à Henry James. Malgré la dureté des critiques que ce dernier lui a adressées, le sculpteur presse son ami d'adhérer à la Conscience mondiale.

4

De retour à Rome, les Andersen reprennent leur prosélytisme épistolaire en faveur du Centre mondial. Hendrik explique à Olivia qu'il a l'intention de recruter des milliers d'adhérents à travers le monde. Son ambition démesurée plaît toujours autant à Olivia. « Tant que je serai en vie dans ce corps, je veux vivre aux côtés d'Hendrik, je veux vivre pour lui », écrit-elle.

Au cours de l'été, un article élogieux paraît dans le journal *La Paix par le droit*. Il porte la signature du président de la fondation Carnegie à Paris, Jules Prudhommeaux, militant pacifiste et administrateur du Familistère de Guise. Inspiré du phalanstère de Charles Fourier, le Familistère est un lieu de vie communautaire créé par l'industriel du poêle en fonte Jean-Baptiste André Godin (1817-1888) afin d'émanciper ses ouvriers.

Les Andersen consacrent le mois de septembre 1913 à l'expédition de milliers de lettres et de brochures à travers le monde. En retour, des centaines de réponses positives affluent au numéro 3 de la piazza del Popolo. De nouveaux membres de la Conscience mondiale joignent à leurs bulletins d'adhésion des listes de personnes à contacter, d'autres réclament instamment des paquets de brochures à diffuser. Henry James, en revanche, n'a pas changé d'opinion.

Très cher Hendrik,

Si j'ai gardé le silence si longtemps c'est parce que le désarroi & l'embarras m'en ont retenu [...]. Il me semble me rappeler que je t'ai écrit, il y a quelque temps, plus ou moins dans ce sens, & sous ton insistance – après que tu m'eus envoyé ton plan d'un « Centre Mondial » & puis encore la première partie de ton pamphlet sur une « Conscience Mondiale » ; je t'ai écrit sous une forme éloquente la peine que je ressens à devoir me prononcer sur ces sujets que je comprends & pénètre si peu. Mais tu sembles avoir oublié l'impression que j'ai essayé de te communiquer alors – ou que j'ai échoué à te communiquer ; puisque tu m'exhortes de nouveau comme si je n'avais rien dit – ni prononcé la moindre mise en garde.

Crois-tu, mon très cher Hendrik, que j'*aime* te dire que je ne peux pas, & ne pourrai pas t'accompagner, que je ne peux pas & ne pourrai pas comprendre, te féliciter, ou entrer dans tes projets & plans si vastes & vagues & qui n'ont aucun sens pour moi ? [...]

Vois-tu, cher Hendrik, pour être tout à fait & sans ménagement sincère, & ne pas faire durer inutilement une déclaration que j'aurais tellement aimé ne pas avoir à faire, je *déteste* tout simplement les formes si prétentieuses de mots comme « Mondial » – ils sont pour moi des sons monstrueux dépourvus de sens. Le Monde est une affaire prodigieuse & magnifique & incommensurable [...]. Il est tellement plus vaste dans son épouvantable complexité que toi ou moi [...].

Je te supplie de revenir, de toi-même, à la Réalité saine & sensée, pour retrouver la proportion des choses & redouter comme le plus considérable mal de toutes les forces du mal le sombre danger de la Mégalomanie. Car, sur cette voie, mon cher garçon, s'étend simplement la Folie. Réalité, Réalité, la vision des choses telles qu'elles *sont*, & pas à la lumière des simplifications les plus négligentes – reviens-moi avec *ça* [...].

Henry James

5

Les Andersen apprennent au cours du mois d'octobre que Paul Adam et le Comité France-Amérique ont arrêté la date du samedi 6 décembre 1913 pour leur conférence de présentation du Centre mondial. Les deux Américains bouclent leurs valises et montent à bord d'un express pour Paris.

Olivia se rend dans un grand magasin afin d'acheter trois robes et deux chapeaux, tandis qu'Hendrik se fait faire de nouveaux costumes. Les moyens financiers des Andersen étant toutefois limités, ils évitent les restaurants trop onéreux et dînent au Bouillon-Chartier, une adresse populaire et bon marché située à six cents mètres de leur hôtel.

Paul Adam reçoit les Andersen le 27 octobre. En vue de la conférence, il brosse un tour d'horizon de la presse parisienne et livre aux deux Américains ses recommandations.

« Le tirage du journal *Le Temps* est plus faible que beaucoup d'autres journaux, mais son influence est considérable. Si *Le Temps* est avec nous, ils seront tous avec nous », résume l'écrivain mondain.

Les Andersen boivent ses paroles.

« Aux journalistes du *Matin* n'oubliez pas de mentionner votre audience auprès du roi d'Italie, c'est très important », poursuit-il.

Avec plus d'un million d'exemplaires imprimés quotidiennement, *Le Matin* représente l'un des plus gros tirages de l'époque. Parmi ses plumes, le journal compte Albert Londres.

« Avez-vous obtenu le patronage de l'ambassade des États-Unis ? demande enfin Paul Adam.

— J'ai rencontré l'ambassadeur, Myron T. Herrick, répond Hendrik. Il a accepté de patronner notre conférence et devrait même y participer. »

6

Ernest Hébrard rentre à Paris à la même période, après une mission archéologique à Konya, dans l'Empire ottoman, où il est allé étudier des monuments Seldjoukides. L'architecte s'implique dans l'organisation de la conférence et la promotion du livre auprès des journalistes et des critiques d'art. Les Andersen lui reprochent néanmoins de ne pas en faire assez et de se montrer trop timoré.

Hendrik charge régulièrement plusieurs volumes dans un taxi en compagnie d'Ernest, fait arrêter l'automobile devant le siège d'un grand journal, pénètre dans sa rédaction, un exemplaire sous le bras, le remet en mains propres à l'un de ses journalistes, remonte à bord du taxi, consulte sa liste, puis recommence son travail de coursier une fois arrivé devant la porte de la rédaction suivante.

Malgré ces efforts, la campagne de promotion des Andersen commence mal. Au sein de la rédaction du *Temps*, titre réputé pour son sérieux et sa probité, les journalistes se méfient de ce Centre mondial. Traumatisés par le scandale de Panama, ils soupçonnent le fabuleux projet immobilier de camoufler une arnaque financière de grande ampleur. Les journalistes du *Temps* s'interrogent. Qui aurait intérêt à dépenser autant d'argent pour faire dessiner une ville entière par une agence d'architectes, si ce n'est un escroc ? Par prudence *Le Temps* décide, dans un premier temps, de ne pas évoquer le projet des Andersen.

Au *Matin*, d'autres journalistes rejettent l'idée du Centre mondial par chauvinisme. Lorsque Hendrik se rend au journal pour y apporter un exemplaire du livre de propagande, un rédacteur scandalisé le prend à parti : « Ainsi, monsieur Andersen, vous voulez décentrer Paris ! N'est-ce pas déjà le centre du monde ? Aucun Allemand n'irait dans votre ville si elle se trouve en France, et réciproquement. »

Ces deux premiers échecs ébranlent Ernest. Lors d'un dîner au Bouillon-Chartier, il confie aux Andersen redouter que leur entreprise ne tourne au fiasco. Le prix de Rome ajoute que sa situation professionnelle le décourage. Chaque fois que son agence a présenté des projets à des concours d'architecture, cela s'est soldé par un échec. Ernest pourrait dessiner des maisons individuelles et des habitations à bon marché pour gagner sa vie, mais cette perspective ne l'enchante guère. Il souhaite s'atteler à des projets de plus haute envergure. Malheureusement, il n'en trouve pas. Ernest se contente par conséquent d'accepter des missions archéologiques, comme celle qu'il vient de réaliser à Konya.

De son côté, Hendrik ne se laisse pas abattre par ces premières déconvenues. Le sculpteur y voit plutôt le signe qu'il doit persévérer. Mobilisant tous les réseaux américains de Paris, il se rend au déjeuner mensuel des correspondants de la presse états-unienne pour y distribuer livres, tracts et brochures. Ses compatriotes l'applaudissent et lui promettent de parler de sa cité idéale au sein de leur rédaction.

« C'est étrange de se trouver au cœur de Paris, d'être inconnue, et d'avoir quelque chose de très important à faire, confie Olivia. C'est étrange, c'est comme un rêve. »

7

En ce 6 novembre 1913, un mois jour pour jour avant la date prévue pour leur conférence, Olivia, Hendrik et Ernest entrent sous la coupole du grand amphithéâtre de la Sorbonne pour repérer les lieux. Pendant qu'Hendrik étudie la possibilité de projeter les dessins du Centre mondial sur un écran à l'aide d'une lanterne magique, Olivia admire *Le Bois sacré de la connaissance*, la magnifique toile surplombant l'estrade de l'hémicycle réalisée par le précurseur du symbolisme, Pierre Puvis de Chavannes.

Au cœur de la clairière d'un bois sacré, deux génies portant palmes et couronnes se tiennent aux côtés d'une femme symbolisant la Sorbonne. La trentaine de figures allégoriques représentées dans l'œuvre compte notamment la Poésie, l'Histoire et la Science. La Botanique tient une gerbe de plantes, la Géologie s'appuie sur un fossile, la Physique offre au monde l'électricité. Dans ce tableau étrangement prémonitoire, la Philosophie est représentée par la lutte du Spiritualisme et du Matérialisme face à la Mort, tandis qu'au centre de l'œuvre, l'Éloquence célèbre les conquêtes de l'esprit humain.

Ernest se tient debout sur l'estrade, face aux niches accueillant les statues de Robert de Sorbon, René Descartes, Antoine Lavoisier, Charles Rollin, Blaise Pascal et du cardinal de Richelieu. L'architecte balaie d'un regard épouvanté les gradins de velours vert et les dix vastes tribunes réparties sur deux étages.

« Le grand amphithéâtre compte plus d'un millier de places assises, prévient-il. Si nous ne le remplissons pas, nous tomberons sous les sarcasmes des journalistes, et serons la risée de la presse durant des semaines. »

Craignant de se couvrir de ridicule, Ernest renouvelle plusieurs fois ses avertissements aux Andersen. Il leur suggère d'opter pour la prudence et de réserver une salle plus modeste, quitte à organiser d'autres présentations si la première se déroule bien. Hendrik refuse.

Les pires craintes de l'architecte semblent pourtant se confirmer le 9 novembre, lorsque le *Daily Mail* publie un article défavorable au Centre mondial. « Nous devons accepter les échecs, comme nous devons accepter de voir des portes claquer sous notre nez », écrit Olivia. Cette nouvelle déconvenue n'entame pas l'optimisme d'Hendrik.

Les Andersen font imprimer huit mille cartons d'invitation. Le bristol donne à voir la vue aérienne du Centre mondial survolé par un aéroplane.

> Le Comité d'organisation a l'honneur de vous prier d'assister le 6 décembre prochain, à 9 heures du soir, au grand amphithéâtre de la Sorbonne, à la Conférence que fera, sous la Présidence de Monsieur ÉMILE BOUTROUX, de l'Académie Française, Monsieur PAUL ADAM, sur le projet d'une Cité Future, centre artistique et scientifique, conçu par Monsieur H.-C. ANDERSEN, assisté de Monsieur E.-M. HÉBRARD, architecte du Gouvernement.

Le Comité France-Amérique se charge d'adresser ce bristol au Tout-Paris. Artistes, écrivains, journalistes, politiciens, diplomates... Plusieurs milliers d'entre eux reçoivent ce carton.

8

La pression sanguine d'Hendrik augmente brusquement sous l'effet de l'adrénaline lorsqu'il découvre l'édition du *New York Times* du 9 novembre 1913. Reproduisant la vue aérienne du Centre mondial, un dessin de la Tour du Progrès, ainsi qu'une carte du New Jersey présentant un emplacement où la cité idéale pourrait être bâtie, le *Times* vante sur sept colonnes – une page entière – « le rêve d'Hendrik C. Andersen » :

> Il a rêvé d'une ville de santé, d'agrément et de beauté ; une ville dépourvue de taudis, où chacun jouit de la lumière du soleil, de l'air et de l'espace ; une ville où chaque rue, chaque ligne de transport est un fil étroitement relié à un vaste réseau ; une ville dotée de somptueux bâtiments publics, de larges avenues, de nombreux parcs, d'aires de jeux, de fontaines et de plans d'eau ; une ville où tous les besoins humains que l'homme est à même de fournir civiquement ont déjà été pourvus. Mieux encore, la ville d'Andersen est appelée à être une sorte de capitale intellectuelle du globe, une gare de triage pour sa pensée, un tamis pour ses diverses théories sociales, politiques et financières. « Un Centre Mondial de Communication », ainsi que le rêveur lui-même la désigne.

Première victoire médiatique des Andersen, cet article louangeur publié dans un quotidien d'envergure internationale marque aussi un refroidissement de leur relation avec Ernest. En effet, ce dernier y est à peine nommé. « Notre grand projet semble être fait par vous seul », fait-il remarquer à Hendrik, amer. Parce qu'ils se perçoivent comme les forces motrices du projet depuis ses origines, Olivia et Hendrik considèrent qu'Ernest exagère son rôle, et qu'il essaye de se couvrir de gloire en s'appropriant tardivement « un projet auquel il n'a jamais cru ».

Tout au long du mois de novembre 1913, Hendrik rencontre des personnalités de premier plan du monde de l'art, des affaires, de la presse et de la politique. D'un rendez-vous avec un député, un sénateur ou un ancien président de la République, il passe à une entrevue avec un membre de l'Institut, un professeur d'université, un journaliste ou un militant de l'espéranto. Chaque fois que le sculpteur fait connaissance avec un soutien de sa cité idéale, il demande à ce dernier de lui recommander d'autres personnes à contacter, et de diffuser dans ses cercles de sociabilité les brochures de la Conscience mondiale.

Hendrik rencontre Pierre de Coubertin (1863-1937), le rénovateur des Jeux olympiques, auquel il propose d'installer définitivement cet événement sportif international au sein du Centre mondial. Pierre de Coubertin se montre sceptique quant à la possible construction de la ville, mais trouve l'idée excellente.

Hendrik s'entretient également avec Paul d'Estournelles de Constant. Le lauréat du prix Nobel de la paix lui indique des personnes à contacter et l'aide à affiner son argumentation. « Plutôt que de promouvoir votre ville avec des arguments pacifistes, mettez en avant les avantages concrets dont bénéficieront les nations lorsqu'elle sera bâtie », lui conseille-t-il.

Le jeudi 20 novembre 1913, les Andersen reçoivent un télégramme leur annonçant que le roi des Belges Albert Ier attend Hendrik deux jours plus tard, le 22 novembre à 11 h 45. Les deux Américains montent aussitôt dans un train pour la Belgique.

Paul Otlet et Henri La Fontaine accueillent chaleureusement les Andersen à leur arrivée à Bruxelles. C'est la première fois qu'Olivia rencontre les deux socialistes belges. Si Paul Otlet lui semble un peu farfelu, elle tombe sous le charme d'Henri La Fontaine dont elle admire « la simplicité, la gentillesse, le désintéressement ». Les quatre utopistes se rendent ensemble, en automobile, sur l'immense terrain de Tervueren où pourrait être construit le Centre mondial.

Paul Otlet leur fait également visiter, dans le Palais du Cinquantenaire de Bruxelles, les installations de son Palais mondial. Cette infrastructure rassemble le Répertoire bibliographique universel, un Musée mondial, un Musée international de la presse, l'Office central de documentation féminine (le premier centre d'archives féministe de l'histoire), l'Institut international de photographie et l'Office central des institutions internationales. Tout à la fois centre de documentation, musée internationaliste et lieu de rassemblement progressiste accueillant continuellement des colloques, le Palais mondial est un endroit unique en son genre.

Au cours de leur séjour, Olivia et Hendrik visitent le musée des Beaux-Arts de Bruxelles afin d'y admirer les chefs-d'œuvre du sculpteur belge Constantin Meunier (1831-1905).

Lorsque le roi Albert Ier reçoit Hendrik le 22 novembre, il réserve à l'Américain un accueil enthousiaste et sympathique.

« Cela peut paraître un rêve… explique Hendrik.

— Certaines personnes doivent rêver pour les autres », lui répond Albert Ier avec bonté.

Après avoir rencontré un très grand nombre d'hommes dubitatifs, Hendrik est lui-même surpris du ton enjoué du roi des Belges.

« Ce plan est pratique, poursuit le sculpteur. Notre projet de ville ne comporte rien qui ne puisse être réalisé.

— Elle existera probablement un jour », complète le monarque.

Hendrik n'en revient pas : il n'a rien à faire, Albert Ier est déjà convaincu de la nécessité de construire cette cité !

En réalité, le roi a été informé de l'existence de ce projet par Henri La Fontaine, grâce auquel Hendrik a obtenu cette audience. Comme le sénateur socialiste, Albert Ier pense que l'avenir de l'humanité passe par l'internationalisme et le développement du progrès sous toutes ses formes.

Lorsqu'il relate la scène à Olivia, Hendrik confie son étonnement et souligne combien cette audience a dépassé ses attentes. « Le roi Albert croit à notre projet, explique-t-il. Il reconnaît que la Belgique aurait un avantage à accueillir notre ville. »

9

Apprenant qu'Hendrik a rencontré le roi des Belges, Henry James rédige une lettre plus affectueuse que les précédentes.

Mon très cher Hendrik,

Les petits (ou plutôt très forts !) signes de ta prospérité vigoureuse me causent un grand plaisir, & je te félicite bien affectueusement d'avoir sauté en selle – sur laquelle puisses-tu galoper loin ! Ton ami Albert a l'air d'être un aimable monarque ; je me réjouis grandement de savoir qu'il a été gentil avec toi, & j'espère que tu vas continuer à susciter la fascination de tous les autres. Seulement, quand tu viens par ici pour polir à fond notre George, fais en sorte de garder un peu de temps à la disposition de ton plus vieux & plus cher ami. Puisse la conférence à Paris être de toutes les manières délicieuse – & cela, bien que la vue de ta Cité Future m'affecte hélas avec (fût-ce avec la plus affectueuse) horreur ! Quoi qu'il en soit, cela n'est d'aucune conséquence pour moi, aussi longtemps que tu continues à me porter la même affection de toujours, mon très cher Hendrik, d'une telle manière que je ne puisse qu'être ton pauvre vieux *devotissimo*.

Henry James

10

De retour à Paris, les Andersen apportent un exemplaire de leur livre à l'un des adhérents de la Conscience mondiale : le sculpteur Auguste Rodin. Le 25 novembre, l'artiste de soixante-treize ans les reçoit chez lui, dans la villa des Brillants à Meudon. Dans son journal, Olivia relate que le sculpteur, souffrant ce jour-là, leur a consacré quelques instants afin qu'Hendrik lui présente le Centre mondial.

Au cours de la semaine précédant la conférence dans le grand amphithéâtre de la Sorbonne, les Andersen ne perdent pas une seconde. Ils vont et viennent dans Paris, à la rencontre de journalistes et de politiciens de premier plan.

Hendrik rencontre l'homme d'État Léon Bourgeois (1851-1925) qui lui confie : « Ce que vous voulez faire, c'est donner une demeure à mes propres idées. » Paul Deschanel (1855-1922), le président de la Chambre des députés, soutient à son tour le projet. Hendrik fait connaître ces soutiens dans la presse.

Le 5 décembre 1913, le sculpteur rencontre un autre personnage emblématique de la Belle Époque : le prince souverain de Monaco Albert Ier. Passionné d'océanographie et d'anthropologie, le prince adhère à toutes les idées progressistes de son temps. En plus d'accueillir des événements pacifistes dans sa principauté, il souhaiterait en faire un lieu de rayonnement de l'internationalisme. Albert Ier considère favorablement le projet de Centre mondial.

11

Le Figaro publie en première page de son édition du 6 décembre 1913 un grand article intitulé « La capitale de la Terre », signé par le grand reporter Georges Bourdon.

> Ne la cherchez sur nulle carte, en aucun pays du monde, car elle n'a encore de réalité que dans l'imagination éblouissante et généreuse de M. Hendrik Christian Andersen, sculpteur, et dans celle de M. Ernest Hébrard, architecte du gouvernement. [...]
>
> J'ai sous les yeux leurs planches. Je regarde la ville, ses monuments, sa tour, ses jardins, ses canaux, ses boulevards, sa gare, ses palais, ses fontaines ; je vois ses sculptures, ses groupes, *l'Esprit du matin*, *l'Esprit du soir*, *la Prière*, tant d'autres encore... C'est incomparable et stupéfiant. Comment oserait-on criti-

quer ? Comment n'être pas saisi et d'un si prodigieux effort et de la noblesse de pensée qu'il atteste ? M. Henri La Fontaine, l'éminent sénateur belge, avait raison de dire que lorsque des hommes ont pu, si longtemps, nourrir une telle conception et y consacrer toute leur force intellectuelle et tout leur temps, c'est un fait qui donne à réfléchir.

M. Andersen a observé, à travers les grandes civilisations qui ont fleuri sur la terre, un constant effort de rapprochement et d'unification. « Le monde, dit-il, est entraîné vers l'unité. » [...]

M. Andersen et M. Hébrard se défendent de verser dans l'idéologie, et l'une des nouveautés singulières de leur conception est de poursuivre l'idéal à travers la vie et de mettre à son service les méthodes de la science positive.

Or, si les échanges se multiplient, si, de plus en plus, se pénètrent les idées, les intérêts et les hommes, si la découverte de l'un devient aussitôt le patrimoine de tous, et si la vibration d'un point du monde se transmet sur toute la Terre, quel bénéfice pour les nations qu'un « Centre mondial », où seraient incessamment rassemblées toutes les acquisitions intellectuelles des hommes, qui réuniraient et redistribueraient les connaissances les plus essentielles au développement humain, et dont le rôle serait de « prêter une aide inestimable à toutes les entreprises politiques ou sociales intéressant la Terre entière ».

Ce monumental projet, il y a neuf ans que M. Andersen a commencé de lui dédier sa vie. Il s'emploie maintenant à le faire aimer, et il annonce que, dans trois ans, il fera connaître les moyens de l'exécuter. Il ne sait encore où il érigera sa ville, en Belgique, en Suisse, en France, en Hollande ou ailleurs. Ce n'est pas, aujourd'hui, selon lui, le principal. [...]

Il a obtenu des adhésions et des encouragements dans tous les pays du monde, jusqu'au Japon, en Turquie et en Perse. En France, il a, entre autres, l'encouragement de M. Léon Bourgeois, de Rodin, de Mistral, de Camille Flammarion. Il a obtenu audience du roi d'Italie et du roi des Belges. Il compte se présenter au président de la République et à tous les chefs d'État. C'est une entreprise prodigieuse où il s'est jeté, et il vient de trouver, pour la servir, une voix qui tout naturellement s'enfle aux grands desseins ; car c'est ce soir, à la Sorbonne, sous la présidence de M. Émile Boutroux, que M. Paul Adam parlera de la Cité Future.

Qu'ils promeuvent ou non le Centre mondial, de nombreux journaux, de toutes tendances politiques, annoncent la conférence à la Sorbonne. C'est notamment le cas de *L'Humanité*, le journal de Jean Jaurès. L'une de ses plumes, Louis Dubreuilh, premier secrétaire général de la SFIO, se rend à l'événement afin de se faire son propre avis sur cette ville. Pacifistes, féministes, militants de l'espéranto : à Paris, en ce samedi 6 décembre 1913, tous les progressistes entendent bien être présents.

Dès vingt heures, de longues files d'automobiles s'étirent devant la Sorbonne alors que le grand amphithéâtre est déjà pratiquement comble. Ernest, moustache et barbichette taillées, cheveux brossés, cravate blanche sur costume noir, assiste, incrédule, au spectacle. Les Andersen ont réussi : ils ont rempli la salle plus d'une heure avant le début de l'événement.

12

« Mesdames, messieurs, j'apparais devant vous comme un rêveur… déclare Hendrik depuis l'estrade du grand amphithéâtre, devant plus d'un millier de personnes. Mais j'ai fait de mon mieux pour interpréter mon rêve. Je n'avais conçu tout d'abord qu'une *Fontaine de vie*, mais peu à peu, dans mon esprit, se déroula la vision de toute une cité future où pourraient être réunies les plus belles œuvres de tous les peuples, où la famille humaine entière pourrait enfin se rencontrer autour d'un foyer commun pour l'échange non de l'or et des bijoux, mais des richesses plus précieuses, plus durables, plus nécessaires, et surtout plus divines : les trésors de l'intelligence et de l'âme, guides nécessaires de l'humanité tout entière à travers la vie et à travers l'éternité... »

Olivia assiste à la conférence, assise parmi le public, et non depuis la tribune où ne se trouvent que des hommes : l'académicien Émile Boutroux, le vice-recteur de l'académie de Paris Louis Liard, l'écrivain Paul Adam, Ernest, Hendrik, ainsi que l'ambassadeur des États-Unis en France, Myron T. Herrick.

Hendrik lit ensuite un message d'encouragement adressé par la présidente d'honneur de la Conscience mondiale, Bertha von Suttner. « Permettez-moi maintenant de vous présenter Ernest Michel Hébrard... » poursuit le sculpteur.

Quittant la tribune, Hendrik fend la foule pour superviser l'allumage de la lanterne magique installée à l'autre bout du grand amphithéâtre pendant qu'Ernest commence son exposé. À l'écran, le plan monumental de la ville apparaît.

« Nous concevons ce centre international, cœur du monde, sur un plan monumental, majestueux, qui permettra de rassembler et, pour ainsi dire, de syndiquer dans une grande Maison des peuples les plus récentes réalisations humaines de l'ordre économique, scientifique, intellectuel et moral. »

Ernest Hébrard expose le fruit de ses nombreuses années de travail. Durant près d'une heure, l'architecte présente le Centre mondial dans ses moindres détails. Images à l'appui, il commente ses différents palais, édifices, musées, monuments, fontaines. L'urbaniste explique que toute la ville a été divisée en zones fonctionnelles et qu'il a savamment pensé la disposition des réseaux souterrains du métropolitain, d'eau, d'électricité, de chauffage central, autant que l'emplacement des aérodromes, gares, canaux et imprimeries.

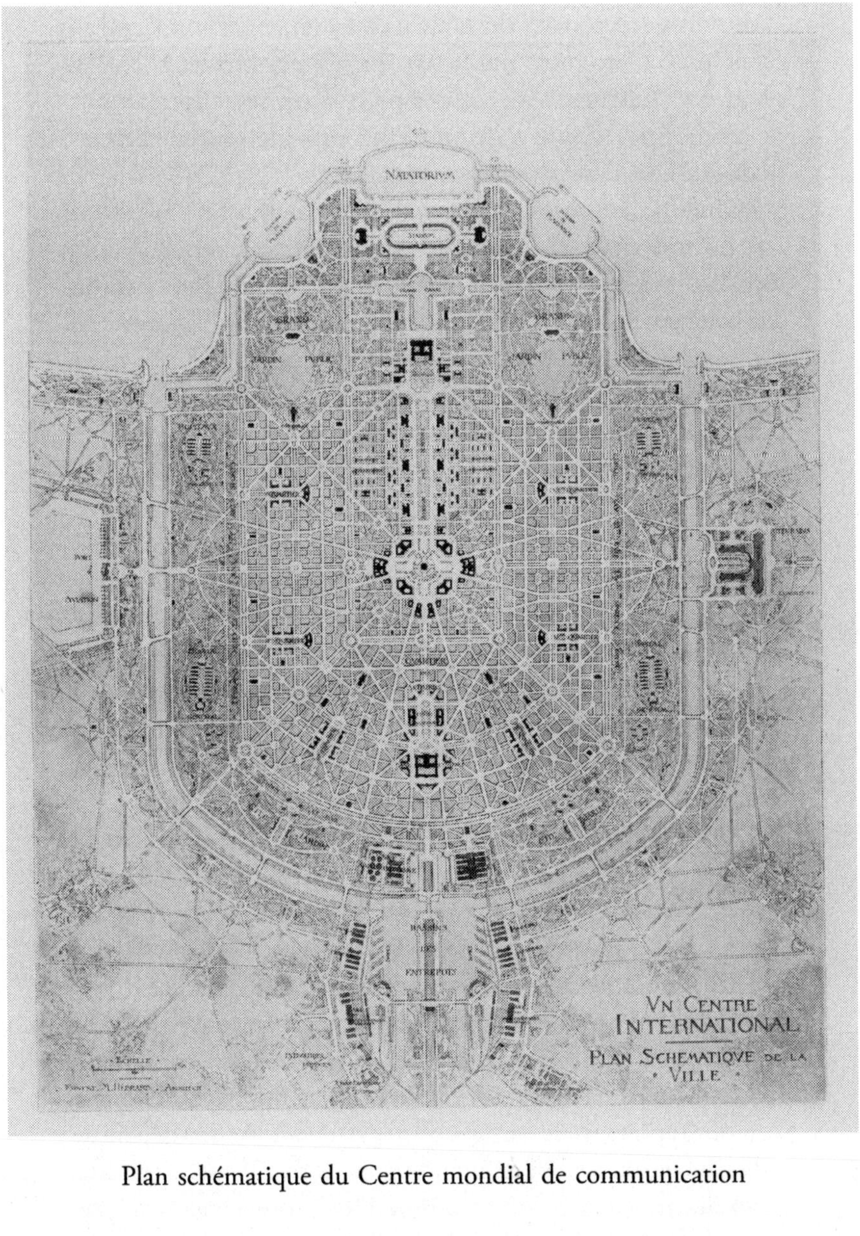

Plan schématique du Centre mondial de communication

« Comme on le verra en se reportant au plan général, ce Centre international s'élèverait face à la mer afin qu'il puisse relier toutes les voies maritimes du globe, précise-t-il. Des plans ont également été réalisés pour la construction, autour de ce Centre, d'une ville pratique capable d'accueillir un demi-million d'habitants. »

Soudain, un souffle d'émerveillement traverse le grand amphithéâtre. Projetée sur l'écran, la vue aérienne de la cité idéale subjugue l'auditoire et déclenche une longue ovation. Tous les invités se lèvent de leur fauteuils afin d'acclamer le projet et ses concepteurs.

Hendrik est bouleversé par ces applaudissements enflammés. C'est un triomphe.

13

À l'issue de la conférence, Paul d'Estournelles de Constant se tient près du buffet. Répondant aux questions des journalistes, il affirme que le Centre mondial pourrait être construit.

« Monsieur le sénateur, objecte un sceptique, le coût de construction de cette ville serait exorbitant. Et d'ailleurs, comment pourrait-on décider de son emplacement ?

— En ce qui concerne l'emplacement, répond le diplomate, le pays qui le premier offrira le terrain pourrait être le bon. Mais la conférence de La Haye pourrait, au reste, décider de cette question, selon les offres faites et les avantages invoqués par le pays qui revendiquerait l'honneur d'être choisi. Quant au prix de cette ville, il ne serait pas si important puisqu'il serait à diviser entre quarante-cinq puissances. Supposez, messieurs, une dépense de deux milliards de francs – ce qui représente le budget d'une seule année des dépenses militaires et navales d'une grande puissance. Divisez ce chiffre entre dix pays ; vous n'aurez déjà plus, pour chacun d'eux, qu'un capital de deux cent millions de francs à fournir. Divisez ces deux cent millions en dix annuités ; cela ne représente que vingt millions par an, pendant dix ans. C'est moins que le prix d'un seul cuirassé ! Et il n'y a aucune raison de supposer que les petites puissances ne tiendraient pas, plus encore peut-être que les autres, à participer à la dépense, une fois l'émulation mondiale réveillée. Souvenez-vous, messieurs, de la construction du palais de La Haye. Souvenez-vous de l'empressement des petites puissances à contribuer à sa construction par des dons mirifiques ! »

14

« Nous l'avons fait ! Nous l'avons fait ! jubile Olivia en prenant le bras d'Hendrik sur le chemin de l'hôtel.

— Ce n'est qu'un début, lui répond Hendrik d'une voix douce. À mes yeux, je n'aurai rien fait tant que la ville ne sera pas bâtie. »

Olivia et Hendrik se souhaitent une bonne nuit avant d'entrer dans leurs chambres respectives.

« Olivia ? l'appelle Hendrik à l'instant où elle ouvre sa porte. Si Andreas avait été là ce soir, je crois qu'il aurait été fier de nous.

— Je le crois aussi », répond Olivia, émue.

CHAPITRE XIII

La guerre
(1914-1917)

1

Le succès de la conférence organisée à la Sorbonne, ainsi que les nombreux articles de presse consacrés au Centre mondial, décuplent l'engouement des pacifistes du monde entier pour cette cité idéale. Lorsque les Andersen sont de retour à Rome, à la fin du mois de décembre 1913, ils trouvent dans leur appartement un grand sac postal empli de bulletins d'adhésion à la Conscience mondiale.

Au cours des premiers mois de l'année 1914, Hendrik reprend activement la sculpture, donne des entretiens à des journalistes italiens, et cherche à rencontrer l'empereur allemand Guillaume II. Il confie à Olivia qu'il envisage de présenter le Centre mondial dans les plus grandes villes des États-Unis, à commencer par New York, où il souhaite organiser un événement de masse au Madison Square Garden.

Au printemps, Ernest aide Hendrik à exposer au Salon de peinture et de sculpture un groupe en bronze, *La Lutte de Jacob avec l'ange*.

Les Andersen se rendent aux États-Unis au cours du mois de juin 1914 afin d'y promouvoir la construction du Centre. Washington DC, Boston, Chicago, New York : dans chacune de ces villes, Hendrik présente ses plans à des hommes influents et donne des entrevues à de grands journaux. Des titres importants comme le *Boston Globe* ou l'*Evening Star* de Washington lui consacrent des pages entières. La plupart du temps, les journaux reproduisent la vue aérienne de la cité idéale accompagnée d'un portrait d'Hendrik. Le sculpteur exulte. Après l'Italie, la France, la Belgique et la principauté de Monaco, son propre pays semble s'ouvrir à ses idées et à son projet de capitale de l'humanité.

Quand, soudain, la guerre éclate.

2

Plus d'un siècle après le déclenchement du conflit, ses causes continuent d'être débattues par les historiens. Rivalités coloniales, commerciales et industrielles entre empires, course à l'armement, montée des nationalismes, du pangermanisme et du revanchisme français, mise en places d'alliances militaires scindant le monde en deux camps : les origines de la conflagration sont nombreuses. À ce contexte géopolitique explosif, ne manquait plus qu'une étincelle. Le 28 juin 1914, à Sarajevo, vers onze heures du matin, le nationaliste serbe Gavrilo Princip assassine en pleine rue l'archiduc François-Ferdinand d'Autriche et son épouse, la duchesse de Hohenberg, de deux coups de revolver. Un mois plus tard, le 28 juillet, l'Autriche-Hongrie déclare à la guerre à la Serbie.

Le lendemain, l'Internationale ouvrière se réunit au sein de la Maison du peuple de Bruxelles. Tous les grands dirigeants socialistes européens font le déplacement, à commencer par Rosa Luxemburg et Jean Jaurès. Ensemble, ils représentent trois millions d'adhérents, douze millions d'électeurs et deux cents journaux.

Au terme de leurs débats, les dirigeants de la IIe Internationale adoptent une ligne pacifiste et choisissent d'intensifier leurs protestations contre la guerre. Le soir même, un grand meeting se tient au Cirque royal de Bruxelles. L'affluence est telle que des milliers de personnes ne peuvent entrer, et participent à l'événement en se rassemblant dans les rues adjacentes. Dans une ambiance survoltée, Jean Jaurès exhorte la foule à lutter contre la guerre en participant « par millions » aux grandes manifestations pacifistes organisées dans le monde entier. « Nous ne connaissons qu'un traité, le traité qui nous lie à la race humaine ! » scande-t-il durant ce discours.

Jaurès rentre à Paris le 30 juillet dans l'après-midi. Le lendemain matin, il se rend à la Chambre des députés, et comprend que le déclenchement du conflit est imminent. Il ne s'y résigne cependant pas. Le jour même, au siège du journal *L'Humanité*, il écrit un article contre la guerre. Il va dîner ensuite avec ses collaborateurs au café du Croissant, rue Montmartre. Vers 21 h 40, le nationaliste Raoul Villain l'abat de deux coups de revolver.

Les jours suivants, la majorité des dirigeants socialistes européens rompent avec la ligne pacifiste de la IIe Internationale et se rallient aux gouvernements bourgeois. Qu'ils le fassent par opportunisme, par patriotisme ou en invoquant des théories politiques fumeuses prônant une « guerre révolutionnaire », ces représentants du mouvement ouvrier abandonnent leurs idéaux internationalistes à la folie guerrière.

3

Olivia condamne fermement la guerre et s'en émeut, mais elle adopte une lecture providentialiste des événements. Selon elle, ce conflit s'expliquerait par la volonté de Dieu. Hendrik partage son point de vue, il pense même que la guerre pourrait faire « évoluer » positivement les mentalités.

À tous les journalistes américains qui l'interrogent sur la pertinence de bâtir sa cité idéale à l'heure où un nouveau conflit vient d'éclater en Europe, Hendrik explique : « Lorsque cette guerre sera terminée, le Centre mondial de communication pourrait permettre de bâtir une paix perpétuelle entre les nations. »

Imprégnés d'évolutionnisme et d'idéalisme, les Andersen n'ont connu que les espoirs de la Belle Époque. Comment pourraient-ils soupçonner que l'engouement planétaire pour leur cité idéale s'apprêtent à être anéanti par un déluge de feu d'une violence encore jamais atteinte dans l'histoire de l'humanité ?

4

Le 2 août 1914, lorsque l'ordre de mobilisation générale appelle sous les drapeaux trois millions de Français, Ernest Hébrard se trouve à Cassis, dans les Bouches-du-Rhône. Il rentre précipitamment à Paris, met en ordre son agence à la hâte, puis se rend à la gare Montparnasse afin d'embarquer dans un train complet à destination de Mayenne.

Les passagers de ce convoi spécial, peu entraînés militairement, sont tous âgés de plus de trente-quatre ans. Ils s'apprêtent à rejoindre le 26e régiment d'infanterie territoriale. Dans le wagon, les appelés lisent des journaux qui affirment que la guerre sera brève, et l'Allemagne, rapidement vaincue. Certains hommes affichent une mine inquiète. D'autres commentent la déclaration de guerre de l'Empire allemand à la France en jurant de venger leur pays de la défaite de 1870. Ceux-là rient, chantent et fanfaronnent.

À son arrivée à la caserne Mayran, Ernest échange sa tenue civile contre un paquetage réglementaire. On lui remet deux chemises en flanelle de coton, deux paires de chaussettes, trois mouchoirs, un pantalon garance, une vareuse, une capote en drap de laine, un képi rouge et bleu, un calot, des brodequins, des jambières, un ceinturon, trois cartouchières et des bretelles de suspension permettant de soutenir le poids des munitions. Ernest reçoit également un couteau de combat, un fusil Lebel et sa baïonnette.

Son uniforme revêtu, son arme entre les mains et son barda de plus de vingt-cinq kilos sur le dos, le sergent Hébrard est prêt à partir au combat.

Le 12 août, les trois mille hommes de son régiment embarquent dans des trains afin de rejoindre les camps retranchés aux portes de Paris. Cinq jours plus tard, ils voyagent à nouveau par le chemin de fer en direction de Douai. Ils cantonnent quarante-huit heures dans les communes des alentours de la ville, puis entreprennent une longue marche. Le régiment fait étape à Bouchain (le 20), Solesmes (le 21), Wargnies-le-Grand (le 22), Valenciennes (le 23). Plus Ernest se rapproche de la frontière franco-belge, plus il croise de villageois affolés fuyant l'avancée des troupes allemandes.

L'architecte du Centre mondial de communication, qui devait unir l'humanité en une grande fraternité universelle, reçoit son baptême du feu au cours de la journée du 24 août 1914. Le journal des marches et des opérations du 26ᵉ RIT indique que ce jour-là, ses hommes participent à des combats dans les secteurs de Condé-sur-l'Escaut, Crespin et Vieux-Condé.

Tandis que des uhlans incendient des fermes, tuent des villageois, et que des aéroplanes de reconnaissance bourdonnent dans le ciel, le régiment d'Ernest dynamite plusieurs ponts sur l'Escaut afin de retarder l'avancée de l'envahisseur. Dès les premières escarmouches, des dizaines de soldats du 26ᵉ RIT tombent sous les balles allemandes. Avec leurs pantalons et képis rouges datant du XIXᵉ siècle, les soldats français constituent des cibles faciles pour leurs ennemis.

Le lendemain, le sergent Hébrard et sa section participent à plusieurs offensives rapidement repoussées, avant de recevoir l'ordre de se replier en direction de Villers-en-Cauchies.

Ernest livre son dernier combat au cours de cette retraite, après quoi, durant près de deux mois sans nouvelles de lui, les Andersen et sa famille le croiront mort. À moins de cinq kilomètres d'Haspres, dans le secteur de Monchaux-sur-Écaillon, Ernest vient d'être fait prisonnier par les Allemands.

5

En désorganisant toutes les traversées transatlantiques, la guerre contraint les Andersen à rester plus longtemps que prévu aux États-Unis. À New York, Hendrik met ce temps à profit. Le 1er décembre 1914, après d'audacieuses tractations, il réalise un tour de force en parvenant à rencontrer l'homme le plus riche du monde : l'industriel et philanthrope Andrew Carnegie.

« La ville que vous souhaitez construire devrait l'être au paradis ! commente le milliardaire lorsqu'il découvre la vue aérienne du Centre mondial.

— Dans ce cas, vous ne devriez jamais pouvoir y entrer », réplique Hendrik dans ses pensées.

C'est du moins ce qu'il racontera à Olivia au terme de son entretien avec le grand capitaliste.

Hendrik ne se laisse pas décourager par le propos. Il tâche de convaincre le milliardaire que sa cité idéale pourrait œuvrer au rapprochement des nations et à l'avènement de la paix perpétuelle.

« C'est un travail magnifique qui s'inscrit parfaitement dans l'esprit de ce que nous faisons avec ma fondation, reconnaît Carnegie.

— C'est la raison pour laquelle j'ai pensé qu'il pourrait vous intéresser, répond Hendrik.

— À combien s'élève le coût de construction de votre Tour du Progrès ? l'interroge le milliardaire.

— Cinquante millions de francs.
— Cela représente combien en dollars ?
— Environ dix millions de dollars.
— Ce n'est pas si mal, opine le milliardaire. »

De cette audience, Hendrik n'obtiendra qu'une brochure de la fondation Carnegie pour la paix internationale, dédicacée par son fondateur.

Le 3 décembre 1914, les Andersen embarquent finalement à bord d'un paquebot transatlantique battant pavillon néerlandais – les Pays-Bas ne sont pas engagés dans la guerre –, le *SS Rotterdam*, à destination de Naples.

6

Selon les estimations des historiens, six à neuf millions de soldats ont été faits prisonniers, toutes armées confondues. Parmi eux, près d'un tiers ont été détenus dans l'un des trois cents camps de prisonniers que comptait l'Allemagne. Par une cruelle ironie de l'histoire, ces camps sordides clôturés de barbelés ont réalisé par la coercition l'un des objectifs du Centre mondial de communication : réunir en un même lieu des hommes du monde entier. Soldats des troupes coloniales françaises en provenance du Maghreb, d'Afrique de l'Ouest ou d'Indochine, combattants de l'Armée indienne britannique venus d'Inde, du Pakistan et du Bangladesh, Serbes, Italiens, Belges, Français, Japonais, Cosaques, Russes, Anglais, Grecs, Australiens, Canadiens, États-Uniens… Au cours de la guerre, tous les uniformes des forces alliées ont été représentés à un moment ou à un autre du conflit dans ces camps de prisonniers établis en Allemagne.

En entrant dans le camp d'Altengrabow situé cent kilomètres à l'ouest de Berlin, Ernest Hébrard découvre des baraquements humides et mal chauffés. Dans la baraque numéro 2, on lui indique des planches de bois sur lesquelles ont été jetés des copeaux et deux couvertures. Il s'agit de l'emplacement de sa paillasse. Ici, la nourriture se compose d'eau colorée par de l'orge grillé et sans sucre le matin ; à midi, d'orge écrasé, de blé, de maïs pilé et de chou ; le soir, de blé délayé dans de l'eau ou bien de colle de farine. À ces « repas » s'ajoute une boule de pain noir par jour, à partager entre quatre détenus.

Brutales et impitoyables, les sentinelles du camp d'Altengrabow n'hésitent pas à tuer un prisonnier de temps à autre, pour faire régner la terreur. Une nuit de mars 1915, un soldat français se lève de sa paillasse et sort de sa baraque afin de se rendre aux toilettes. Il fait un froid glacial et les sanitaires se trouvent à l'autre bout de la cour, à six cents mètres de là. À mi-chemin, fortement indisposé, l'homme se met à uriner discrètement. Une sentinelle allemande l'aperçoit, se rue sur lui en criant, et le transperce de part en part d'un coup de baïonnette. Le malheureux parvient seulement à se traîner jusqu'à sa baraque, explique à ses compatriotes que l'on vient de l'assassiner, et expire dix minutes plus tard. Le lendemain matin, un adjudant français se rend auprès des autorités militaires du camp, accompagné d'un interprète afin de déposer plainte. Un sous-officier allemand lui réplique : « La sentinelle avait sa consigne. En tuant cet homme, elle n'a fait que son devoir. »

Un détenu du camp d'Altengrabow, Maurice Thonnos, a tenu un journal au cours de sa captivité. Il y a consigné quelques-uns des sévices survenus dans le camp.

> 19 mai : une sentinelle a blessé 5 prisonniers français dans le courant de la matinée. [...] 20 mai : une autre sentinelle a donné un coup de crosse en pleine figure à un caporal français. Sans motif. Un *feldwebel* a donné un coup de sabre dans le dos d'un soldat. [...] 23 mai : une sentinelle donne un coup

> de baïonnette dans le dos à un soldat qui essayait d'aller dans la baraque n° 1. Dans la baraque n° 2, une sentinelle pique 2 soldats. Un caporal charge seul, sabre au clair, entaillant le bras d'un Polonais.

Mal nourris, mal logés, battus, parfois mutilés et tués arbitrairement, les détenus sont mis à la disposition d'entrepreneurs allemands afin de travailler gratuitement dans des champs ou sur des routes. Lorsque des soldats refusent de participer à ces travaux de force, les sentinelles exercent des représailles en les attachant au poteau ou en les enfermant dans des lieux clos avec interdiction de s'approcher des fenêtres.

Un jour, à Altengrabow, des prisonniers russes sont enfermés de la sorte en guise de punition. Lorsqu'après plusieurs heures de ce traitement un homme désobéit et s'approche de la fenêtre, une sentinelle le met en joue et l'abat d'une balle en pleine tête.

Ce sont toutefois les maladies, parmi lesquelles la tuberculose, qui tuent le plus de prisonniers. Au cours de leur captivité, rares sont les hommes qui ne tombent pas malades.

Le camp d'Altengrabow ne cesse de s'agrandir au cours du conflit mondial, au point qu'il devient bientôt l'un des plus importants d'Allemagne. Des délégués espagnols de la Croix-Rouge l'inspectent le 12 mars 1916 : ils y dénombrent quatre mille quatre cent six captifs, dont deux mille deux cent soixante neuf soldats de l'armée française. La Croix-Rouge tient le vaste fichier des prisonniers de guerre, organise des distributions de vivres et de colis, assure l'acheminement du courrier. Les soldats ont le droit d'envoyer et de recevoir un nombre limité de lettres. Cette correspondance ne doit pas être cachetée afin que les surveillants allemands puissent la lire.

Lorsque la direction du camp d'Altengrabow comprend qu'Ernest est un grand architecte et qu'il correspond avec Wilhelm von Bode, le directeur général des Musées royaux de Berlin, les Allemands lui proposent de le dispenser des travaux de force à la condition qu'il devienne l'architecte du camp et dessine une salle de lecture pour les prisonniers, une église, un théâtre, et de nouveaux baraquements.

Ernest accepte cette proposition qui lui permet de travailler au chaud, de ne pas perdre la main et d'améliorer un peu la vie quotidienne de ses camarades. Le théâtre, rudimentaire, est rapidement construit. Une compagnie se forme dans la foulée : « La Boîte à Grabow ». Des comédiens, des danseurs de l'opéra de Paris, et le chanteur Maurice Chevalier, tous détenus à Altengrabow, se produisent dans ce lieu de spectacles insolite.

En marge de son travail, Ernest essaie de dessiner un peu pour lui-même. Mais l'atmosphère sordide du camp ne l'inspire pas, d'autant que personne ne sait combien de temps durera la guerre. Pour ne pas désespérer de cette situation, Ernest apprend l'arabe et le russe au contact de ses camarades.

7

À Rome, l'annonce de la captivité d'Ernest ébranle les Andersen. Ils sont cependant rassurés de savoir leur ami vivant. Pour tenter d'alléger son fardeau, les deux Américains lui adressent lettres et colis.

Les journaux qui promouvaient avant guerre la construction du Centre mondial alimentent dorénavant la fureur guerrière qui s'est emparée de l'Europe en publiant des articles bellicistes et souvent mensongers. En France, l'expression « bourrage de crâne » se diffuse dans le langage populaire afin de désigner le chauvinisme outrancier des journaux. Dans de nombreux pays, diffuser de la propagande pacifiste est désormais répréhensible car considéré comme « anti-patriote ». Surveillées, les correspondances postales et télégraphiques entre pays belligérants deviennent difficiles. Pour toutes ces raisons, il n'existe plus le moindre espace dans les sociétés européennes pour soutenir le projet, plus utopique que jamais, d'une capitale du monde.

Le 9 juin 1915, au cours de la bataille des Dardanelles, Gabriel Leroux, auteur de l'introduction historique du livre, est le premier collaborateur des Andersen à être tué au combat. L'architecte Georges Mauxion, auquel Hendrik était très attaché, meurt deux ans plus tard, le 16 mai 1917, au cours de la bataille du Chemin des Dames. Quant à Antonin Trévelas, le tout premier collaborateur d'Ernest, il succombe à ses blessures le 4 novembre 1918, une semaine avant l'armistice.

Pour ne pas rester désœuvrés face au cataclysme, les Andersen s'attellent à la préparation d'une deuxième édition du grand livre de propagande de leur ville. Celle-ci s'adressera spécifiquement aux élites politiques et économiques de la planète. Pour cette nouvelle édition, les Andersen commandent un texte à l'économiste libéral américain Jeremiah Whipple Jenks car ils souhaitent vanter auprès des puissants de ce monde les avantages que conféreraient aux nations la construction de leur ville.

Les Andersen sollicitent également Umano – « Humain », en italien –, un pamphlétaire idéaliste féru de doctrines positivistes, de droit international et de pacifisme, dont le véritable nom est Gaetano Meale. Entré dans la magistrature italienne en 1881, Meale signe sous le pseudonyme d'Umano, à partir des années 1890, des pamphlets politiques radicaux appréciés des milieux démocrates, socialistes et anarchistes. En 1898, cet « apôtre de la paix » démissionne avec fracas de la magistrature italienne pour se consacrer entièrement au travail intellectuel dans la pauvreté matérielle. Aux nationalismes, qu'il combat dans son ouvrage *La Fin des guerres* (1889), Umano oppose l'idéal de la fédération européenne. En 1907, il publie un ouvrage remarqué intitulé *Essai de Constitution internationale. Solution positive et pratique du problème des armements et des guerres.* Les années suivantes, ce penseur donquichottesque vêtu de noir se mue en « fou littéraire ».

Au cours de la première guerre mondiale, Umano se lie d'amitié avec Olivia et Hendrik à Rome. Il travaille alors à une somme de mille deux cents pages intitulée *Science positive du gouvernement*, un ouvrage censé résumer sa doctrine.

Dans la seconde édition du livre de présentation du Centre mondial de communication, les Andersen publieront la prose sibylline de ce théoricien aussi extravagant qu'illisible.

8

Mi-octobre 1916, une bonne nouvelle ravit les Andersen. « J'ai le grand plaisir de vous annoncer que je viens de rentrer en France », leur écrit Ernest. L'architecte a été libéré du camp d'Altengrabow à la faveur d'un échange de prisonniers. « Vous pouvez vous imaginer la grande joie que j'éprouve à me retrouver ici après une captivité de près de vingt-six mois. [...] Combien je serais heureux de me retrouver parmi vous à Rome ! »

Ém並 par la nouvelle, Hendrik répond à Ernest que l'annonce de sa libération est « la plus belle surprise » qu'il a reçue depuis le début de la guerre.

À la fin du mois de novembre, le Français obtient des autorités militaires la permission de se rendre en Italie. À son arrivée à Rome, amaigri, émacié et vêtu de son uniforme français, Ernest reçoit un accueil chaleureux d'Olivia et Hendrik. La peur que les deux Américains ont éprouvée pour lui après sa disparition au début du conflit, puis l'inquiétude qu'a suscitée l'annonce de sa captivité ont définitivement effacé le souvenir des quelques fâcheries d'autrefois.

De la fin novembre à la mi-décembre 1916, au cours des trois semaines qu'Ernest passe à Rome, les trois amis savourent le bonheur des retrouvailles. Ils font des promenades, visitent plusieurs musées, dînent en compagnie des époux Mowrer. Ernest dort tout son soûl, fume des cigares en paressant sous les rayons de soleil, s'émeut de la beauté de la Cité éternelle, prend plusieurs kilos, et écoute avec plaisir Hendrik lui expliquer que le Centre devrait être construit sitôt la guerre terminée.

Au terme de ces trois semaines de repos, Ernest se sent plus proche de ses amis américains. « Cela m'a fait beaucoup de bien de me retrouver parmi vous, leur dit-il. Vous savez, à Paris, tous mes amis sont endeuillés. Les uns ont perdu un frère ou un cousin, les autres, un beau-frère ou un oncle. Chaque fois que vous quittez quelqu'un, une autre personne vient vous trouver afin de vous annoncer une mauvaise nouvelle. Dans votre famille, je n'ai trouvé ni tristesse ni souffrance, seulement douceur et joie de vivre. Croyez-moi, cela n'a pas de prix. »

9

De retour à Paris, Ernest reçoit l'ordre de se rendre en Grèce, au grand quartier général des armées alliées d'Orient de Salonique. Fin février 1917, il voyage jusqu'à Toulon et embarque sur un navire de la marine française pour une traversée périlleuse. Les fonds de la Méditerranée grouillent de mines et de sous-marins allemands.

Éclipsée par le front de l'Ouest, l'ouverture du front d'Orient par les Alliés au lendemain de la bataille des Dardanelles a pourtant contribué à sceller leur victoire au cours de la première guerre mondiale. Français, Britanniques, Serbes, Monténégrins, Russes, Italiens, Grecs, supplétifs coloniaux venus du Sénégal, d'Indochine, du Maghreb et du sous-continent indien : des centaines de milliers de soldats alliés ont pris part à l'expédition de Salonique. Cette vaste opération militaire a été rythmée par de nombreuses batailles, de rudes conditions climatiques, d'importants problèmes d'approvisionnement et de redoutables épidémies de paludisme, de dysenterie et de typhus.

Pour comprendre pourquoi Ernest se rend en Macédoine, il nous faut remonter le temps. À l'automne 1915, les Balkans sont en guerre, et la Grèce, bien qu'officiellement neutre, est scindée en trois blocs politiques que tout oppose.

Le premier est celui des monarchistes dévoués au roi des Hellènes Constantin Ier, beau-frère du Kaiser Guillaume II d'Allemagne, qui prône une neutralité ambiguë, et que ses détracteurs accusent d'être pro-allemand.

Le second bloc est emmené par le principal opposant au roi, qui n'est autre que son Premier ministre, le libéral Elefthérios Venizélos, un irrédentiste grec. Venizélos, qui souhaite unir en un seul État-nation tous les Grecs, manœuvre politiquement afin que son pays entre en guerre aux côtés des Alliés. Il est soutenu dans son entreprise par le chef de file des socialistes, le député Aléxandros Papanastasíou.

Enfin, le troisième bloc politique rassemble le mouvement ouvrier. L'une de ses figures de proue est le militant révolutionnaire Abraham Benaroya, futur fondateur du Parti communiste de Grèce. Benaroya dirige la Fédération socialiste ouvrière de Salonique, une importante organisation de travailleurs opposée aux divisions ethniques. Cette formation prône la fraternité internationale des travailleurs, elle milite pour la neutralité de la Grèce.

Le 3 octobre 1915, lorsque Venizélos autorise les Français et les Britanniques à débarquer à Salonique contre l'avis du roi Constantin Ier, il déclenche une crise politique qui aboutit à une brève partition du pays.

10

En ce temps-là, la personnalité du général Maurice Sarrail détonne dans l'armée française. Au sein d'un corps d'officiers dominé par des catholiques, des conservateurs et des monarchistes, Sarrail, exception rarissime, est un libre-penseur. Rival du maréchal Joffre au cours de la première guerre mondiale, Sarrail a longtemps été le haut gradé le plus dénigré de France. Ceux qui n'étaient pas de son bord lui reprochaient d'être un « général politique », c'est-à-dire de gauche.

Lorsque Sarrail établit son état-major dans Salonique, ville multiethnique où l'on parle toutes les langues des Balkans, le commandant en chef de l'armée française d'Orient ne tarde pas à comprendre que cette vieille cité tortueuse s'est muée en un véritable nid d'espions. Sans attendre, il constitue son « 2e bureau » – son service de renseignement.

Ses missions : intercepter jour et nuit le plus grand nombre de radiodiffusions ; soudoyer des employés des postes afin de récupérer des copies de télégrammes ; dépouiller les journaux ; analyser des photographies aériennes prises par des aéroplanes de reconnaissance ; mener les interrogatoires des déserteurs et des prisonniers ennemis ; recruter des espions ; organiser le contre-espionnage ; assurer les relations avec les diverses autorités grecques…

Pour correspondre avec toutes les forces Alliés, le 2e bureau doit parler le serbe, l'anglais, l'italien et le grec. Pour surveiller et espionner l'ennemi, il lui faut comprendre le bulgare, l'allemand, le hongrois, le turc, l'albanais. Rares sont les Français à maîtriser autant d'idiomes. L'armée découvre cependant qu'il existe une catégorie d'individus, inhabituelle dans le monde de l'espionnage, qui parle fréquemment le grec et l'une ou l'autre de ces langues : les historiens de l'art et les archéologues.

Nécessité faisant loi, ces deux professions se retrouvent surreprésentées dans le 2e bureau de l'armée d'Orient. De la fin juillet 1916 à la mi-juin 1917, c'est d'ailleurs un historien spécialiste de la Rome antique qui dirige ce service de renseignement : Jérome Carcopino. L'homme avec lequel Ernest Hébrard s'était lié d'amitié à Rome au cours de son pensionnat à la villa Médicis.

11

Sur le front de Macédoine, lorsque des soldats creusent des tranchées, édifient des fortins, ou que des obus éventrent le sol, de nombreux vestiges archéologiques surgissent à l'improviste. Le plus souvent, il s'agit de tombes de guerriers macédoniens. Les érudits qui se trouvent engagés sur le front d'Orient conseillent au général Sarrail de protéger ces vestiges en constituant une section spéciale dédiée à l'archéologie.

Sarrail connaît les traditions de l'armée française, il se souvient notamment de l'expédition scientifique menée dans le sillage de la campagne d'Égypte de 1798. Le général crée le Service archéologique de l'armée d'Orient (SAAO) et lui donne pour chef le lieutenant Charles Bayet, un historien spécialiste de l'art byzantin. Au sein du SAAO, Bayet recrute des artistes et d'éminents spécialistes de l'Antiquité qui, pour la plupart, sont passés par l'école des Chartes, les Beaux-Arts, l'École française d'Athènes ou l'École française de Rome. Durant tout le conflit en Orient, les soldats français mènent des fouilles archéologiques sur les lignes de front.

Chaque fois qu'il faut ouvrir le feu pour défendre ou conquérir une position, ils sont à leur poste, les armes à la main. Sitôt les combats interrompus, ils retournent à leurs fouilles, reconnues officiellement comme « corvées » par l'armée française. Il s'agit ici d'une archéologie de sauvetage que l'on qualifierait aujourd'hui de « préventive ». Pour mener sa mission, le SAAO dispose de moyens matériels et humains importants. Pour la première fois dans l'histoire de l'archéologie moderne, des aéroplanes sont employés afin de photographier et de cartographier précisément certains sites archéologiques.

Lorsque le sergent Hébrard débarque à Salonique le 2 mars 1917, un aide de camp du général Sarrail l'attend sur le quai pour lui annoncer que le commandant en chef souhaite lui parler. À bord de l'automobile qui le mène au grand quartier général des armées alliées d'Orient, Ernest s'interroge. Pourquoi fait-il l'objet d'autant d'égards ?

12

Contrairement à ses homologues du front de l'Ouest, pour le général Sarrail les enjeux diplomatiques et géopolitiques de la guerre sont presque aussi importants que la situation militaire. Le Service archéologique de l'armée d'Orient a été créé dans ce contexte particulier, non pour faire œuvre de bienfaisance, mais pour servir l'influence française en Macédoine.

Ernest s'assoit dans le fauteuil que lui présente le général Sarrail. Ce dernier prend des nouvelles de l'architecte, l'interroge sur sa captivité en Allemagne, puis lui annonce son affectation au sein du Service archéologique de l'armée d'Orient. Sarrail donne pour mission à Ernest d'étudier deux monuments antiques de Salonique : l'Arc de Galère et la Rotonde Saint-Georges.

Du temps de la présence ottomane, la Rotonde a été utilisée comme mosquée. En demandant à Ernest d'élucider scientifiquement le passé de ce monument, le général Sarrail entend légitimer l'élargissement récent de l'État grec, et communiquer positivement auprès des autorités vénizélistes à propos de sa présence militaire.

Depuis le camp militaire de Salonique, Ernest écrit aux Andersen :

> J'ai trouvé ici une installation très convenable. J'ai tout le matériel nécessaire et plusieurs dessinateurs ; un excellent cabinet noir pour les photographies. J'ai la plus entière liberté pour mener mon travail à bien, ce qui est indispensable.

Pensant que la guerre pourrait s'achever bientôt, Ernest écrit à l'architecte américain Cass Gilbert, désormais célèbre dans le monde entier, pour lui indiquer qu'il est à la recherche d'un emploi pour l'avenir.

13

Comme le précise Ernest Hébrard dans l'article scientifique qu'il a publié en 1920, la Rotonde de Salonique, a longtemps été une énigme archéologique.

> Certains auteurs y avaient bien vu une Rotonde de l'époque romaine, transformée en église chrétienne, mais d'autres croyaient reconnaître dans la salle circulaire, le chœur et l'abside, une construction homogène nettement byzantine. L'enduit épais qui recouvrait les murs empêchait d'analyser la structure ; des fouilles méthodiques n'avaient encore jamais été tentées.

Du temps où la Rotonde servit de mosquée, les Ottomans en surélevèrent le sol avec de la terre. L'équipe d'Hébrard commence par déblayer le bâtiment afin de lui rendre ses proportions antiques. Après quoi, de grands échafaudages sont construits à l'intérieur du monument pour que l'on puisse retirer la peinture laissée par les Ottomans. Cette opération délicate révèle des mosaïques antiques d'une grande beauté. Grâce à ces fouilles, des chapiteaux, des poteries et des mosaïques sont exhumés. Ces indices permettent à Ernest de percer les secrets du bâtiment et de révéler que la Rotonde est un monument romain, et non byzantin.

Lorsque je me suis rendu sur les lieux en compagnie de l'archéologue grec Yannis Karliambas, ce dernier m'a affirmé que tous ses collègues s'accordent aujourd'hui sur le fait qu'Ernest Hébrard a réalisé dans la Rotonde un travail d'une grande qualité scientifique, bien que ses fouilles aient été réalisées durant la première guerre mondiale.

Peu de temps après la découverte d'objets archéologiques dans le sol de la Rotonde, le général Sarrail s'empresse de venir visiter le chantier accompagné de journalistes. Tandis que des photographes immortalisent la visite du commandant en chef, le sergent Hébrard se prête au jeu de la visite guidée en répondant aux questions de la presse.

Au terme de cette opération de communication, le général s'adresse à Ernest en aparté pour l'informer qu'il est pleinement satisfait de son travail. « L'université d'Harvard aux États-Unis m'a écrit afin de me demander si vous pouviez enseigner à Boston à partir de la rentrée 1917, poursuit Sarrail. Si tel est votre souhait, je ferai le nécessaire pour vous libérer de vos obligations militaires ».

Cette bonne nouvelle réjouit Ernest.

« Dans six semaines environ, je quitterai Salonique à destination des États-Unis, écrit-il à Hendrik le 19 juillet

1917. En principe, je devrais être à Boston vers le 2 septembre », ajoute l'urbaniste.

Un coup du sort en décidera autrement.

14

Lorsqu'une maisonnette du nord-ouest de Salonique prend feu vers quinze heures le 18 août 1917, il n'a pas plu depuis près de sept semaines et un vent brûlant souffle sur la vieille cité aux ruelles tortueuses. La ville ne compte ni brigade de pompiers, ni autopompe à vapeur. Quant à son approvisionnement en eau, il a été drastiquement réduit de manière à pouvoir alimenter les camps militaires alliés installés dans les faubourgs.

Selon le compte rendu du procès au cours duquel on a tâché de déterminer l'origine de cet incendie, une étincelle jaillie du fourneau d'une cuisine aurait embrasé un tas de paille. Le feu se serait ensuite propagé aux maisons en bois mitoyennes.

Au cours de la soirée, puis tout au long de la nuit, de gigantesques murs de flammes dévorent tout sur leur passage. L'incendie progresse dans le cœur de la ville à la vitesse d'un homme en marche. Sa puissance est telle que même la plus large avenue de la cité, la rue Egnatia qui sépare la ville haute de la ville basse, se retrouve rapidement franchie par des langues de feu géantes. Quartiers pauvres, immeubles bourgeois, petites échoppes, bureaux de poste, grandes banques, mairie, administrations, bureaux, imprimeries, lieux de culte… Le gigantesque brasier n'épargne rien ni personne.

Trente-deux heures plus tard, Salonique est méconnaissable. Un tiers de la ville a été détruit. Plus de neuf mille cinq cents bâtiments sont à terre. Soixante douze mille personnes ont perdu leur logement. Près de 70 % de la population de la ville se retrouve sans emploi. Pour la plupart des familles, à commencer par celles qui ont tout perdu, la situation est dramatique. Les grandes compagnies d'assurances européennes dépêchent sur place leurs experts. Ces derniers déclarent à la presse qu'avec la guerre, ce sinistre pourrait être l'une des catastrophes les plus coûteuses du début du XXe siècle.

Il est cependant un homme à qui ce redoutable incendie inspire des sentiments plus ambigus... Au lendemain du désastre, délaissant exceptionnellement ses fouilles archéologiques, Ernest arpente les décombres de la ville détruite, un carnet de notes à la main. Accompagné d'un géomètre-topographe de l'armée d'Orient, il découvre une immense étendue de gravats charbonnés d'où montent encore des fumerolles. Le spectacle s'avère d'une rare désolation. Pour autant, Ernest comprend qu'il a rendez-vous avec son destin.

15

L'architecte britannique du paysage Thomas Hayton Mawson (1861-1933) relate dans ses mémoires une scène survenue peu après le grand incendie de Salonique. Gentleman de cinquante-six ans portant de beaux nœuds papillon, Mawson dîne paisiblement dans le restaurant de son club de Londres lorsque soudain, l'un de ses amis lui adresse une grande tape dans le dos en s'écriant :

« Félicitations, Mawson, félicitations ! C'est formidable !

— Que se passe-t-il ? lui répond l'urbaniste.

— Comment, vous n'avez pas encore vu la nouvelle ? Suivez-moi. »

Dans le hall du club, Mawson tombe nez à nez avec une foule d'hommes très agités. Tous tiennent à le féliciter personnellement.

« Attendez, attendez, s'il vous plaît... Je ne sais même pas de quoi il s'agit ! Laissez-moi au moins lire la bande ! »

Le réceptionniste tend alors à l'architecte une dépêche d'agence de presse annonçant : « M. Venizélos a déclaré au parlement grec cet après-midi qu'il avait demandé à M. Mawson, l'urbaniste anglais, de superviser la reconstruction de Salonique. »

Dessiner une ville entière ? Mawson n'en croit pas ses yeux. Certes, il a travaillé avant guerre à l'aménagement de jardins à Athènes, et connaît personnellement le roi Constantin Ier, ainsi que le Premier ministre. Néanmoins, cette nouvelle lui semble trop extraordinaire pour être vraie.

Lorsque Mawson reçoit un télégramme du ministre grec Aléxandros Papanastasíou lui confirmant la nouvelle, son étonnement se mue en circonspection. L'urbaniste sait que le monde est en guerre et que dessiner une ville exige d'importants moyens humains. Par conséquent, il se hâte de téléphoner à des diplomates et à des politiciens anglais afin de solliciter leur avis.

« Reconstruire Salonique serait un grand honneur pour vous et pour l'urbanisme britannique. Ce chantier est une affaire d'importance nationale, estime le libéral John Burns.

— Certainement, lui réplique Mawson au téléphone. Mais je ne peux pas dessiner seul une ville entière ! Il me faut une équipe.

— Sollicitez le Foreign Office et demandez-leur tout ce dont vous avez besoin », lui conseille Burns.

Le lendemain, Mawson est reçu à Westminster par des fonctionnaires apathiques du Foreign Office. Ces derniers lui annoncent qu'ils ne sont pas habilités à l'aider. Mawson quitte ce rendez-vous très irrité.

Sans perdre une minute, l'architecte se rend dans un bureau de télégraphie afin d'informer Aléxandros Papanastasíou qu'il accepte la mission que vient de lui confier Venizélos. Dans son message, l'urbaniste britannique indique qu'il arrivera à Salonique « dès que [s]on équipe se trouvera au complet ».

Les jours suivants, Mawson s'engage dans d'interminables négociations avec les autorités militaires de son pays afin d'obtenir la mutation de plusieurs de ses assistants en Grèce. Mais, une fois encore, ses démarches ne sont pas couronnées de succès. À peine obtient-il le transfert militaire de l'un de ses fils, avec lequel il a l'habitude de travailler.

Lorsque Mawson et son fils reçoivent finalement leurs passeports et visas pour la Grèce, douze semaines se sont déjà écoulées depuis que la presse a annoncé que l'urbaniste s'apprêtait à dessiner le nouveau plan de Salonique.

Au cours de leur voyage, les Mawson font étape à Paris. Ils y rencontrent Venizélos, alors en visite officielle, puis montent dans un train pour l'Italie. Après une escale à Rome, ils se rendent dans le Salento afin d'atteindre le golfe de Tarente. Là, les Mawson patientent deux jours dans le port de Gallipoli avant d'embarquer sur le destroyer grec *RHS Panther* qui doit les mener à Athènes.

La traversée se passe mal. La mer est déchaînée. Mawson, terrorisé par les mines et les sous-marins ennemis, souffre d'un violent mal de mer.

À Athènes, lorsqu'il fait enfin la connaissance du ministre Papanastasíou, ce dernier lui annonce une mauvaise nouvelle. « Du fait de votre arrivée tardive en Grèce, nous avons décidé d'accéder à la demande des autorités militaires françaises, et de confier la direction du nouveau plan de Salonique à l'un de leurs architectes, explique-t-il. Si vous en êtes d'accord, nous pourrions organiser un concours entre votre plan et le sien », suggère Papanastasíou.

Mawson se renfrogne. Vexé par cette proposition, il rappelle que c'est Venizélos en personne qui l'a fait venir en Grèce. « Je suis prêt à travailler avec d'autres architectes, notamment avec des Français et des Grecs, réplique l'Anglais.

Mais uniquement en tant que directeur de la commission du plan. »

Le 19 décembre 1917, soit quatre mois après l'incendie, Mawson et son fils arrivent en gare de Salonique. Ils sont accueillis par le préfet, le maire, un grand nombre d'officiels, et les membres de la commission du plan déjà constituée.

Ernest Hébrard salue amicalement son confrère britannique en lui rappelant qu'ils se sont déjà rencontrés en octobre 1910, lors de la Town Planning Conference de Londres. « Je me souviens très bien de vous et de votre travail archéologique remarquable sur le palais de Dioclétien de Spalato », lui répond Mawson.

Ernest sourit. Sa décontraction est pourtant feinte.

Le soir même, après le dîner de réception dans la somptueuse villa du préfet épargnée par l'incendie, l'architecte français se rapproche de son rival britannique afin de discuter.

« Combien de temps comptez-vous rester parmi nous ? l'interroge Ernest.

— Eh bien, autant de temps que l'exigera le plan. Une lourde tâche nous attend, lui répond Mawson.

— Je suis étonné que vous soyez venu accompagné uniquement de votre fils, poursuit le Français.

— Ne m'en parlez pas… Les autorités militaires britanniques ne m'ont apporté aucun concours.

— L'important est que vous soyez tout de même venu pour nous aider à reconstruire Salonique, lui répond Ernest.

— Vous aider ? s'agace Mawson. Hébrard, dois-je vous rappeler que Venizélos m'a nommé directeur de la commission du plan ? »

À cet instant, Ernest lève son verre et se tourne en direction des nombreux hommes en uniforme français présents dans le salon :

« Messieurs, un peu de silence, je vous prie ! Je vous invite à porter un toast à notre nouvel assistant : l'architecte britannique Thomas Hayton Mawson. Mawson est venu depuis Londres afin de nous aider à finir le travail que nous avons commencé il y a maintenant quatre mois. »

Furieux, Mawson songe à quitter les lieux, mais il est pris de court lorsque retentissent les applaudissements des soldats français qui lui souhaitent la bienvenue.

Les semaines suivantes, Mawson lutte âprement contre Hébrard, puis se résigne à quitter la ville. De la nouvelle Salonique, le Britannique ne dessinera que les parcs et les jardins.

« Malgré leur grande habilité technique, les Français ne sont pas disposés aux compromis, déplore Mawson dans ses mémoires. Si c'était à refaire, je ne renouvellerais pas mon expérience de Salonique. »

La commission du nouveau plan de Salonique (Ernest Hébrard, troisième en partant de la droite, est assis à côté de Thomas Mawson, quatrième en partant de la droite)

16

En vérité, les braises du grand incendie rougeoyaient encore lorsqu'Ernest Hébrard, photos aériennes à l'appui, expliqua au général Sarrail que la France avait intérêt à prendre une part active à la reconstruction de Salonique.

Au lendemain du grand incendie, l'architecte du gouvernement français jouit d'une excellente crédibilité auprès de Sarrail. En dévoilant au commandant en chef de l'armée d'Orient les plans du Centre mondial de communication pour lui montrer ce dont il est capable, il achève de convaincre son supérieur hiérarchique qu'il est l'homme de la situation. Le général Sarrail met alors à la disposition d'Ernest des moyens importants, en lui allouant immédiatement dix-huit dessinateurs.

Dans une lettre adressée à ses parents, Ernest décrit sa nouvelle vie d'architecte urbaniste :

> Je n'ai jamais vécu si peu en dehors de mes travaux. Grâce à une vie très simple, je me porte très bien, je me couche tous les soirs à neuf heures, c'est ce qui me permet de faire beaucoup dans la journée sans fatigue générale. [...] Je passe une existence très agréable dans une situation tout à fait privilégiée. Au lieu d'être dans un dépôt à geler sur un champ de manœuvre, j'ai un beau bureau bien chauffé, avec garçons de bureau, dessinateurs, etc. Une auto est à ma disposition pour aller où bon me semble et j'ai la direction d'un service très important. Je vous avouerai que je n'ai jamais, de ma vie, eu autant de moyens.

Ernest introduit dans son plan de reconstruction de Salonique un zonage afin de spécialiser les différents quartiers de la ville. Il réaménage le port afin de donner aux habitants un accès direct à la mer. Le quartier des usines et des cités-jardins ouvrières se trouvera désormais à l'Est ; les habitations bourgeoises, à l'Ouest. Au centre se dresseront les bâtiments administratifs et commerciaux, ainsi que les lieux culturels et récréatifs.

Les autorités grecques ont à cœur d'helléniser la ville. Ernest les satisfait en dessinant des façades de style néo-byzantin. Du fait de l'ensoleillement très important de Salonique, l'architecte systématise le recours aux portiques. Il trace son plan en respectant l'histoire millénaire de la cité et la totalité de ses monuments, y compris les mosquées et les minarets ottomans que certains officiels grecs lui avaient pourtant suggéré de rayer de la carte.

17

Après m'avoir guidé sur les traces d'Ernest Hébrard, l'archéologue grec Yannis Karliambas m'a montré combien Salonique porte aujourd'hui encore la marque de cette histoire en m'emmenant dans le cœur de la ville, sur l'avenue Aristote, lieu de fête, de promenade et de contemplation bordé par la mer. Ses immeubles de style néo-byzantin percés de portiques abritent des commerces, des cafés, des restaurants, un cinéma et un grand hôtel. Bien que cet ensemble architectural ait été achevé après la mort d'Ernest Hébrard, sa configuration générale et ses façades ordonnancées sont entièrement de la main de l'architecte français.

Un café de la place Aristote lui rend d'ailleurs hommage, et porte son nom. À l'intérieur, sur un mur, près du comptoir, le patron a fait accrocher une grande reproduction du plan du Centre mondial de communication.

En sortant du café, j'étais sur le point de saluer Yannis lorsque ce dernier m'a dit qu'il souhaitait me montrer une dernière chose. « Cela devrait te plaire... » m'a-t-il annoncé en souriant. Nous avons remonté l'avenue Aristote en marchant dos à la mer, en direction de la via Egnatia. Durant notre progression, Yannis a pointé du doigt les monuments dressés face à nous.

« Là-haut, sur les hauteurs de Salonique, on aperçoit la basilique Saint-Démètre. Un peu plus bas, toujours face à nous, Ernest Hébrard avait prévu de bâtir le centre civique et administratif de la ville. Mais ce qu'il ne pouvait pas deviner, c'est que l'emplacement qu'il avait choisi était, justement, celui de l'ancienne Agora. On y a retrouvé d'importants vestiges archéologiques au moment de commencer les travaux, si bien qu'il a fallu construire les bâtiments officiels ailleurs. C'est sur cet axe monumental, qui part de la basilique Saint-Démètre, passe par l'ancienne Agora, puis donne sur l'avenue et la place Aristote, qu'Ernest Hébrard a orienté l'entièreté de Salonique. Mais il y a encore autre chose… Retourne-toi et regarde en direction de la mer. »

La perspective monumentale était à couper le souffle. Dans le lointain, par-delà la mer, se dressait la montagne sainte du polythéisme grec : le mont Olympe, l'antique demeure des dieux.

« Ce que je vais te dire n'est qu'une interprétation personnelle, elle n'a aucune valeur scientifique. Selon moi, à travers cet axe monumental, l'archéologue pétri de culture antique qu'était Ernest Hébrard a voulu symboliser une voie de communication entre les hommes et les dieux. Et, de cette manière, nous inviter à regarder vers l'Olympe, de façon que nous, mortels, puissions nous inspirer des immortels. »

Depuis l'avenue Aristote, je me mis à rêver d'un spectacle fabuleux : les cargos au large de Salonique se muèrent lentement en de vieux gréements aux voiles immaculées, leurs proues fendaient la cime des vagues, et je crus même apercevoir les flambeaux éblouissants des deux colosses de la capitale qui devait unifier le monde. Et puis, un rêve se substitua à un autre : je vis la ville, bien réelle et pleine de vie, qu'Ernest Hébrard avait dessinée cent ans auparavant sur les cendres de la Belle Époque.

CHAPITRE XIV

Le chagrin
(1917-1923)

1

Afin de dépasser la mort d'Andreas survenue en 1902, Olivia et Hendrik avaient rêvé d'amour infini, d'unité du genre humain et d'une possible communication entre les vivants et les morts. Pour transcender leur chagrin, leurs angoisses et leurs ambitions artistiques contrariées, ils avaient imaginé le Centre mondial de communication. Ils vécurent ainsi de leur enthousiasme durant plus d'une décennie.

Jusqu'à ce que le journal intime d'Hendrik Andersen me révèle les derniers épisodes de cette histoire, j'ai longtemps cru qu'elle s'était achevée en 1914. Mais, en réalité, l'amorce du premier conflit mondial n'est pas venue à bout de la volonté des Andersen. Bien au contraire, ils ont traversé les années de guerre, convaincus que la construction de leur capitale du monde s'avérait plus nécessaire que jamais.

Hélas ! Le 24 décembre 1917, l'harmonie de leur foyer se rompt soudainement lorsqu'au terme d'une semaine de fièvre, de douleurs musculaires et de quintes de toux, Olivia meurt d'une pneumonie dans les bras d'Hendrik à l'âge de quarante-six ans.

Lorsque les époux Mowrer apprennent la disparition d'Olivia, ils accourent au numéro 3 de la piazza del Popolo[1]. Ils y trouvent Hendrik, gémissant de douleur, les poings fermés, enfoncés dans sa chevelure blonde. « Pourquoi

1. Les Mowrer relatent cet épisode dans leur ouvrage *Umano and the Price of Lasting Peace*, publié en 1973.

fallait-il qu'elle parte ? Pourquoi ? » demande-t-il à ses amis, anéanti.

Edgar étreint Hendrik pour le consoler. Le sculpteur révèle alors à ses amis la vraie nature de sa relation avec Olivia :

> Olivia était bien plus qu'un être humain. Elle était divine. Personne ne le sait. Sa présence était pour moi une grande inspiration. Tout cet immense travail. Comment puis-je faire sans elle ? C'était son travail. Toujours présente, avec beaucoup de compréhension. Olivia m'a été envoyée par Dieu. Je n'aurais jamais pu faire tout ça sans elle. Elle ne perdait jamais de vue notre projet, ne serait-ce qu'une seule seconde. Elle voulait que je lui consacre chaque instant de ma vie. Olivia a donné forme à chacune de mes pensées. Elle était toujours si confiante, si optimiste. Personne d'autre ne pourrait faire ce qu'elle pouvait faire. Et maintenant, je suis seul.

2

Le 17 janvier 1918, Ernest Hébrard travaille au plan de Salonique lorsqu'on lui apporte son courrier. Parmi les plis, il remarque une écriture familière, décachette l'enveloppe et apprend la mort d'Olivia. Sans attendre, le Français adresse ses condoléances à Hendrik :

> Mon bien cher ami, j'ai relu votre lettre plusieurs fois avant de vouloir croire mes yeux. […] Les larmes me viennent car j'avais pour votre sœur [Olivia] la plus profonde affection et la plus grande admiration. […] Si les personnes meurent, les œuvres restent. Et votre sœur restera comme la fée instigatrice du Centre mondial. Il faut reconnaître tout ce que nous lui devons pour la production de cette grande conception, et toute ma vie je lui garderai une respectueuse reconnaissance.

Hendrik répond à la lettre d'Ernest en lui annonçant qu'il a l'intention de poursuivre seul les efforts de propagande en faveur de la construction du Centre mondial :

> Je vous bénis, Ernest, de vos paroles belles et sincères et vibrantes d'amitié. Il nous est impossible de nous habituer à la vie sans Olivia, elle était le centre de notre monde. Sa personnalité était si forte et si pure. Vous savez combien elle avait de foi, et quelle bonne volonté elle apportait à notre cause. [...]
>
> Et maintenant, elle n'est plus. Pourtant, cher Ernest, il nous faut essayer d'accomplir ces choses qu'elle a si ardemment désirées. [...] Avec elle nous avons perdu l'une des grandes femmes du siècle. Elle nous a grandement honorés en nous assistant avec nos plans. Elle était si bonne envers nous et elle nous a prêté toute sa force de corps et d'âme. À présent qu'elle nous a quittés, tâchons chaque jour de concevoir un souvenir digne d'elle. [...]
>
> Nous lui devons plus qu'il nous sera possible de lui rendre. En accomplissant notre but, nous trouverons dans nos âmes la bonté de cette Ange gardienne qui travaillait en silence à nos côtés. Il nous faut nous unir pour créer de sa bonté envers nous et envers l'humanité l'exemple d'une femme forte, qui a donné sa vie pour nous assister.
>
> À présent qu'elle n'est plus, je ne puis décrire ma douleur. Je me sens comme le prisonnier d'un monde triste. [...] Je n'abandonnerai jamais l'idée d'un Centre mondial.

3

Inconsolable, Hendrik entame l'écriture d'un journal intime afin de s'adresser quotidiennement à l'esprit de sa belle-sœur, comme elle le faisait elle-même en implorant l'âme de son époux Andreas dans des cahiers. Chaque soir, Hendrik relate son immense chagrin, sa vie routinière en compagnie de sa mère Helene et de Lucia, son addiction croissante à l'alcool, et des rêves au cours desquels il retrouve Olivia, admire ses beaux yeux bleus, la câline et lui parle. Hendrik s'adonne au spiritisme à plusieurs reprises dans l'espoir de communiquer avec l'esprit d'Olivia. Le sculpteur confie que son existence n'a plus de sens. Il attend désormais de vivre « la plus grande vie » aux côtés de sa belle-sœur.

Chaque dimanche, il se rend dans le cimetière non catholique de Rome, dans le quartier du Testaccio, en apportant sa caisse à outils. Là, il embrasse du regard une grande tombe qu'il a réalisée lui-même, s'y recueille un instant, ouvre un portillon en fer forgé, et descend les quelques marches qui permettent d'accéder à une petite chapelle.

À l'intérieur, Hendrik prie en invoquant l'esprit d'Olivia. Puis il travaille plusieurs heures à l'entretien et à l'ornement de cette sépulture. Dimanche après dimanche, il décore la petite chapelle de nombreuses moulures, l'orne d'une voûte étoilée en mosaïques, réalise un groupe représentant Olivia grandeur nature aux côtés d'un ange. Hendrik organise le transfert de la dépouille d'Andreas depuis le cimetière de Mount Auburn, aux États-Unis, vers ce nouveau caveau romain, conformément à la volonté d'Olivia.

4

Dans son testament, Olivia lègue la totalité de ses rentes à son beau-frère.

Dès la signature de l'armistice le 11 novembre 1918, Hendrik dispose des moyens nécessaires pour engager une nouvelle campagne de propagande en faveur du Centre mondial. Ses lettres ne sont plus aussi bien tournées qu'auparavant, lorsque c'était Olivia qui les rédigeait, mais cela ne le dissuade pas d'écrire aux hommes d'État les plus importants de la planète, ni d'adresser plusieurs centaines d'exemplaires de son livre à des bibliothèques, des parlements et des chancelleries.

Hendrik ne semble pas prendre conscience que les temps ont changé depuis 1913, ni que son utopie revêt désormais un caractère pour le moins anachronique. L'Europe sort ruinée de la première guerre mondiale, près de dix millions d'hommes sont morts au combat, plus de vingt millions de combattants ont été blessés et souvent mutilés, des villes et des villages ont été largement détruits, des pénuries frappent les populations... Dans les cercles politiques et diplomatiques, l'heure est à la reconstruction, et non aux rêveries idéalistes.

En 1919 les pacifistes juridiques reviennent toutefois en grâce au cours de la conférence de la paix de Paris, puis lors de la signature du traité de Versailles. Les Belges Paul Otlet et Henri La Fontaine s'impliquent dans la création de la Société des nations (SDN), l'ancêtre de l'Organisation des Nations unies (ONU). En militant pour que la Belgique accueille le futur siège de la SDN, ils entendent profiter de cette occasion historique pour bâtir le Centre mondial en périphérie de Bruxelles, sur le terrain de Tervuren qu'ils ont jadis présenté à Ernest et Hendrik.

Hendrik encourage ses deux amis belges, mais il s'entête à penser qu'il faudrait que toutes les nations acceptent d'abord le principe de sa capitale du monde avant de discuter de son emplacement définitif. Il ne comprend pas que, grâce au travail de lobbying réalisé avant guerre, sa cité idéale est connue des élites bruxelloises. Il existe par conséquent un espace politique pour la promouvoir. Si Bruxelles devenait le siège de la SDN, du fait de la sympathie du roi Albert Ier pour le Centre mondial, de la récente notoriété internationale d'Ernest Hébrard, et de l'entregent d'Henri La Fontaine, son rêve aurait une chance d'être étudié sérieusement.

Au lieu de réactiver son réseau de soutiens afin d'appuyer la candidature de Bruxelles, Hendrik gaspille son temps, son argent et son énergie en expédiant des montagnes de livres et de brochures à travers le monde, ce qui ne le mène nulle part.

En janvier 1920, tous les espoirs de Paul Otlet et d'Henri La Fontaine s'envolent : au grand dam des Belges, Genève est finalement retenue pour accueillir le siège de la SDN.

5

Lorsque les fascistes arrivent au pouvoir en Italie le 31 octobre 1922, Hendrik vit en retrait du monde. Il se lève chaque matin vers 5 h 30, prépare son petit-déjeuner en cuisant sur une poêle une tranche de bacon et deux œufs, nourrit ses oiseaux, caresse son chat, puis se rend dans son atelier afin de travailler à la réalisation de statues monumentales que personne ne lui a commandées. Après la *Fontaine de vie*, il crée trois autres fontaines, toutes composées d'un grand nombre de figures : la *Fontaine de l'amour*, la *Fontaine de l'immortalité*, la *Fontaine de Dieu*.

L'après-midi, il dessine de nouvelles statues, lit les pièces de théâtre d'Olivia, s'occupe de la propagande du Centre mondial. Théosophes, spirites, gourous indiens… Hendrik correspond avec toutes sortes de spiritualistes du monde entier, sans faire la différence entre le soutien de pacotille d'un authentique illuminé et celui d'une personnalité d'envergure internationale telle qu'Henri La Fontaine.

Le soir, après avoir dîné d'une assiette de soupe, et câliné sa mère, Hendrik s'enferme dans sa chambre pour écrire des lettres à l'esprit d'Olivia. Privé de l'amour, de la reconnaissance et des conseils de sa belle-sœur, Hendrik confie être à bout de forces, rongé par le désespoir. « J'ai honte de toute cette noirceur qui m'envahit », écrit-il.

> Olivia, les quelques personnes qui liront peut-être un jour les lettres que je t'adresse me pardonneront ma faiblesse. Ces personnes liront combien j'ai lutté pour notre idéal et elles seront assez bonnes pour considérer que j'ai fait du mieux que j'ai pu avec foi et amour. [...] J'ai plus de foi dans ton monde, Olivia, que dans le mien. [...] Souvent, je rêve d'être libéré de cette lutte et de cette souffrance en te rejoignant, pour te serrer dans mes bras et t'étreindre comme je le faisais autrefois. [...] Sans toi, j'avance dans les ténèbres. [...] Olivia, ton jugement sur mes actions me manque. [...] Ah, si seulement je pouvais bâtir notre ville ! [...] Ce serait la voie la plus sûre vers la vie éternelle et l'avènement du Royaume de Dieu sur Terre. [...] J'ai lutté si dur pour cet idéal, je voudrais qu'il existe quelque part.

Hendrik lit peu les journaux et commente rarement la vie politique italienne, si ce n'est pour affirmer que sa cité idéale pourrait résoudre tous les problèmes du monde. Quant aux hommes politiques, il les qualifie de « sacs de vent » car la plupart ne daignent pas répondre aux innombrables lettres qu'il leur adresse.

Au cours de l'année 1923, ses premières évocations du fascisme italien sont critiques. Hendrik mentionne le dogmatisme, le nationalisme et l'intransigeance des discours de Benito Mussolini. « Mussolini utilise des phrases spirituelles, mais il n'est pas un homme spirituel », estime-t-il.

Néanmoins, à force d'observer depuis sa fenêtre les défilés des chemises noires et d'écouter les discours du Duce, l'artiste ingénu et inculte politiquement qu'est Hendrik, se laisse peu à peu séduire par un aspect souvent mal compris du fascisme italien, et de sa prétendue mission civilisatrice : son exaltation du mythe de la « romanité ».

6

Pour les fascistes, le mythe de la romanité n'était pas une simple rhétorique impérialiste, ni même l'expression d'une idéologie antimoderne. Benito Mussolini n'était pas un conservateur, il n'avait pas pour ambition de ressusciter le style de vie de la Rome antique. Quant à l'homme nouveau dont il rêvait, ce n'était pas le légionnaire romain. Selon l'historien Emilio Gentile, « le mythe fasciste de la romanité était un mythe projeté vers le futur, vers la création d'une nouvelle grande Italie par une nouvelle race d'Italiens qui devaient être les Romains de la modernité ».

Ce mythe irrigue toute l'histoire du fascisme. Le 20 septembre 1920, à Trieste, au cours de l'un de ses discours, Mussolini proclame :

> Rome est le nom qui remplit toute l'histoire depuis vingt siècles. Rome donne le signal de la civilisation universelle ; Rome trace des routes, marque des frontières et donne au monde des lois éternelles et son droit immuable. Puisque cela était la tâche de Rome dans l'Antiquité, nous devons nous aussi accomplir à nouveau une tâche universelle. Ce destin ne peut pas devenir universel s'il n'est pas transplanté dans la terre de Rome.

En 1921, année de la création du Parti national fasciste, la romanité inspire la physionomie symbolique de ce nouveau mouvement politique nationaliste et violent, qui se voulait d'avant-garde et « révolutionnaire ». Les fascistes l'adoptèrent pour des raisons idéologiques et tactiques, afin de mieux définir leur singularité politique, leur organisation et leurs objectifs. En s'opposant à leurs adversaires par la force, puis en se structurant en un parti politique de masse, les fascistes promirent d'édifier un nouvel État afin de régénérer la nation italienne et de ressusciter « l'esprit impérial et universel de Rome ».

Comme les artistes futuristes italiens, les chemises noires haïssaient la Rome pittoresque et touristique des années 1910. Cette ville indolente et bourgeoise, au rayonnement intellectuel faible, alors moins peuplée que Milan et Naples, et dont l'électorat était peu favorable aux fascistes, incarnait, selon Mussolini, la vieille Italie moribonde qu'il désirait abattre. C'est pourquoi, durant les deux décennies d'hégémonie du fascisme, Rome fut entièrement réaménagée selon le bon vouloir du dictateur.

Couverture du journal italien
La Domenica del Corriere
(3 mars 1935)

Mussolini a concentré tant de pouvoirs sur sa personne au cours des années 1920 et 1930 qu'il lui a été possible de détruire et de reconstruire des quartiers entiers de Rome selon ses ambitions de mégalomane. La ville devint un vaste et continuel chantier de démolition résonnant de mille coups de pioche. Les fascistes rasèrent de gigantesques îlots et réalisèrent des aménagements colossaux. Cité universitaire, Foro Mussolini, Cinecittà, Via dei Fori Imperiali, Via della Conciliazione, Piazza Augusto Imperatore... Les fascistes percèrent des avenues monumentales, bâtirent une quantité phénoménale de bâtiments d'architecture rationaliste, et bouleversèrent la structure sociale de la ville.

En vingt ans, une Rome fut rayée de la carte, et une autre, celle que nous connaissons aujourd'hui, construite à sa place. Simultanément, le régime fasciste édifia partout en Italie des bâtiments d'architecture rationaliste et des villes nouvelles appelées « villes de fondation ». L'architecture moderne et la mise en scène archéologique de la romanité – une invention fasciste – devinrent des modes d'expression à part entière de la propagande du régime.

Après la guerre d'Éthiopie (1935-1936) et l'élargissement de l'empire colonial italien – la Somalie, l'Érythrée et l'Abyssinie sont regroupées dans une colonie appelée l'Afrique orientale italienne –, Mussolini proclame depuis le balcon du palais Venezia, le 9 mai 1936, l'instauration de son « empire ». La conquête de l'Éthiopie marque une étape importante dans l'histoire du fascisme. Lors de cet épisode, le dictateur impose ses visées impérialistes aux grandes nations et accroît son pouvoir en Italie, tant au sein du Parti fasciste que vis-à-vis de la monarchie italienne.

Le Duce continue de promouvoir l'avènement d'une Rome impériale moderne et d'asséner que les Italiens sont les Romains de la modernité. Pour autant, suite à cette victoire militaire, sa mégalomanie décuple et ses ambitions évoluent.

Les grands travaux de Rome ne lui suffisent plus. Mussolini affirme maintenant qu'il entend bâtir une « nouvelle Rome ». Le dictateur rêve de construire une cité idéale entièrement fasciste dont les édifices, les places, les avenues et les monuments surpasseraient tout ce qui a été réalisé avant elle. Après la Rome romaine et la Rome chrétienne, Mussolini promet aux Italiens de bâtir une « Troisième Rome », la Rome fasciste. Ainsi naît le projet délirant de construire *ex nihilo* une gigantesque capitale du futur en dehors des murs de la Rome historique.

Précédemment, le gouverneur de Rome Giuseppe Bottai avait déjà proposé de célébrer dans le faste le vingtième anniversaire de la Marche sur Rome (1922), en organisant dans la capitale italienne l'Exposition universelle de 1942. Mussolini s'était déclaré favorable au projet.

Après la proclamation de l'empire fasciste, dans le sillage des Jeux olympiques de Berlin de 1936, le Duce souhaite que cette exposition glorifie la « renaissance de Rome » et dévoile au monde entier le développement accéléré de son pays. À cette fin, le dictateur, ses architectes et ses urbanistes développent un programme sans précédent dans l'histoire de l'architecture : l'E42 (Esposizione 1942).

Ce projet pharaonique consiste, dans un premier temps, à édifier un gigantesque quartier d'architecture fasciste afin d'accueillir une Exposition universelle. Puis, dans un second temps, à réemployer les réalisations architecturales colossales de cet ensemble afin de désaxer Rome et d'en faire le nouvel épicentre de « l'empire ».

Mussolini ne veut plus inaugurer des édifices monumentaux ayant pour voisinage immédiat des ruines antiques ou la cité du Vatican. Il désire que l'on bâtisse *sa* Rome, celle qui trônera demain au firmament de la civilisation humaine. Pour bâtir cette cité fasciste, le dictateur s'entoure des meilleurs architectes d'Italie et fait appel à un maître d'œuvre, le sénateur et industriel Vittorio Cini, l'un des hommes les plus riches du pays.

Dans les films d'actualité conservés par l'Istituto Luce Cinecittà de Rome, Cini apparaît à plusieurs reprises aux côtés du Duce. Les cheveux gris coiffés en arrière, le sénateur se tient très droit. Certaines pellicules le montrent en chemise noire, le poitrail couvert de médailles. Sur d'autres, le grand argentier du fascisme porte un costume clair.

Le 28 avril 1937, Mussolini inspecte aux côtés du sénateur Cini le chantier de l'E42, le plus vaste et le plus coûteux jamais entrepris en Italie.

Un peu plus de deux années plus tard, au commencement de la seconde guerre mondiale, Mussolini ordonne la poursuite des grands travaux de l'E42 alors qu'ils mobilisent des cohortes d'ouvriers et engloutissent des quantités phénoménales de matériaux. La construction de cette cité idéale ne s'interrompt qu'en 1943, avec l'effondrement du régime fasciste.

Le chantier reprendra après la guerre, avec des plans légèrement modifiés. Achevée au milieu des années 1950, la cité rêvée de Mussolini devient finalement l'EUR (Esposizione Universale di Roma), un quartier aujourd'hui dévolu aux loisirs, à l'administration publique et aux affaires.

Les historiens, les amateurs d'architecture et les cinéphiles connaissent bien ce lieu emblématique filmé par Federico Fellini dans *La Dolce Vita* (1960). Mais combien savent qu'Hendrik Andersen a joué un rôle involontaire dans la réalisation de cette folie des grandeurs ?

CHAPITRE XV

L'obstination désespérée
(1923-1940)

1

Suite à leur accession au pouvoir, il n'a fallu que trois ans aux fascistes pour abattre la monarchie parlementaire italienne et lui substituer une dictature. Durant cet interlude, seuls les partis de gauche, les syndicalistes, les intellectuels et une poignée d'étrangers se sont organisés contre les chemises noires. De larges pans de la société italienne, à commencer par les industriels et les grands propriétaires terriens, voyaient au contraire en Mussolini un homme charismatique, moderne et entreprenant.

À cette période Hendrik boit de fortes quantités d'alcool, écrit longuement à l'esprit d'Olivia pour lui confier son chagrin, et adresse des torrents de lettres aux États-Unis car il croit que c'est en Amérique que sa cité prophétique pourrait être bâtie. Dans ses lettres à Olivia, le sculpteur n'évoque qu'à de très rares occasions la vie politique italienne. Cependant, lorsqu'il s'y emploie à partir de septembre 1923, c'est afin de louer « la bonne volonté et les intentions splendides » de Benito Mussolini. Hendrik perçoit le président du Conseil tel que la propagande fasciste le présente : en homme neuf, opiniâtre et volontaire.

Le gouvernement prend son virage dictatorial à la mi-juin 1924, suite à l'assassinat du député socialiste Giacomo Matteotti. Il fait voter à partir de décembre 1925 les « lois fascistissimes » qui mettent fin à la liberté de la presse, interdisent le droit de grève, permettent la création d'une police secrète – l'Ovra –, et instaurent le Parti fasciste comme l'unique parti légal.

Pendant ce temps, Hendrik vit reclus dans son atelier. Entre deux sessions de travail, il songe à protéger ses sculptures en construisant son propre musée. C'est pourquoi il vend à cette période des actions qu'il a héritées d'Olivia. Avec cet argent, Hendrik achète un terrain à Rome, via Mancini, à six cents mètres de la piazza del Popolo. Il a l'intention d'y faire construire une maison-atelier destinée à conserver, pour la postérité, les toiles d'Andreas, les pièces de théâtre d'Olivia, ses œuvres sculpturales, ainsi que les plans originaux du Centre mondial de communication.

La première pierre de cette maison n'est pas encore posée que le sculpteur rêve déjà d'en faire un musée gratuit après sa mort, « même s'il faut attendre un siècle pour qu'une âme me comprenne », précise-t-il.

Au cours des travaux de construction, Hendrik fait une dépression nerveuse. De janvier à juin 1925, le sculpteur passe ses journées alité, ingurgitant de grandes quantités d'alcool et de somnifères.

> Olivia, je suis prisonnier de la vie terrestre depuis que tu es partie. Et mon âme et mon esprit n'ont peut-être pas de valeur dans ce monde. Je le réalise jour après jour, en vieillissant et en travaillant en silence sans encouragement ni espoir. Je doute de la qualité technique de mon travail.

Sa maison de style néo-Renaissance achevée, Hendrik la baptise « villa Helene » en hommage à sa mère. Tandis que le régime fasciste monte en puissance, le sculpteur recouvre des forces. Il décide de faire peindre en rose les façades extérieures de sa villa, les orne des visages des membres de la famille Andersen, ainsi que de chérubins joufflus. Des chambres aux salons, en passant par la grande terrasse du premier étage,

Hendrik soigne chaque détail. Il peint des fresques sur les plafonds, expose les plans originaux du Centre mondial sur les murs de son atelier, pare sa villa de ferronneries, de moulures, de mosaïques… Pensée comme un lieu d'exhibition, la villa Helene se mue en une magnifique maison d'artiste, pleine de caractère.

Enfin, le 22 novembre 1925, Hendrik rompt avec son isolement social. Il convie chez lui une cinquantaine de personnes afin qu'elles découvrent les plans de sa cité. Artistes, diplomates, critiques d'art et journalistes participent à l'événement.

Les jours suivants, des articles favorables au Centre mondial de communication sont publiés dans la presse fasciste. Cette reconnaissance flatte Hendrik et l'incite à adresser un livre de présentation à Benito Mussolini.

> Olivia, j'ai écrit aux trois derniers présidents des États-Unis d'Amérique et aucun ne m'a jamais répondu. Je vais maintenant essayer de rencontrer Mussolini.

Deux mois plus tard, il reçoit une réponse du dictateur.

2

29 janvier 1926

Très chère Olivia,

J'ai vu le grand Mussolini hier soir vers 18 h 00, et j'ai eu une agréable conversation avec lui à propos de notre ville, durant douze minutes. L'antichambre était pleine de gens attendant leur tour, c'est pourquoi je n'ai pas pu prendre davantage de son temps. […]

Sa tête est un peu trop grande pour sa taille, c'est une tête très impressionnante et bien équilibrée sur ses épaules, avec

> un front haut et large sans beaucoup de cheveux. Ses yeux sont sombres, enfoncés. Sa bouche droite et ferme, avec des muscles puissants sur les côtés et un menton proéminent. Dans l'ensemble, son visage est plus musclé que gras, et assez pâle en contraste avec ses yeux et ses vêtements sombres.
>
> On m'avait dit qu'il était plutôt bourru et qu'il n'était pas simple de lui parler mais ce ne fut pas mon impression. Au cours de nos douze minutes de conversation, Mussolini a été très agréable avec moi et il visitera bientôt mon atelier afin de découvrir les plans originaux de notre ville, que je pourrai alors lui présenter plus en détail. Je lui ai suggéré de construire la ville à Ostie, ce qu'il a agréé. Mussolini m'a toutefois demandé : « Qui paiera pour construire cette ville ? » Je lui ai répondu que si j'obtenais un terrain pour ma ville, l'argent pour la construire pourrait être trouvé. Ce à quoi il a répliqué qu'il me donnerait le terrain gratuitement si les autres nations acceptaient de financer la construction de la ville.
>
> Jusqu'à présent des centaines d'hommes m'ont encouragé sans jamais m'offrir une aide matérielle. Mussolini est le premier dans ce monde à m'offrir une aide digne de ce nom. Que Dieu le bénisse pour cela.

Le cabinet de Mussolini autorise Hendrik à communiquer à la presse la teneur de cette audience. Des journalistes américains et italiens relaient aussitôt l'information selon laquelle le Duce serait prêt à offrir un terrain pour la construction du Centre mondial de communication. En formulant quelques paroles qui ne l'engagent à rien, Mussolini s'offre une campagne de propagande dans laquelle des journalistes complaisants le dépeignent en chef d'État pacifiste, soucieux de fédérer tous les pays du monde.

Avec des mots choisis, Paul Otlet alerte Hendrik sur le fait que Mussolini n'est peut-être pas la personne idoine pour promouvoir une utopie pacifiste et mondialiste. Las ! Le sculpteur est maintenant persuadé que Mussolini soutient son projet et que sa ville pourrait être construite en Italie.

Prisonnier de ses obsessions, de sa candeur, de son inculture et de son désespoir, Hendrik ne comprend pas la nature du fascisme. Lorsqu'il entend parler d'un homme lynché en pleine rue par des chemises noires – lynchage qu'il qualifie d'épouvantable – ou qu'il écoute à la radio des discours nationalistes et militaristes qu'il désapprouve entièrement, le statuaire écrit dans son journal : « Je crains que toutes ces choses nuisent à la cause des fascistes. »

Hendrik demeure fidèle à ses postulats : il abhorre les œuvres d'art futuristes et l'architecture rationaliste du nouveau régime, ainsi que ses dépenses d'armement, son nationalisme et son culte de la force. Pour autant, il se déclare désormais sympathisant du fascisme et admirateur de Mussolini car il pense sincèrement que le Duce pourrait contribuer à la construction de sa ville.

On pourrait croire Hendrik opportuniste ; il n'est qu'un somnambule. Un épisode invraisemblable, survenu en 1929, résume à lui seul la folie d'Hendrik au cours de ces années noires. Alors qu'il arbore un insigne fasciste au revers de sa veste afin de manifester « son amitié et sa reconnaissance » à Mussolini, un groupe de chemises noires l'interpelle dans la rue. Comprenant qu'Hendrik est Américain, ces militants fascistes lui ordonnent d'ôter son insigne en le menaçant de le rosser s'il ne s'exécute pas. Hendrik obéit. Il dégrafe lentement le petit emblème en métal, l'embrasse, puis le remet aux chemises noires.

Quelques jours plus tard, des agents de l'Ovra tambourinent violemment à la porte de la villa Helene, y pénètrent, puis interrogent rudement ses occupants. Hendrik apprend à cette occasion qu'il a été dénoncé comme espion étranger, ce qui ne l'inquiète nullement. À l'esprit d'Olivia, il confie :

Je suis maintenant surveillé comme un criminel. Tout cela cause beaucoup de tracas à Lucia. Mais moi, je n'ai pas de temps à perdre avec ces sottises, j'ai beaucoup trop à faire avec ma sculpture.

Hendrik Andersen dans les années 1930

3

Les « lettres à Olivia » se composent de cahiers rébarbatifs et pathétiques dans lesquels Hendrik répète tous les jours la même chose, confesse la même tristesse, adresse les mêmes suppliques à l'esprit de sa belle-sœur, tout en s'excusant de la platitude de ce qu'il lui raconte. Ces documents révèlent cependant quelque chose de plus profond qu'une simple adhésion au fascisme italien. On y apprend qu'Hendrik, mû par son éthique protestante du travail et sa certitude d'avoir été prédestiné à bâtir sa cité idéale, ne s'est tout simplement jamais démis de sa mission prophétique.

Ces cahiers ne mentionnent jamais Ernest Hébrard. Après la première guerre mondiale, le prix de Rome poursuit sa carrière d'architecte en Grèce, puis en Indochine, où il réalise de nombreux chefs-d'œuvre. Au cours des années 1920, Ernest et Hendrik s'écrivent quelques lettres chaleureuses, mais se perdent de vue progressivement. Ernest décède en 1933.

De 1926 à 1936, Hendrik, au seuil de la démence, promeut sans relâche sa cité idéale en adressant des livres et des lettres toujours plus pressantes à tous les grands dirigeants du monde. La plupart des chefs d'État des pays démocratiques ignorent ses requêtes. Cependant, par un étonnant paradoxe, d'importants hiérarques fascistes répondent à ses courriers et se montrent intéressés par son utopie mondialiste.

Hendrik reçoit également une lettre de remerciements signée de la main du Führer du Reich allemand. « J'ai étudié avec intérêt votre projet artistique et j'ajouterai avec plaisir votre livre à ma bibliothèque », lui écrit Adolf Hitler le 5 décembre 1935. Qu'il s'agisse ou non d'une coïncidence, le dictateur nazi lance à la même période, en collaboration avec son architecte Albert Speer, son propre projet de construction d'une capitale du monde, *Germania*.

À Rome, malgré sa déchéance, son alcoolisme et la solitude qui l'accable, Hendrik parvient à présenter sa ville à de nombreux hiérarques fascistes. L'Américain s'entretient notamment avec le ministre des Finances Giuseppe Volpi, le gouverneur de Rome Filippo Cremonesi, et le ministre des Travaux publics Giovanni Giuriati. D'autres dirigeants fascistes ou personnalités artistiques de premier plan viennent visiter son atelier et admirer les plans de sa cité idéale, comme le sous-secrétaire d'État Emilio Bodrero, l'aviateur Guido Keller, le chef de file du mouvement futuriste Filippo Tommaso Marinetti, ainsi que le poète indien Rabindranath Tagore, prix Nobel de littérature 1913.

Suite à ces multiples rencontres, et du fait des sollicitations incessantes d'Hendrik, tous les hiérarques fascistes entendent parler du Centre mondial de communication. Un ingénieur du ministère des Travaux publics reçoit même pour mission officielle de calculer le coût de construction du Centre mondial en Italie. Cet homme l'estime à plus de six milliards de lires.

Plus étonnant encore, le 9 février 1937, Hendrik reçoit une visite aussi curieuse qu'inattendue. « Aujourd'hui, le sénateur Cini est venu dans mon atelier en compagnie d'un ingénieur pour voir les plans de notre ville », mentionne-t-il dans son journal.

Jusqu'à la découverte de cette information, j'avais toujours pensé que le Centre mondial de communication et l'E42 étaient deux projets distincts, aux natures idéologiques antagonistes. En considérant la visite impromptue du commissaire général de l'E42, Vittorio Cini, faite à Hendrik Andersen, je me suis soudain demandé s'il n'existait pas des ponts entre ces deux cités colossales.

Selon les universitaires Riccardo Mariani et Richard Etlin, l'influence du Centre mondial sur les choix urbanistiques de Benito Mussolini est manifeste. Sa contribution majeure à l'architecture fasciste réside dans l'idée qu'une cité universelle doit être constituée d'une série de centres thématiques. C'est ce principe qu'a adopté Mussolini à Rome lorsqu'il a fait bâtir son forum dédié à l'olympisme – le « *Foro Mussolini* » –, la Cinecittà, ainsi que la cité universitaire. Si l'apport du Centre mondial de communication est visible pour ce qui relève du programme architectural de Rome, il est encore plus frappant pour ce qui est du projet E42. Dans son ouvrage *Modernism in Italian Architecture, 1890-1940*, Richard Etlin écrit :

> Pour l'Exposition universelle de 1942, les fascistes avaient pour ambition de surpasser toutes les éditions précédentes des

> Expositions dans ses thèmes, ses concepts et ses aspects, en établissant un plan et une architecture « typiquement italienne », tant pour ce qui concerne son plan que son héritage. [...] Presque toutes les composantes majeures de l'E42 – conceptuelles, urbanistiques et architecturales – ont un parallèle direct avec le Centre mondial de communication d'Hendrik Andersen et d'Ernest Hébrard. De nombreux immeubles de la Rome fasciste ont été inspirés de cette cité idéale. Avec l'E42, il est possible de soutenir l'existence d'une connexion plus étroite et plus complète encore. [...] Les points communs sont si nombreux qu'ils représentent soit une influence directe, soit une coïncidence extraordinaire.

Dans son ouvrage intitulé *E42. Un progetto per l'"Ordine Nuovo"*, Riccardo Mariani indique que de nombreux hiérarques du Parti national fasciste – parmi lesquels Achille Starace, son secrétaire – plaidèrent afin que le projet d'Hendrik Andersen soit pris en considération lors de l'élaboration de l'E42.

Mussolini a exaucé leurs vœux. Palais des congrès, musées gigantesques, plans d'eau, avenues monumentales, espaces dédiés à la vie internationale : les emprunts au Centre mondial sont troublants. L'architecte de l'E42, Marcello Piacentini, affirmait :

> Le plan de l'E42 a une caractéristique particulière qui différencie cette Exposition de toutes celles qui ont été conçues avant elles ailleurs dans le monde. C'est à la fois un plan de la grande manifestation de la civilisation que l'Italie offrira au XXe siècle de l'ère fasciste, et le plan d'un nouveau quartier monumental de Rome, la capitale de l'Empire.

Olivia et Hendrik Andersen avaient imaginé une ville qui dépasserait les anciennes Expositions universelles et exalterait la civilisation. C'est exactement ce concept que Mussolini, Piacentini et Cini mettent en œuvre avec l'E42. Piacentini décrit ce projet architectural comme étant « la grande Cité universelle de l'esprit, un centre international de la culture et du savoir ».

Lorsque l'on compare les deux plans, la place des congrès du Centre mondial trouve son pendant parfait avec la Piazza Imperiale de l'E42. Richard Etlin explique :

> Les deux projets créent un centre de culture et de civilisation autour de cette place. Le Centre des congrès [du Centre mondial] est bordé par des immeubles « dédiés respectivement à la Médecine, à la Chirurgie, à l'Hygiène, au Droit, à la Criminologie, à l'Électricité, aux Inventions, à l'Agriculture et aux Transports ». Les immeubles correspondants dans le plan de l'E42, autour de la Piazza Imperiale, sont des musées dédiés à la Science, à l'Ethnographie, à l'Art ancien et à l'Art moderne. Les deux plans associent également les bâtiments principaux de part et d'autre d'un axe transversal relié à la place principale : Temple des religions sur la gauche et Cour internationale de justice sur la droite, dans le Centre mondial de communication ; Palais des Réceptions et des Congrès sur la gauche, et Palais de la Civilisation Italienne sur la droite, dans le plan de l'E42.

Les deux plans exaltent les progrès de la communication. Dans le Centre mondial, au centre de la place des congrès, se dresse l'immense Tour du Progrès hérissée d'antennes de TSF. La Piazza Imperiale de l'E42, quant à elle, comporte un obélisque de quarante-quatre mètres dédié à la radio et à Guglielmo Marconi, l'inventeur de la télégraphie sans fil dans les années 1890.

En outre, les architectes de Mussolini prévoyaient de bâtir dans l'E42 une arche monumentale en acier symbolisant « la paix mondiale et la fraternité », similaire, en ce sens, aux deux colosses du Centre mondial.

4

L'élaboration de la nouvelle Rome mussolinienne ruine cependant tous les espoirs d'Hendrik. Le sculpteur mentionne dans son journal qu'il a été convié à rejoindre une commission préparatoire en vue de la réalisation de l'E42. Estimant ce projet concurrent au sien, Hendrik décide de ne pas y participer.

« Olivia, je ne vois plus de perspectives pour notre ville avec le gouvernement italien, je vais devoir me tourner à nouveau vers le gouvernement américain », écrit-il, désespéré, au début de l'année 1937, après avoir adressé un exemplaire de son livre au président Franklin Delano Roosevelt.

Hendrik meurt d'une cirrhose alcoolique trois années plus tard, le 19 décembre 1940, sans avoir eu le temps d'achever la lecture d'un ouvrage pseudo-scientifique sur les mystères de l'Atlantide.

5

Dans les fictions contemporaines, la défaite sociale d'un personnage principal conduit souvent à la découverte d'une victoire symbolique ou morale postérieure qui permet aux auteurs d'exprimer leur vision du monde et d'adoucir la chute de leurs récits. Les histoires vraies ne se plient pas à ces lois. Hendrik Andersen n'a pas été inventé par un romancier ou un scénariste dans l'intention de séduire de larges audiences. Sa déchéance fut celle d'un idéaliste consumé par son obsession.

Jeune homme, il avait enduré épreuves et sacrifices avec une grande force de caractère, puis sublimé ses souffrances dans son œuvre. Mais après la mort d'Olivia, il n'a pas su vaincre son chagrin ni s'orienter dans le monde. Lorsque j'ai refermé le dernier cahier de son journal, la mort d'Hendrik m'a semblé avoir été pour lui une véritable délivrance.

Quant à moi, contrairement à ce que j'avais longtemps redouté, j'étais bien parvenu à reconstituer l'aventure du Centre mondial de communication. En racontant l'histoire de cette cité idéale, n'allais-je pas redonner un peu de lustre à ses protagonistes ?

Marchant en direction de l'obélisque de Washington, je méditai au destin hors-du-commun de ce perdant magnifique qu'était Hendrik en l'imaginant, enfant, cireur de chaussures dans les rues de Newport. Et puis, chemin faisant, je me remémorai qu'en arrivant dans la capitale fédérale des États-Unis, je m'étais promis de me rendre en Virginie, sur l'autre rive du Potomac.

6

Tout autour de moi, à perte de vue, de petites ombres bleues fleurissaient les pierres tombales enneigées. Située face à Washington, la nécropole militaire d'Arlington s'étend sur plus de deux cent cinquante hectares. J'ai retiré mes gants afin de déplier mon plan. Selon le point de repère que j'avais tracé sur ma carte, l'emplacement que je cherchais devait se trouver quelque part face à moi, au sommet de la colline surplombant le cimetière.

J'ai dépassé le mausolée des Kennedy. Plus loin, une palissade annonçant des travaux me barrait l'accès au sentier que je devais pourtant emprunter. N'étant pas décidé à rebrousser chemin, je l'ai escaladée. Quelques dizaines de foulées plus tard, je l'ai retrouvée. D'une digne solitude, érigé à l'écart des autres, le monument funéraire avait la forme insolite d'une table d'architecte.

En déneigeant la tombe un plan gravé dans la pierre m'est apparu, ainsi que le nom d'un homme né à Paris en 1754 et mort seul, oublié et pauvre dans le Maryland en 1825 : Pierre Charles L'Enfant. « Ingénieur, artiste, soldat. Sous la direction de George Washington, a conçu le plan de la cité fédérale », indiquait sa sépulture.

Fils du peintre militaire Pierre Lenfant (1704-1787), et formé, comme lui, à l'Académie royale de peinture et de sculpture du Louvre, L'Enfant arriva en Amérique du Nord à l'âge de vingt-trois ans, en 1777, pour combattre aux côtés de La Fayette durant la guerre d'indépendance des États-Unis. Blessé en Géorgie lors du siège de Savannah en 1779, puis fait prisonnier par les Britanniques en 1780, il rejoignit à sa libération l'équipe des conseillers de George Washington.

Après la guerre, L'Enfant devint un architecte et décorateur de renom aux États-Unis.

En 1791, il fut désigné par le premier président pour tracer les plans de la capitale fédérale de la nouvelle nation. « Les dimensions du plan doivent être proportionnelles à la grandeur que doit exprimer la capitale d'un puissant empire », écrivit L'Enfant à Washington.

L'architecte français savait qu'une capitale n'est pas une ville comme une autre. Pour pouvoir prétendre à ce rang, une capitale ne peut se limiter à des aspects fonctionnels ou se contenter d'abriter des lieux de pouvoir. Du latin *caput*, « tête », une capitale se doit d'incarner les valeurs, les promesses, voire l'idéologie d'une nation. Elle doit symboliser le « centre » d'un vaste territoire, y compris lorsque la capitale ne l'est pas géographiquement, tout en exprimant l'unité de ceux qui le peuplent.

Après avoir demandé à Thomas Jefferson (1743-1826) de lui adresser les plans des grandes capitales européennes, L'Enfant dessina la sienne dans l'intention d'exprimer les idées libérales et démocratiques de la révolution américaine inspirées par des philosophes des Lumières comme John Locke et Charles de Montesquieu. Pour ce faire, L'Enfant s'inspira de l'esthétique architecturale qu'il connaissait le mieux, celle de l'absolutisme français et des capitales royales européennes, mais il n'était pas question pour lui de parodier cette iconographie.

Le nouveau pouvoir étant distribué entre le pouvoir législatif et exécutif, leurs traductions architecturales devinrent le Capitole et la Maison-Blanche, bordés d'immenses jardins. Il fallait donner à ce nouveau pouvoir une représentation de la plus haute dignité. L'Enfant proposa d'ériger une statue équestre de George Washington à l'intersection des deux axes, entre le Capitole et la Maison-Blanche. L'architecte travailla sans relâche à ce qu'il savait être la grande œuvre de sa vie.

Mais, en 1792, suite à une série de conflits, L'Enfant fut relevé de ses fonctions. Un autre architecte le remplaça.

Les années suivantes, le Français erra comme un spectre dans Washington, désespéré, maugréant pour lui-même, convaincu que son plan allait être dénaturé, et l'âme de sa capitale, trahie. Dans ses *Reminiscences*, le journaliste Benjamin Perley Poore (1820-1887) dresse le portrait de L'Enfant en cette sombre période.

> Il portait un haut chapeau cloche élimé en peau de castor. Sous son bras, il serrait généralement des rouleaux de papier relatifs à ses réclamations auprès du gouvernement, et sa main droite faisait balancer une redoutable canne de hickory munie d'un grand pommeau d'argent.

En 1825, L'Enfant mourut dans la pauvreté. La valeur totale de ses biens fut estimée à quarante-six dollars. On l'enterra comme un indigent.

L'histoire connut cependant un revirement spectaculaire en 1902. Plus d'un siècle après son achèvement, le plan de L'Enfant fut retrouvé par la commission du sénateur McMillan. Finalement respecté, il a depuis été repris et réalisé dans ses grandes lignes.

Après que les États-Unis eurent redécouvert le génie de l'architecte franco-américain, son cercueil fut exhumé le 8 avril 1909, puis exposé sous la coupole du Capitole, dans la rotonde d'honneur, cœur symbolique des États-Unis. À ce jour, L'Enfant demeure le seul Français à avoir reçu un tel hommage. La dépouille de l'architecte a ensuite été inhumée une seconde fois, dans le faste cette fois-ci, parmi les héros des États-Unis d'Amérique, au sommet de la colline d'Arlington.

La colline où je me trouvais désormais. En relevant la tête, je vis derrière la tombe de L'Enfant, dans le lointain, la coupole du Capitole qui sert de siège au Congrès, puis, dans le prolongement d'un axe monumental, l'obélisque du National Mall, la plus célèbre esplanade des États-Unis, suivis, plus loin, du mémorial de Lincoln. Mon regard émerveillé allait et venait du plan gravé sur la tombe de L'Enfant vers sa grandiose réalisation. La ville de Washington prouve que la création *ex nihilo* d'une gigantesque capitale est possible, et que les projets architecturaux les plus démesurés peuvent incarner et diffuser des idéaux politiques neufs, en rupture avec ceux qui les ont précédés.

7

Fidèles à la tradition de l'idéalisme américain, Olivia et Hendrik ont vécu dans l'attente d'une Nouvelle Jérusalem. Selon eux, le Centre mondial de communication serait aux États-Unis du Monde ce que la ville de Washington était aux États-Unis d'Amérique. Les Andersen ont cependant négligé un détail d'importance : au XVIIIe siècle, le plan de L'Enfant couronnait une révolution politique et de nouveaux rapports sociaux en Amérique du Nord. Tandis qu'à la Belle Époque, bien que des femmes et des hommes du monde entier se déclaraient favorables au progressisme, à l'internationalisme et au pacifisme, des antagonismes économiques criants rendaient illusoire la perspective de bâtir un État mondial.

Une idée fondamentale, née au XIXe siècle, sous-tendait l'utopie des Andersen : les nouveaux moyens de communication seraient garants d'une démocratie rénovée, de relations internationales apaisées, et un remède aux crises économiques. Âges de la vapeur, de l'électricité, des ondes, de l'image animée, et maintenant d'Internet… Dans son *Histoire de l'utopie planétaire*, le sociologue Armand Mattelart explique que la foi dans le pouvoir salvateur de la communication s'est renouvelée à chaque « génération technique ». Mattelart ajoute que, de nos jours, cette croyance continue de séduire de nombreux adeptes.

> L'effondrement récent des grandes utopies politiques conduit un certain nombre de penseurs à proposer la communication comme une sorte d'utopie de remplacement, seule capable de créer entre les hommes ce lien qui fonde les communautés et permet la cohésion sociale. Il s'agirait d'un véritable antidote contre les poisons de la désorganisation et du chaos qui menacent nos sociétés. À cet égard, les nouvelles technologies excitent tout particulièrement les imaginations ; beaucoup voient dans les multimédias et les réseaux interactifs de type Internet les bases d'une cybersociété plus conviviale, plus solidaire et plus démocratique. Les classes sociales seraient effacées, les affrontements disparaîtraient.

Bien que la mondialisation de l'économie et le déploiement des grandes infrastructures de la communication humaine se soient révélées inaptes à pacifier le monde, des entrepreneurs et des intellectuels contemporains continuent de remettre au goût du jour les prophéties des pacifistes libéraux du XIXe et du XXe siècle.

Au cours des années 1990, d'aucuns promirent l'avènement de la « fin de l'histoire ». Désormais, à l'heure du réchauffement climatique, de la résurgence des impérialismes, de l'augmentation sans précédent des dépenses d'armement, du retour des pandémies, et de l'accroissement spectaculaire des inégalités sociales, des milliardaires inspirés tels Elon Musk ou Jeff Bezos affirment que l'intelligence artificielle, les énergies renouvelables, la voiture électrique, Internet, la planification de vols spatiaux privés, ainsi que les constellations de satellites déployées en orbite basse, pourraient « sauver l'humanité ».

Bien que leurs discours messianiques reposent exclusivement sur la croyance dans le pouvoir salvateur du progrès technique et de la libre circulation des informations, des individus et des marchandises, ces oracles mégalomanes jouissent d'un crédit et d'une audience extraordinaires. « Dans un monde orphelin de grandes utopies politiques, l'utopie technicienne sert de monnaie d'échange aux idéologues du marché global », résume Armand Mattelart.

Aujourd'hui, des hommes d'affaires, des financiers et de riches industriels ont un intérêt évident à habiller leurs quêtes de nouveaux marchés et de profits d'un discours idéaliste prônant le progrès de la communication sous toutes ses formes. Croire à leurs promesses, ce n'est pas seulement refuser de prendre en considération les antagonismes sociaux. C'est aussi, fatalement, s'engager dans une impasse, comme l'a fait Hendrik Andersen par idéalisme.

8

Ayant appris dans le journal d'Hendrik que ce dernier avait consacré plusieurs centaines d'heures de travail à la réalisation d'un caveau de famille, je me suis rendu à Rome dès mon retour des États-Unis, dans le cimetière du Testaccio. Un lieu pittoresque planté de pins, de cyprès et de sépultures romantiques, qu'Hendrik qualifiait lui-même de « poème ».

Ce jour-là, tandis que de gros chats dormaient sur de vieilles pierres tombales chauffées par le soleil, j'ai déambulé parmi les stèles gravées de noms d'artistes, de poètes et de révolutionnaires. Lorsque j'ai finalement trouvé le caveau des Andersen, j'ai découvert, sculptés sur deux de ses faces extérieures, des pinceaux et une palette symbolisant le travail d'Andreas, ainsi qu'un maillet et des ciseaux de sculpteur.

Lentement, j'ai ouvert le portillon de cette tombe, puis descendu quelques marches afin d'entrer dans sa crypte. Petite coupole de mosaïques jaunes et bleues représentant des étoiles scintillantes dans la nuit, moulures peintes d'angelots, de papillons et de flambeaux, plaques funéraires en marbre gravées des noms d'Andreas, d'Olivia, d'Helene, d'Hendrik et de Lucia... Dans cette chapelle d'une grande beauté, la statue grandeur nature d'Olivia veille désormais sur la famille Andersen réunie au grand complet.

Aux visiteurs, une épitaphe gravée dans la pierre rappelle le souvenir d'une cité idéale.

NOTRE RÊVE D'UNE CITÉ POUR TOUTES LES NATIONS
DÉDIÉE À L'ESPRIT CRÉATEUR DE DIEU EN L'HOMME
ÉTAIT NOTRE ESPOIR ET NOTRE PRIÈRE À LA VIE.
ICI DORMENT LES RÊVEURS.

Épilogue

Villa Helene,
Rome, Italie

1

Par une belle journée de décembre 1983, Elena di Majo, une historienne de l'art travaillant pour la Galerie nationale d'art moderne de Rome, marche en direction d'une maison abandonnée située en bordure du Tibre, à deux pas de la piazza del Popolo. Au numéro 20 de la via Mancini, elle découvre une villa de style néo-Renaissance aux persiennes closes. Son regard balaie ses façades saumon sales et décrépies, ses moulures noircies représentant des angelots, des flambeaux et des coquilles Saint-Jacques, ainsi que ses alcôves abritant des statues. « Helene », annoncent les mosaïques couleur or scellées dans l'entablement de la porte d'entrée.

Elena di Majo a reçu pour mission d'étudier et d'inventorier cette propriété appartenant à l'État italien. Tirant de son sac à main un trousseau de clés, elle parvient à faire tourner la serrure rouillée.

À l'intérieur, le rez-de-chaussée poussiéreux se compose d'un corridor central donnant accès à un escalier et à deux vastes pièces d'une superficie d'environ deux cents mètres carrés chacune. Éclairés par des verrières, ces ateliers jouissent d'une très grande hauteur sous plafond. Ils abritent des statues couvertes de bâches et des malles remplies de vieux papiers.

En ouvrant la porte d'un meuble branlant, Elena di Majo trouve une blouse, des maillets et des ciseaux de sculpteur. L'historienne de l'art emprunte ensuite l'escalier de cette maison fantôme.

À chaque étage, elle force de vieux châssis et des volets délabrés afin de renouveler l'air vicié par la poussière et l'humidité.

Après une longue nuit, la lumière du jour entre enfin dans la villa Helene. Elena di Majo découvre alors la richesse de cette maison abandonnée.

2

Aujourd'hui à la retraite, Elena di Majo m'a raconté depuis le salon de son appartement romain cette journée particulière.

« Je me souviens très bien de ma découverte de la villa Helene car c'est l'un des plus beaux souvenirs de ma vie professionnelle. Cette journée s'est déroulée il y a plus de trente-cinq ans maintenant, mais à l'heure où je vous en parle, son souvenir me procure encore des frissons.

Il régnait dans cette maison une atmosphère envoûtante. Quand j'ai aperçu la blouse d'Hendrik soigneusement pliée à côté de ses maillets et de ses ciseaux de sculpteur, il m'a semblé qu'il venait à peine de s'absenter de la villa et qu'il s'apprêtait à y revenir d'un instant à l'autre. »

Elena di Majo sollicite le renfort de ses collègues. À leur arrivée, les fonctionnaires s'équipent de masques anti-poussière, revêtent des combinaisons blanches, déploient de petits échafaudages, et soulèvent délicatement les bâches couvrant les grandes statues. Par ce geste, ils tirent de leur sommeil une armée de colosses en équilibre sur leurs piédestaux.

Groupes, bustes, médaillons… La villa Helene foisonne d'œuvres d'art. Au total, Elena di Majo comptabilise plus de deux cents sculptures, dont plus d'une trentaine de grande taille. Il s'agit principalement de moulages en plâtre et d'œuvres en bronze.

En vidant les caisses d'archives, l'équipe d'Elena di Majo trouve encore des cahiers, des photographies, des plaques de verre, une abondante correspondance, des coupures de journaux, des brochures pacifistes…

Au deuxième étage de la maison, la pêche miraculeuse se poursuit avec la découverte d'une importante bibliothèque anglophone.

Ailleurs, ce sont plus de trois cents œuvres graphiques qui sont retrouvées, parmi lesquelles des dessins, des tableaux, ainsi que les plans d'une mystérieuse cité idéale.

3

À la fin des années 1930, Hendrik Andersen a légué par testament sa villa-atelier et l'ensemble de ses œuvres à l'État italien, à la condition que ce dernier s'engage à transformer sa demeure en musée. Le décret d'acceptation de cet héritage fut signé en 1942 par le roi Victor-Emmanuel III et le président du Conseil des ministres d'Italie, Benito Mussolini. Ce décret prévoyait que Lucia, la modèle d'Hendrik devenue sa sœur adoptive suite à une procédure engagée par Helene au cours de la première guerre mondiale, demeure l'usufruitière de la villa, et puisse par conséquent continuer à y vivre jusqu'à sa mort, survenue en 1978. Cette année-là, conformément à la volonté d'Hendrik, l'État italien devint l'administrateur et le propriétaire exclusif de la villa Helene.

Un fonctionnaire du ministère de la Culture vint aussitôt occuper un étage de cette magnifique maison pour en faire son appartement de fonction. Cet homme fit couvrir les statues de grandes bâches. Et, pour faire de la place, rassembla les vieux papiers des Andersen dans des malles entreposées au rez-de-chaussée. Le haut fonctionnaire vécut quelque temps dans la villa Helene. Après quoi, durant plusieurs années, la maison fut abandonnée.

De la même manière que des voix s'étaient élevées en France, dans les années 1960, afin de s'opposer à ce que le Palais idéal du facteur Cheval soit classé au titre des monuments historiques, des fonctionnaires du ministère de la Culture italien considéraient, au début des années 1980, qu'Hendrik Andersen était un artiste mineur qui ne méritait pas qu'on lui consacre un musée. Détacher du personnel, inventorier des œuvres, les restaurer, engager des travaux afin d'aménager un bâtiment vétuste pour en faire un lieu accessible au public conformément aux normes de sécurité... Toutes ces initiatives requièrent d'importants moyens. Fallait-il vraiment dépenser de l'argent public pour exposer l'œuvre insolite d'un sculpteur américain jamais reconnu de son vivant ? Les avis divergeaient.

Une femme, néanmoins, ne doutait pas de l'intérêt de ce legs. Suite à sa découverte de la villa Helene en décembre 1983, Elena di Majo comprit la première que cette maison racontait un chapitre aussi méconnu que fascinant de l'histoire de l'art. Si les œuvres monumentales d'Hendrik Andersen laissaient dubitatifs certains de ses collègues, Elena di Majo estimait pour sa part qu'il était temps de transformer cette maison-atelier en un petit musée.

Treize années durant, elle défendit cette œuvre singulière auprès des autorités culturelles italiennes et travailla avec opiniâtreté à sa conservation, jusqu'en 1996, année où elle remporta une importante victoire lorsque des fonds provenant de la loterie nationale italienne furent affectés à la restauration de la villa. Elena di Majo et son équipe se lancèrent alors sans délai dans un vaste chantier afin de réaménager les réserves dans le sous-sol de la maison, nettoyer le bâtiment de fond en comble, le restaurer, lui donner un caractère muséal, inventorier ses archives… Et les étudier, afin d'en apprendre davantage à propos de cet énigmatique sculpteur américain.

Hendrik Andersen avait espéré qu'en léguant sa maison-atelier à l'État italien, les utopistes du monde entier viendraient admirer et méditer dans son musée les plans originaux du Centre mondial de communication. Un demi-siècle après sa mort, l'histoire trouva une conclusion conforme à ses dernières volontés : le 19 décembre 1999, au terme d'un chantier de trois années, le musée Hendrik Christian Andersen ouvrit ses portes au public.

Rome – Toulon – Bruxelles,
septembre 2014 – août 2022

Note sur les plans du Centre mondial de communication

La bibliothèque de la Grande Assemblée nationale de Turquie a numérisé une édition francophone du livre *Création d'un Centre mondial de communication*. Pour consulter l'ouvrage en ligne, rendez-vous sur :

https://acikerisim.tbmm.gov.tr/xmlui/handle/11543/2160

Les plans et les dessins originaux du Centre mondial de communication sont visibles au musée Hendrik Christian Andersen situé 20, via Pasquale Stanislao Mancini. Le musée est ouvert tous les jours sauf le lundi, de 9 h 30 à 19 h 30. Dernière entrée à 19 h.

Bibliothèques et fonds d'archives consultés

Belgique

Archives générales du royaume, Bruxelles.
Bibliothèque royale de Belgique (KBR), Bruxelles.
Centre d'archives du Mundaneum, Mons.

États-Unis

Bentley Historical Library, Ann Arbor, Michigan.
Library of Congress, Washington, D.C.
National Archives and Records Administration, Washington, D.C.
Newport Historical Society, Newport, Rhode Island.
New York Public Library, New York, État de New York.

France

Archives nationales, Pierrefitte-sur-Seine.
Archives nationales d'outre-mer, Aix-en-Provence.
Archives départementales de la Sarthe, Le Mans.
Archives départementales des Alpes-Maritimes, Nice.

Bibliothèque de l'Institut de France, Paris.
Bibliothèque de l'Institut national d'histoire de l'art, Paris.
Bibliothèque littéraire Jacques-Doucet, Paris.
Bibliothèque municipale de Besançon (Doubs).
Bibliothèque nationale de France, Paris.
Office universitaire de recherche socialiste, Paris.
Papiers du général Éric Sarrail, collection privée d'Éric Sarrail, Montréal (Aude).
Photographies et papiers d'Ernest Hébrard, collection privée de Pierre de Gigord, Paris.

Grèce

Archives de l'Éphorie, Thessalonique.
École française d'Athènes.

Italie

Archivio centrale dello Stato, Rome.
Museo Hendrik Christian Andersen, Rome.
Biblioteca nazionale centrale (BNCR), Rome.

Archives numériques

Gallica (Bibliothèque nationale de France).
BelgicaPress (KBR).
Chronicling America (National Digital Newspaper Program).
Internet Archive.
Ancestry.
MyHeritage.
Find a Grave.

Bibliographie

Je n'aurais jamais pu réaliser cette enquête sur le Centre mondial de communication sans m'appuyer sur les travaux de chercheurs qui, avant moi, ont étudié des aspects de cette histoire.

Parue en 2003, la monographie de Francesca Fabiani consacrée à Hendrik Andersen fut une importante introduction. Alexandra Yerolympos, spécialiste du plan de Salonique d'Ernest Hébrard, m'a permis de comprendre qu'il existait une continuité historique entre cette ville et le Centre mondial. On doit également à Haris Yiakoumis, auteur, en 2001, d'une monographie consacrée à la « vie illustrée » d'Ernest Hébrard, la redécouverte des photographies qui se trouvent désormais dans la collection de Pierre de Gigord.

Enfin, j'ai une dette à l'égard d'Olivia Cushing Andersen. Sans son travail de diariste, il m'aurait été impossible de reconstituer cette histoire. De la même manière que le Centre mondial de communication n'existerait pas sans elle, ce livre lui doit beaucoup.

AGACHE, Alfred, AUBURTIN, Jacques Marcel et JAUSSELY, Léon, *Comment reconstruire nos cités détruites. Notions d'urbanisme s'appliquant aux villes, bourgs et villages*, Paris, Armand Collin, 1915.

ANDERSEN, Hendrik Christian et HÉBRARD, Ernest Michel, *Création d'un Centre mondial de communication*, Paris, Imprimerie P. Renouard, 1913.

ANDERSEN, Hendrik Christian et CUSHING ANDERSEN, Olivia, *Création d'un Centre mondial de communication*, Rome, Imprimerie Riccardo Garroni, 1918.

BENSAUDE-VINCENT, Bernadette et BLONDEL, Christine, *Des Savants face à l'occulte*, Paris, La Découverte, 2002.

BERG, Scott W., *Grand Avenues : The Story of Pierre Charles L'Enfant, the French Visionary Who Designed Washington D.C.*, New York, Pantheon Book, 2007.

BESANT, Annie, *The Immediate Future*, Chicago, The Rajput Press, 1911.

BLOM, Philipp, *The Vertigo Years: Change and Culture in the West, 1900-1914*, Toronto, McClelland & Stewart, 2008.

BORGES, Jorge Luis, *Le Livre de sable*, Paris, Gallimard, 1978.

CAMPANELLA, Tommaso, *La Cité du soleil*, préface de Paul Lafargue, Bruxelles, Éditions Aden, 2016.

CARCOPINO, Jérôme, *Souvenirs de la guerre en Orient*, Paris, Hachette, 1970.

CARCOPINO, Jérôme, *Souvenirs romains*, Paris, Hachette, 1968.

CHEVILLOT, Catherine, *La Sculpture à Paris*, Paris, Hazan, 2017.

CHRISTEN, Barbara S. et FLANDERS, Steven (dir.), *Cass Gilbert, Life and Work: Architect of the Public Domain*, New York, W. W. Norton & Company, 2001.

CIOTTA, Anna, *La Cultura della communicazione nel piano del Centro mondiale di Hendrik Ch. Andersen e di Ernest M. Hébrard*, Milan, Franco Angeli, 2011.

COOPER, Sandi E., *Patriotic Pacifism*, Oxford, Oxford University Press, 1991.

CRINSON, Mark, *Rebuilding Babel*, New York Londres, I. B. Tauris, 2017.

CUSHING ANDERSEN, Olivia, *Creation and other Biblical Plays*, préface d'Hendrik C. Andersen, Genève, Albert Kundig, 1929.

DE MONCAN, Patrice, *Villes utopiques, villes rêvées*, Ravières, Éditions du mécène, 2003.

DI MAJO, Elena, *Museo Hendrik Christian Andersen*, Milan, Electa, 2008.

DI MONTE, Maria Giuseppina et LUDOVICI, Emilia (dir.), *Femminile e femminino. Donne a casa Andersen*, Modena, Palombi, 2016.

DUCASSE, André, *Balkans 14-18*, Paris, Robert Laffont, 1964.

EDISON, Thomas, *Le Royaume de l'au-delà*, Grenoble, Jérôme Millon, 2015.

EISENBERG, Azriel, *Feeding the World: A Biography of David Lubin*, New York, Abelard-Schuman, 1965.

EMERSON, Ralph Waldo, *Essais*, trad. Anne Wicke, Paris, Michel Houdiard, 2010.

EMMERSON, Charles, *1913: The World before the Great War*, Londres, The Bodley Head, 2013.

ETLIN, Richard A., *Modernism in Italian Architecture, 1890-1940*, Cambridge, The MIT Press, 1991.

FABIANI, Francesca, *Hendrik Christian Andersen. La vita, l'arte, il sogno*, Rome, Gangemi, 2003.

FABRE, Rémi, BONZON, Thierry, GUIEU, Jean-Michel, MARCOBELLI, Elisa et RAPOPORT, Michel (dir.), *Les Défenseurs de la paix (1899-1917)*, Rennes, Presses universitaires de Rennes, 2018.

FOOD AND AGRICULTURE ORGANIZATION OF THE UNITED NATIONS (FAO), *The Story of the FAO Library: 65th Anniversary 1952-2017*, Rome, 2017.

GALARD, Jean et ZUGAZAGOITIA, Julian (dir.), *L'Œuvre d'art totale*, Paris, Gallimard, 2003.

GENTILE, Emilio, *Fascismo di pietra*, Rome, Laterza, 2007.

GENTILE, Emilio, *In Italia ai tempi di Mussolini*, Milan, Mondadori, 2014.

GHILS, Paul (dir.), *Connaissance totale et Cité mondiale*, Louvain-la-Neuve, Academia L'Harmattan, 2016.

GILLEN, Jacques (dir.), *Henri Lafontaine, prix Nobel de la paix en 1913. Un Belge épris de justice*, Bruxelles, Mundaneum/Racine, 2012.

GRESLERI, Giuliano et MATTEONI, Dario, *La Città mondiale*, Venise, Marsilio, 1982.

GUIEU, Jean-Michel, « De la "paix armée" à la paix "tout court", la contribution des pacifistes français à une réforme du système international, 1871-1914 », *Bulletin de l'institut Pierre-Renouvin*, vol. 32, n° 2, 2010.

GUIEU, Jean-Michel, « Des parlementaires au service de la paix. Le Groupe parlementaire français de l'arbitrage international (1903-1914) », *Parlement[s], Revue d'histoire politique*, vol. 26, n° 2, 2017.

GULLIVER, Lucile, *The Friendship of Nations: A Story of the Peace Movement for Young People*, Boston, Ginn and Company, 1912.

HALL, Peter, *Cities of Tomorrow*, Oxford, Blackwell Publishers, 1988.

HEILBURN, Margaret, *Inventing the Skyline: The Architecture of Cass Gilbert*, New York, Columbia University Press, 2000.

HERBELIN, Caroline, *Architectures du Vietnam colonial*, Paris, CTHS INHA, 2016.

HOBSBAWM, Eric J., *L'Ère des empires*, Paris, Fayard, 1989.

IRISH, Sharon, *Cass Gilbert, Architect*, New York, The Monacelli Press, 1999.

JAMES, Henry, *Beloved Boys: Letters to Hendrik C. Andersen, 1899-1915*, éd. Rosella Mamoli Zorzi, Charlottesville Londres, University of Virginia Press, 2004.

JAMES, Simon, *Maps of Utopia*, New York, Oxford University Press, 2012.

JEAN, Georges, *Voyages en Utopie*, Paris, Gallimard, 1994.

JENNINGS, Chris, *Paradise Now : The Story of American Utopianism*, New York, Random House, 2016.

Julien, Claude, *Le Rêve et l'Histoire. Deux siècles d'Amérique*, Paris, Grasset, 1976.

Julien, Claude, *L'Empire américain*, Paris, Grasset, 1968.

Krempf, Thérèse, « Les fouilles archéologiques de l'armée d'Orient 1915-1918 », *Cahiers de la Grande Guerre*, n° 31, 2004.

Ledoux, Urbain J., *Mr. Zero's Scrap Book*, New York, The Plebeian Forum, 1931.

Lemoine, Bertrand, *La Statue de la Liberté*, Bruxelles, Mardaga, 1986.

Levie, Françoise, *L'Homme qui voulait classer le monde*, Bruxelles, Les Impressions Nouvelles, 2018.

Lucan, Jacques, *Composition, non-composition*, Lausanne, Presses polytechnique et universitaires romandes, 2009.

Mariani, Riccardo, *E42. Un progetto per l'"Ordine Nuovo"*, Rome, Comunità, 1987.

Mattelart, Armand, *Histoire de l'utopie planétaire. De la cité prophétique à la société globale*, Paris, La Découverte, 2009.

Mattelart, Armand, « Une éternelle promesse : les paradis de la communication », *Le Monde diplomatique*, novembre 1995.

Mawson, Thomas H., *The Life & Work Of An English Landscape Architect*, Londres, The Richards Press, 1927.

Mazower, Mark, *Governing The World: The History of an Idea*, New York, Penguin Books, 2012.

Minuto, Emanuela, *Un polic(t)eman ? Il liberalismo umanitario di Gaetano Meale (1888-1900)*, Milan, Franco Angeli, 2017.

MINUTO, Emanuela, « Sognatore, neurastenico, apostolo dell'umanità. Il caso del magistrato Gaetano Meale (Umano) », dans *La Politica dei sentimenti*, Rome, Viella, 2018.

MIQUEL, Pierre, *Les Poilus d'Orient*, Paris, Fayard, 1998.

MOWRER, Edgar Ansel et MOWRER, Lilian T., *Umano and the Price of Lasting Peace*, New York, Philosophical Library, 1973.

MUMFORD, Lewis, *La Cité à travers l'histoire*, Paris, Seuil, 1964.

MUMFORD, Lewis, *The Story of Utopias*, New York, The Viking Press, 1962.

NICHOLSON, Soterios, *War or a United World*, Washington, The Washington Publishing House, 1916.

OSTERHAMMEL, Jürgen, *La Transformation du monde. Une histoire globale du XIXe siècle*, Paris, Nouveau Monde, 2017.

PAILHÈS, Bernard, *L'Architecte de Washington. Pierre Charles L'Enfant*, Paris, Maisonneuve et Larose, 2002.

PAINTER, Borden W., *Mussolini's Rome*, New York, Palgrave Macmillan, 2005.

PASSY, Frédéric, *Historique du mouvement de la Paix*, Paris, V. Giard et E. Brière, 1904.

RAGON, Michel, *Histoire de l'architecture et de l'urbanisme modernes*, Paris, Casterman, 1986.

ROTBERG, Robert I., *A Leadership for Peace: How Edwin Ginn Tried to Change the World*, Stanford, Stanford University Press, 2007.

SCHIAVONI, Max, *Le Front d'Orient. Du désastre des Dardanelles à la victoire finale, 1915-1918*, Paris, Tallandier, 2014.

SCHMIDT, Leigh Eric, *Restless Souls: The Making of American Spirituality*, New York, HarperCollins, 2005.

SHAPLAND, Andrew et STEFANI, Evangelia, *Archeology Behind The Battle Lines: The Macedonian Campaign (1915-19) and its Legacy*, New York, Routledge, 2017.

SONNE, Wolfgang, *Representing the State: Capital City Planning in the Early Twentieth Century*, Munich Berlin Londres, New York, Prestel, 2003.

STANDIFORD, Les, *Washington Burning: How a Frenchman's Vision for our Nation's Capital Survived Congress, the Founding Fathers, and the Invading British Army*, New York, Crown Publishers, 2008.

TANENBAUM, Jan Karl, *General Maurice Sarrail 1856-1929: The French Army and Left-Wing Politics*, Chapel Hill, The University of North Carolina Press, 1974.

UMANO, *Positiva Scienza di Governo*, Turin, Fratelli Bocca, 1922.

WAGNER, Otto, *Architecture moderne et autres textes*, Marseille, Parenthèses, 2019.

WARD, Stephen V., *Planning the Twentieth-Century City: The Advanced Capitalist World*, Chichester, John Wiley & Sons, 2002.

WELLS, Herbert George, *A Modern Utopia*, Londres, Chapman and Hall, 1905.

WRIGHT, Alex, *Cataloging the World: Paul Otlet and the Birth of the Information Age*, New York, Oxford University Press, 2014.

YEROLYMPOS, Alexandra, *La Chronique du Grand Incendie de Thessalonique*, Thessalonique, University Studio Press, 2002.

BIBLIOGRAPHIE

YIAKOUMIS, Haris, YEROLYMPOS, Alexandra, PÉDELAHORE DE LODDIS, Christian, *Ernest Hébrard (1875-1933). La vie illustrée d'un architecte, de la Grèce à l'Indochine*, Athènes, Potamos, 2001.

ZWEIG, Stefan, *Le Monde d'hier*, Paris, Folio essais, Gallimard, 2016.

Remerciements

Jean-Luc Barré, Guillaume Berthon, Mgr François Bousquet, Pierre Chardot, Vassilis Colonas, Marie-Laure Defretin, Sophie Descamps, Pierre de Gigord, Elena di Majo, Maria Giuseppina Di Monte, Richard Etlin, Valentina Filamingo, Simon Fontvieille, Jacques Gillen, Michael Guignard, Isabelle Henry, Yannis Karliambas, Christophe Lagrange, Stéphanie Manfroid, Armand Mattelart, Magda Parcharidou, Pierre Rimbert, Mireille Roddier, Éric Sarrail, Marie Stahl, Evangelia Stefani, Rémi Wang, Alexandra Yerolympos et Haris Yiakoumis.

L'auteur remercie chaleureusement Marie-José Tramuta et Toby Gemperle Gilbert pour leurs traductions des lettres d'Henry James à Hendrik Andersen.

Crédits des illustrations

Table des matières

MIXTE
Papier issu de
sources responsables
FSC® C003309

L'Éditeur de cet ouvrage s'engage
pour la préservation de l'environnement
et utilise du papier issu de forêts gérées de manière responsable.

Cet ouvrage a été achevé d'imprimer en septembre 2022
dans les ateliers de Normandie Roto Impression s.a.s.
61250 Lonrai (Orne)
N° éditeur : 60693/01 – N° imprimeur : 2204333

Imprimé en France